다윗의 장막

하나님이
기뻐하시는 집,

GOD'S FAVORITE HOUSE

by Tommy Tenney

Copyright © 2003 by Destiny Image
All rights reserved.
Published by Destiny Image Publisher, Inc.
P.O. Box 310 Shippensburg, PA 17257-0310

Korean translation copyright © 2003 by Togijangi Publishing House
2F, 71-1 Donggyo-ro. Mapogu, Seoul 04018, Korea

This Korean edition is published by arrangement with Winfried Bluth, M.A.
(P.O. Box 101014 D-42810 remscheid Germany)

특별한 표기가 없는 모든 성경 구절은 개역개정성경을 인용한 것입니다.

다윗의 장막

하나님이
기뻐하시는 집,

토미 테니 지음 | 이상준 옮김

토기장이

저는 이 책을 작고하신 할아버지 E.W. 코론 목사님께 사랑을 담아 바칩니다. 그분은 제가 이 책을 집필하는 동안 주님 곁으로 가셨습니다. 많은 사람들이 '아버지'로 기억하는 그분은 진실로 위대한 삶을 사셨습니다. 루이지애나 주의 웨스트 먼로에 가는 것이 이제는 예전 같지 않을 것입니다. 그분이 가신 빈자리가 너무나 큽니다. 웨스트 먼로는 이제 추억 속에 묻혔습니다. 사람은 가고 자리만 남아 있습니다.

그분이 너무나 그립습니다.

"이 책은 내게 충격적이었다!"

2004년, 「다윗의 장막」을 번역할 때의 감격을 지금도 잊을 수가 없다. 로마서가 차가운 논리가 아닌 성령의 불붙은 논리인 것처럼, 「다윗의 장막」은 사람의 영혼을 뜨겁게 만드는 책이었다.

기존의 신앙서적들과 상당히 달랐던 이 책은 지적인 접근만 한 책도 아니었고 영성적인 접근만 한 책도 아니었다. 매우 논리적이면서도 매우 성령 충만한 책이었다. 그리고 체험적인 내용들이면서도 성경적인 원리들에 기초한 책이었다. 사실 이 책의 내용은 충격적이다. 그런데 그것은 자극을 위한 자극이 아니라, 근본적인 내용을 다루었기 때문에 생기는 충격이었다. 영적인 근본에서부터 묵직하게 치고 올라오는 '충격파'가 우리의 영혼을 흔들고 일깨우는 그런 책이었다.

「다윗의 장막」이 막 베스트셀러에 오르기 시작할 때 생각했다. '아! 하나님께서 이 책을 통해 한국교회에 일하시겠구나!' 그러자 곧 수많은 예배사역자들이 이 책을 통해 영감을 얻었고, 수많은 교회와 선교단체의 찬양팀들이 이 책을 토대로 예배학교를 세우고, 예배자 훈련을 하기 시작했다. 그야말로 다윗이 꿈꿨던, 하나님이 기뻐하시는 집을 세우기 위한 영적인 불길이 일어나기 시작한 것이었다. 사람들이 선호하는 주제는 다를 수 있어도, 사람들이 주목하는 하나님은 한 분일 수밖에 없음을 다시금 확인하는 시간이었다. 지금도 누군가 '예배'에 관한 가이드북을 문의하면 나는 주저 없이 「다윗의 장막」을 영순위로 추천한다. 예배에 관한 성경적 원리와 실천적 문제를 가장 잘 제시한 책이기 때문이다.

「다윗의 장막」에는 평생 잊을 수 없는 메시지들이 담겨 있다. 하나님께는 그분이 선호하시는 집이 있다는 것이다. 화려한 솔로몬 성전도 아니고 대규모의 헤롯의 대성전도 아닌, 초라한 다윗의 장막이 그것이라니! 왜냐하면 하나님께 드리는 참 예배는 건물이 아니라 그 건물 안에 있는 사람들이고, 그 안에서 일어난 사건들이기 때문이다. 너무나 당연한 말이지만 너무나 간과되는 핵심이었다.

오늘날 한국교회는 점잖고 나이스한 예배로 가고 있다. 정작 하나님은 기쁨을 이기지 못하셔서(습 3:17) 일어나 춤을 추시는데, 자녀들인 우리는 무게 잡고 앉아 있다. 그렇다면 그림이 이상하다. 토미 테니는 이 책을 통해 우리가 가지고 있는 전통적인 개념의 예배에 도전하고 있다. 아니, 전통에 도전하는 것이 아니라 근본을 되찾자는 것이다. 하나님이 기뻐하시는 집을 세우자는 것이다.

10년 전 힐송교회의 예배인도자 달린 첵의 강의 내용을 잊을 수 없다. 그녀는 "하나님이 기뻐하시는 집을 만들면, 사람들도 그곳에서 기뻐하지 않을 수 없다"라고 전했다. 그것은 교회에 대한 자신감이었고 예배에 대한 자신감이었으며 우리가 믿는 하나님에 대한 자신감이었다. 사실 우리에게 이런 자신감이 없다면 우리가 가진 신앙은 무엇이 되겠는가!

토미 테니도 구도자 친화적인 예배도 좋지만 성령님 친화적인 예배를 세우자고 말한다. 그러나 양자가 서로 다른 것이 아니다. 오늘날 교회가 고급한 문화와 예술과 하이테크를 교회 안에 도입하려는 것은 좋은 시도이다. 그러나 우리는 문화가 좋아서 문화를 선택하는 것이 아니다. 복음을 전하기 위해 문화를 선택하는 것이다. 복음의 단조로움을 문화적 다양성으로 보충하려는 것도 아니다. 복음의 깊이는 어떤 문화의 장르도 다 넘치도록 채울 수 있다는 자신감 때문에 문화를 선택하는 것이다. 따라서 이 책의 자신감이 우리의 자신감이 되기를 바란다.

　토미 테니의 「다윗의 장막」을 번역하면서 또 한 가지 좋았던 점은, 그가 성경에 충실했다는 점이다. 하나님의 영광에 대한 해석도 영광의 원어적 의미인 '무게'로 해석했다. 그래서 우리가 하나님의 임재를 초대하려면 그분의 임재의 무게를 감당할 수 있는 자리부터 마련해야 한다고 말한다. 또한 다윗이 언약궤를 다윗성에 들일 때 여섯 걸음마다 한 번씩 제사를 드렸다는 본문 해석, 그리고 다윗이 하루 24시간, 1주일 7일, 1년 365일 예배가 끊이지 않는 꿈의 예배를 드리는 처소를 마련한 것이라는 성경 해석은 평생 뇌리에서 사라질 수 없을 것이다. 그의 진지하고도 치밀한 성경 주해와 문학적인 상상력은 정말 닮고 싶은 달란트가 아닐 수 없다. 우리는 이 책이 단순히 사람들을 선동해서 열심히 예배하라고 권하는 책이 아님을 알게 될 것이다. 단연코 열정의 강도와 내용의 깊이를 갖춘 책이다.

　「다윗의 장막」은 단순히 지적 유희를 위한 책도 아니고, 영적 고양을 위한 책도 아니다. 이 책은 그야말로 변화를 위한 책이다. 깨어짐을 위한 책이다. 이 책을 읽고 마음에 하나님을 향한 경외감이 일어나지 않을 사람이 없고, 이 책을 잃고 겸손한 예배자의 결단이 생기지 않을 사람이 없다. 변하지 않고는 견딜 수 없을 것이다. 아니, 자신뿐 아니라 자신의 예배 공동체를 위해 기도하게 되고 도전하게 되고 꿈꾸게 될 것이다! 성령의 감동하심은 언제나 흘러가게 되어 있다.

「다윗의 장막」을 손에 쥐는 순간 당신은 하나님의 기름 부음을 경험하게 될 것이다. 한 페이지 한 페이지마다 성령의 기름이 스며 나오기 때문이다. 변화가 두렵다면 아예 안 보는 것이 나을 책이다. 이 책을 읽고 나면 습관적이고 형식적인 종교 생활로 돌아가기에는 이미 너무 늦었음을 깨닫게 될 것이다.

그렇다. 다윗은 놀라운 개혁가였다! 성경 기록상 처음으로 도시를 세운 가인 이후로 인간의, 인간을 위한, 인간에 의한 도시 문명을 하나님 나라의 센터로 바꿔놓은 첫 번째 인물이 바로 다윗이었다. 그는 인간의 아성을 하나님의 도성으로 변화시킨 사람이다. 그래서 예배자는 천상의 임재를 지상의 현장에 마련하는 영적 개척자들이다! 예배는 안정을 추구하는 것이 아니라 변화를 추구하는 것이다. 예배는 교회 울타리 안에 머무는 것이 아니라 세상의 현장으로 달려가는 것이다. 우리에게서 찬양의 탁월함이나 설교의 화려함을 원하시는 것이 아니라 영혼의 진정성을 원하시는 하나님 앞에 다시금 우리 자신을 세우도록 하자. 하나님도 어떤 찬양이 좋은 찬양이고 어떤 설교가 좋은 설교인지 듣는 귀가 있으시다.

오늘 「다윗의 장막」을 손에 잡으라. 그리고 당신 교회의 찬양

팀 리더에게 「다윗의 장막」을 선물하라. 변화는 오늘부터 시작될
것이다!

_ 이상준 1516교회 담임목사,
「두려움 너머의 삶」 저자, 「다윗의 장막」 역자

지금 한국 사회는 정치, 경제, 교육 등 모든 부문에서 사경을 헤매고 있다. 이때 우리 크리스천들은 이 사회를 위해 어떻게 구체적으로 기도하며 움직여야 할까? 무엇보다 먼저 우리가 하나님 앞에 참된 예배자로 서야 한다. 예배가 회복될 때 우리의 삶이 회복되고, 나아가 이 땅의 회복과 부흥을 위해 헌신할 수 있기 때문이다. '다윗의 장막'에서 드려졌던 열정적인 예배로 여러분을 초대하고 싶다. 그래서 교회와 이 땅에 진정한 부흥을 가져올 거대한 물결이 파도처럼 일어나기를 축복한다.

_ 이찬수 분당우리교회 담임목사

늘 하나님의 임재를 사모했던 다윗. 그가 하나님의 처소로 예비했던 다윗의 장막은 그 시대와 그 땅을 위한 하나님의 영광의 통로였다. 그리고 나라 전체가 하나님의 임재와 영광의 축복을 받았다.

나는 우리 시대 이 한반도 안에서 이와 동일한 일들이 일어나기를 기도한다. 오직 하나님의 임재와 영광만을 보기 원하는 다윗의 마음을 가진 예배자들이 일어나, 무너진 다윗의 장막 안에 있었던 예배의 정신을 상하고 통회하는 심령으로 회복할 때, 참된 부흥과 회복의 역사가 이 땅 가운데서 시작될 것이기 때문이다.

이 책은 영과 진리의 예배와 진정한 부흥을 갈망하는 많은 사람들에게 귀중한 통찰력을 줄 뿐만 아니라 우리 마음의 지성소에 진정으로 주님만을 모시는 예배를 갈망하게 해 줄 것이다. 그리고 무엇보다 예배자 다윗의 마음을 우리 심령에 부어 줄 것이다. 나역시 이 책을 통해 놀라운 축복을 받았다. 나는 기도한다. 이 책의 놀라운 메시지를 통해 하늘 문을 여는 예배가 이 땅 가득 일어나게 되기를…. 나는 진정으로 갈망한다. 남한 땅과 북한 땅 가운데, 우리와 함께 거하기를 기뻐하시는 아버지 하나님만을 위한 경배가 회복되기를….

다윗의 장막에서 드려졌던 그 놀라운 예배가 이 땅에서 일어날 때, 모든 열방이 보게 될 것이다. 부흥을 주시는 바로 그분이 한반도에 찾아오셨음을.

_ 고형원 예배사역자, 부흥한국 대표

　　　　　　　　나는 토미 테니가 하나님의 분명하고
지속적인 임재를 열망하는 것에 전적으로 공감한다. 그의 메시지
는 내 마음 깊은 곳에서 강렬하게 울린다. 당신 역시 그의 메시지
를 읽어 갈수록 큰 도전을 받게 될 것이다. 하나님께서 당신 안에
그분만을 위한 집중력을 만들어 내신다면, 그리고 실제로 불타는
영광 가운데 나타나신다면, 결국 주님은 당신을 좌절시키는 게 아
니라 완성시키실 것이기 때문이다.

　　영광 가운데 온전히 하나님의 얼굴을 보는 예배를 드릴 수만
있다면, 당신의 삶의 가치와 우선순위는 완전히 뒤바뀔 것이다.
이것이 이 책이 전하는 가장 강력한 메시지이다. 그러면 친구를
잃고 체면을 잃는 것도 문제가 안 된다. 우리를 그런 방향으로 인
도하는 이 책은 무한한 가치를 지닌 책이다.

　　「다윗의 장막」은 예배에 관한 한 단연코 탁월한 책이다!

_ 조이 도우슨(Joy Dawson) 국제적인 성경 교사,
「하나님의 음성을 듣는 삶」 저자

　　　　　　　　분명한 하나님의 임재를 갈망하는 사
람에게 이 책, 하나님이 기뻐하시는 집이라는 부제가 붙은 「다윗
의 장막」은 하나님의 임재를 모셔서 지속적으로 거주하시도록 하
는 전략적인 비법들을 공개하고 있다. 토미 테니는 스스로 문지기

가 되어 문을 활짝 열어젖히고 우리로 하여금 하나님의 영광을 볼 수 있게 해 준다. 또한 우리가 온전히, 그리고 전적으로 하나님을 예배하는데 헌신함으로써, 우리 삶과 지역 사회 가운데 하나님의 영광을 경험할 수 있도록 도전한다. 나는 당신이 이 값진 보물에 심취하기를 적극 추천한다. 이 책은 당신을 사로잡아서 하나님을 전심으로 좇아가게 만들 것이기 때문이다.

_ 더치 쉬츠(Dutch Sheets) 스프링스 하비스트펠로쉽교회 담임목사,
「꿈꾸는 본성을 깨우라」 저자

토미 테니의 책 「다윗의 장막」이 우리의 가슴을 아프게 하는 이유는, 우리가 그동안 하나님의 가슴을 아프게 했기 때문이다. 그가 지적한 대로 (나는 종종 그가 제시한 성경 구절들을 보고 숨이 막힐 것 같았다) 하나님은 그분의 자녀들이 그분만을 사랑하고 그분과만 시간을 보내기를 원하신다. 그리고 그렇게 하는 것이 바로 예배이다. 토미 테니의 질문대로, 교회는 누구를 위해 존재하는가? 그는 성경을 가지고 단순 명료하게 "교회는 하나님을 위해 존재한다"라고 말한다. 이 책은 우리가 기존에 갖고 있던 교회의 개념에 혁명을 일으킬 잠재력을 지녔다. 이 책은 예배인도자들만이 아니라 모든 성도의 필독서이다.

_ 마이크 비클(Mike Bickle) 국제기도의집(IHOP) 대표

'왜'는 그가 즐겨 쓰는 말이다. 이 사랑스럽고 호기심 많은 꼬마는 인생을 호기심 어린 큰 눈으로 끊임없이 관찰해 냈다. 그가 만약 내 어머니 도티 램보(Dottie Rambo) 앞에 앉아 있었다면, 어머니는 그에게 성령께서 어떻게 그녀를 감동시키셔서 "내 허물을 덮으시고 내 필요를 채우시네"와 같은 수백 곡의 찬송가 작사를 했는지 말씀해 주셨을 것이다. 아마 다른 아이들은 옆방에서 게임을 하고 있어도 이 친구는 훈련된 '하나님 추적자'로 남아 있었을 것이다.

나는 토미의 부모님과 함께 아늑한 거실에 앉아 대화를 나누던 일을 아직도 생생하게 기억한다. 인자했던 그의 어머니는 부드럽게 그를 꾸짖었다. "토미, 이제 그만 말하고 어른들 말씀 좀 들어봐라. 다른 분들에게도 질문이 있을 수 있잖아." 그러나 솔직히 그 누구의 질문도 토미의 이야기만큼 진실하고 통렬한 것은 없었다. 나는 그때 놀랐다. "대단한 젊은이군."

오랜 세월 우리는 마주친 적이 없었다. 그러던 어느 날 한 친구가 내게 책 한 권을 주면서 "빨리 읽어 봐!"라고 말했다. 나는 저자의 이름을 보고 생각했다. '설마 그 꼬마 테니는 아니겠지.' 나는 책장을 넘겨 사진을 본 뒤 파안대소하지 않을 수가 없었다.

변함없는 눈망울, 변함없는 갈급함….

「다윗의 장막」 원고를 검토해 달라는 편지를 받았을 때 나는 한참 전국을 순회하며 사역 중이었다. 매우 영광이었지만 원고를 읽어 볼 시간이 없을 것 같았다. 원고를 받아든 첫날 밤, 남편 도니와 함께 순회 버스 뒤편에 있는 침실로 가서 우편 봉투를 뜯는 순간, 갑자기 주님의 임재가 방 안 가득 임했다. 내가 너무나도 사랑하는 아름다운 향기가 피어났고 얼굴은 기쁨의 눈물로 범벅이 되었다. 나는 눈물 사이로 몇 줄을 읽다가 조용히 화장실로 갔다. 남편 도니를 방해하고 싶지 않았기 때문이다. 그날 밤 나는 잠을 이룰 수 없었다. 나는 책을 읽다가 예배하고 읽다가 예배했다. 우리가 그동안 경험해 왔고 갈구해 왔던 것을 마침내 토미 테니가 글로 옮겨 적은 것이다.

1993년 11월 도니와 나는 플로리다의 한 교회에서 사역팀 전체와 함께 '카펫 타임'을 가졌다. 주님의 영이 우리에게 두 가지 질문을 던지셨다.

"내가 너의 삶에 개입할 수 있겠니?"

"너는 부흥을 위해 시간을 낼 수 있겠니?"

우리는 조금도 주저하거나 잔머리를 굴리지 않고 대답했다. "네, 주님." 1994년 7월 우리는 캘리포니아 리버사이드에서 3일간의 소모임을 인도하게 되어 있었다. 그러나 그 모임은 77번의 예배로 이어졌다. 하나님은 우리의 삶에 영원히 개입하셨다. 예정과 달리 연장되었던 집회들 중 마지막 집회는 애리조나 주 시에라 비스타에서였다. 20주(週) 동안 계속된 집회 가운데 일곱 교회가 연합했고 그들은 지금까지도 매주 연합하여 하나님을 갈망하고 있다.

하지만 뭔가가 아직도 만족되지 않았다. 당신이 하나님을 향해 더 굶주리고 더 갈급하고 더 갈망한다면, 그리고 다른 사람들도 이렇게 되기를 원한다면, 이 책이야말로 당신이 찾던 바로 그 책이다.

조용한 방에 들어가 따뜻한 허브티나 커피 한 주전자와 크리넥스 두통을 준비하라. 또한 깨끗하고 커다란 카펫이 깔려 있어야 한다. 휘장 없이 하나님의 영광을 체험할 준비를 하라. 하나님이 기뻐하시는 집에서!

_ 레바 램보 맥과이어(Reba Rambo-McGuire) 찬양 사역자

옛말에 "집을 가정으로 만들려면 적잖은 돈이 든다"는 말이 있다. 하나님은 어떤 것에 '가정'처럼 편안한 느낌을 가지실까? 물론 화려한 건물은 아닐 것이다. 에스겔의 기록대로 하나님의 임재는 옛 성전에서 떠나 그 영역을 벗어났기 때문이다. 이 책은 하나님의 임재에 이르는 통로를 제시한다. 예배하며 하나님의 임재를 기뻐할 때, 하나님은 그 예배 가운데 임하셔서 가정처럼 편안함을 느끼신다.

성경에는 모세의 장막, 다윗의 장막, 그리고 솔로몬 성전이 나온다. 세 곳에 모두 등장하는 기구는 언약궤이다. 언약궤에

는 속죄소(시은좌)가 있었고 그곳에는 하나님의 임재가 머물러 있었다. 셋 중에 하나님이 가장 선호하신 지상의 집은 단연코 다윗의 장막이었다. 왜냐하면 그곳에는 휘장이 없었고 언약궤가 눈에 보였으며 영광이 드러났고 예배자들이 밤낮으로 경배했기 때문이다.

하나님은 진정한 예배 가운데 임하신다. 그러므로 언약궤는 우리가 영원히 예배할 천상에서 발견하게 될, 유일한 지상 장막의 성물일 것이다. 하나님이 찾으시는 것은 집이다. 흙으로 빚은 그릇이다. 그분의 임재가 머물 수 있고 그분의 영광이 드러날 수 있고 밤낮으로 예배가 있는 공간이다.

「다윗의 장막」은 하나님을 좇는 건축가의 작품과도 같다. 당신의 인생에 이 청사진을 들고 그분을 위한 집을 만들어 보라. 아들아, 내게도 벽돌 한 장을 건네라. 함께 시작해 보자!

_ T.F. 테니(T.F. Tenny) 토미 테니의 부친, 「능력 위의 능력」 저자

나는 토미를 알게 된 이후 지난 몇 년간 그와 함께 자주 사역할 수 있는 특권을 누려 왔다. 그는 늘 "나는 선지자가 아닙니다"라고 말하지만 그는 그리스도의 몸된 교회에 예언적 메시지를 전하는 사람이다. 지금은 교회가 다윗의 장막을 재건해야 할 때이다. 프로그램화 된 만남

으로 하나님을 대하는 식탁을 뒤집어엎고, 다시 한 번 '만민이 기도하는 집'으로 거듭나야 할 때이다.

토미가 설교나 책에서 말하는 메시지 이상으로 그는 하나님을 사랑하는, 이 시대의 영적 리더이다. 하나님과의 관계에서 종이 되는 사람은 많지만 친구는 많지 않다. 그러나 주님께서 자신의 때와 목적을 계시하는 대상은 종이 아니라 친구들이다. 토미는 하나님의 진실한 친구이다. 그렇기 때문에 그는 오늘날 교회를 향해 하나님의 '축복의 손'을 구하는 것이 아니라, 하나님의 '영광의 얼굴'을 구하는 열정을 회복하라고 요청하는 것이다. 나는 큰 감사와 더불어 이 책을 모든 그리스도의 몸된 교회들에게 적극 추천한다.

_ 마크 뒤퐁(Marc A. Dupont) 프레이즈미니스트리 대표

이 책은 예배에 대해서 뿐만 아니라 크리스천의 모든 삶의 영역에 예배가 미치는 영향력에 대해서 내가 미처 알지 못했던 깊은 통찰력을 주었다.

이 책을 읽는 사람이면 누구나 새로운 영감과 방향을 제시받을 것이다.

_ 토니 캠폴로(Tony Campolo) 이스턴대학 사회학 교수,
「회복」 저자

이 책은 교회에서 예배를 인도하는 우리에게 강한 도전을 준다. 일단 이 책을 읽게 되면 우리는 회중에게 그저 '은혜로운 예배 시간'만을 제공하는 일에 더 이상 만족할 수 없게 된다.

_ 노엘 리처드(Noel Richards) 예배인도자

하나님의 임재야말로 아담이 상실한 최초의 것이다. 그날 이후로 사람은 하나님의 임재를 갈급하게 찾아왔으며 그것을 다시 얻고자 애써 왔다. 「다윗의 장막」은 우리 각자에게, 그리고 우리 모두에게 이 절대적인 필요를 완성하기 위한 새로운 단계를 제시하고 있다. 이 책은 하나님의 임재의 깊이를 발견하기 원하는 모든 이에게 필독서가 될 것이다.

_ 마일스 먼로(Myles Munroe) 바하마믿음미니스트리 대표,
「하나님 나라의 원리들」 저자

토미 테니는 그리스도의 몸인 교회에 또 하나의 감동적이고 영혼을 울리는 작품을 선사했다! 그가 나누고 있는 진리는 단순하지만 심오하고 강력하다. 이 책은 하나님의 임재의 처소가 되기를 사모하는 모든 이의 '필독서'이다. 이 책을

통해 진정한 예배에 대한 사모함과 하나님을 알고 싶은 내면의 열
망이 그 어느 때보다 강해질 것이다!

_ 킹슬리 플레처(Kingsley A. Fletcher) 라이프커뮤니티교회 수석목사

지금까지 영적 실재에 대한 갈망이
나 하나님을 향한 갈급함, 전능자의 임재에 대한 진정한 소망이
없었다면, 이 책을 겸손하게 열린 마음으로 읽어 보라. 분명 당신
안에서 진정한 영적인 갈망이 일어나게 될 것이다.

_ 콜린 다이(Colin Dye) 런던 시티교회 켄싱턴성전 수석목사

한 가지 일을 오래 해서 그것이 일상
이 되면 그 다음에는 어떻게 되는가? 그 일에 곧 질리게 된다. 예
배도 마찬가지일까? 그렇다. 나는 가정이나 교회에서 특별 집회
나 대규모 집회에 모여 예배를 드려야 하는 이유를 애써 역설할
수 있다. 그러나 이 모든 것이 당신에게 일상적인 것이 되었는가?
그래서 질렸는가? 혹 당신은 괜찮을지 몰라도 거의 대부분이 질
려 있다. 특히 다음 세대의 젊은이거나 주님을 사랑하지만 교회나
교회 음악에 적응하기 어려운 사람이라면 더더욱 그렇다.

토미 테니는 장인다운 솜씨로 이 책을 썼다. 그는 이 책을 통

해 예배가 생명과 만족, 기쁨과 사모함으로 가득하다는 것을 잘 보여 주고 있다. 그동안 정말 필요하던 것이 바로 우리 손 안에 쥐어진 것이다.

_ 제럴드 코우츠(Gerald Coates) 강사, 작가, 방송인

나는 어려서부터 책이라면 닥치는 대로 탐독했기 때문에 매년 수십 권의 책을 열독했다. 그러나 내 마음을 사로잡은 책은 단 한 권이며 그 책은 내게 가장 소중한 책이 되었다. 그 책은 늘 성경과 함께 침실 스탠드 밑에 놓여 있다. 나는 일년 내내 이 책을 이리저리 읽어 보며 새로운 통찰력과 영감을 얻는다. 읽을 때마다 이 책은 내게 도전을 준다. 「다윗의 장막」은 올해 나의 최고의 책이 될 것 같다.

나는 토미에게 감사를 표한다. 그는 내 전통을 깨뜨리고 안일함을 깨우치고 내 열정에 불을 붙이고 가장 귀한 예배로의 부름에 도전을 주었다. 주님께서는 그의 기름 부음 받은 글들을 통해 내가 아버지께로 더 가까이 다가갈 수 있도록, 아버지의 산 더 높은 곳까지 올라갈 수 있도록 해 주었다. 나는 영원히 하나님 현현의 영광을 사모할 것이다.

_ 주디 고셋(Judy A. Gossett) 예배사역자, 리버미니스트리 브리티시 대표

토미의 소명과 열정은 그리스도의 몸된 교회가 하나 되어 하나님의 임재를 이전 어느 때보다 더 열망하게 만드는 것이다. 토미는 하나님을 갈망하며 배운 것을 교회들과 나누고 있다. 그것은 "어떻게 하면 하나님께서 거하기 기뻐하시는 집이 될 것인가" 이다. 하나님께서 임하시는 집은 하나님이 환영받으시는 집이다.

_ 바트 피어스(Bart Pierce) 반석교회 담임목사

신학자들은 우리가 하나님에 대한 이론과 교리들을 이해하도록 도와준다. 그러나 토미 테니는 우리가 하나님을 열망하도록 영감을 불어넣어 준다. 내 친구 토미는 오로지 하나님만을 사모하는 사람이다. 아가서에 나오는 여인이 일어나 거리와 광장에 나가 연인을 찾듯이 토미의 가슴은 사랑하는 분을 언제나 찾아다니고 있다. 그는 자신의 열망을 이야기할 뿐만 아니라 이 놀라운 책에서 그것을 우리에게 알려 주고 있다.

_ 프랜시스 프랜지팬인(Francis Frangipane) 생명강교회 담임목사,
「예수님을 닮은 삶의 능력」 저자

이 책은 그리스도의 몸된 교회를 향한 하나님의 축복이다. 이 책을 통해 당신의 삶과 경건 생활에 일

대 변화가 일어날 것이다. 토미 테니는 하나님의 임재를 향한 열정, 예배의 능력, 하나님의 영광의 감화력과 같은 주제들을 명쾌하면서도 영감 있게 풀어가고 있다. 토미 테니는 귀한 하나님의 사람이요, 이 시대의 선지자이다. 그의 사역은 우리에게 큰 축복이 되며 그의 메시지는 영혼을 시원케 하는 바람과 같다. 그의 많은 좋은 책들 가운데 특별히 이 책을 당신에게 추천하고 싶다.

_ 클로디오 프레이드존(Claudio J. Freidzon)
아르헨티나 부에노스아이레스 왕의왕교회 담임목사

다윗의 그 마음을 회복하라!

당신은 어린 시절 살았던 집에 대한 따뜻한 추억이 있는가? 그렇다면 어떤 것들을 기억하는가? 건물 자체에 대한 기억인가 아니면 그 집에서 일어난 일들에 대한 기억인가? 확신하건대 당신이 어떤 건물에 대해 따뜻한 기억이 있다면, 그 이유는 그곳에서 일어난 일들 때문일 것이다. 아버지와 함께 산책하던 일, 친구들과 놀던 일, 어머니가 꼭 안아 주신 일, 그런 일들 말이다. 당신을 '향수'에 젖게 만드는 것은 그 집의 외면적 구조가 아니라 그 집에서 있었던 행복한 사건들일 것이다.

만약 지구상의 어떤 예배의 처소 중에 하나님이 '향수'를 느끼시는 곳이 있다면, '다윗의 장막'일 것이라고 생각한다. 하나님은 다윗의 장막을 복원하고 보존하기 위해 하늘에 있는 역사서에 적어 두셨다. 그것은 건물의 아름다움 때문이 아니라 그들이 드린 예배의 열정 때문이었다. 바로 그곳에서 하나님은 열정적인 예배자들을 만나셨고 역사를 행하셨다. 그래서 그 장소는 하나님께 소중한 곳이 되었다.

솔로몬 성전의 두 기둥은 놋으로 만들어졌지만 다윗의 장막에 있는 '기둥들'은 사람들이었다! 하나님은 본래의 원형에 어울릴 만한 새로운 건축 자재를 찾고 계신다. 하나님은 그분이 기뻐하는 집을 재건하기를 원하신다. 그렇다면 당신은 준비가 되어 있는가? 하나님은 다윗의 모범과 마음을 따라갈 예배자들을 '살아 있는 돌들'로 사용하기 원하신다.

이 책은 다윗의 장막이 가졌던 외면적 구조나 기계적인 운영방법을 복원하는데 관심이 있는 것이 아니다. 이 책은 예배의 열정, 바로 '다윗의 마음'을 회복하려는 것이다. 마치 사랑하면 결혼하여 한 집안을 이루듯이, 열정이 있으면 외형은 따라오게 되어 있다.

_ 토미 테니

CONTENTS

God's Favorite House

01
CHAPTER

하나님이 기뻐하시는 집

하나님께도 선호하시는 집이 있다고 생각해 본 적 있는가? 나는 가족을 데리고 내 고향 집을 방문했을 때 그것을 알게 되었다. 우리 가족은 루이지애나 주(州), 웨스트 먼로에 있는 고향집에 가서 할아버지를 뵙기로 했다. 어느 뜨거운 여름날 오후, 나는 가족을 차에 태우고 내가 자랐던 집과 이웃집들을 둘러보러 나섰다.

웨스트 먼로에는 별로 볼 만한 것이 없다고 할 사람들도 있겠지만, 이곳은 내 고향이기 때문에 특별한 의미가 있었다. 나는 슬랙가(街) 114번지에 있는 하얀 판잣집에서 살았었다. 앞뜰 한 쪽에는 큼직한 목련나무가 여전히 서 있었다. 꼬마들이 기어올라가 놀기에 최고의 나무였다. 하지만 반대편에 서 있던 떡갈나무는 사라진 지 오래였다. 그 나무는 기어올라가기 좋은 나무는 아니었다.

나는 골목골목을 지날 때마다 지나간 옛 추억들을 이야기했고 가족들은 귀를 기울여 흥미롭게 들었다. 나는 우리 아버지가 다니던 학교를 가리키며 거리 곳곳에 얽힌 이야기들을 열심히 설명했다. 물론 긴 이야기에 하품하는 가족에게는 별 의미가 없어 보였지만 말이다.

나는 고향집 문 앞에 차를 세우고는 이웃집의 못된 클린트 녀석과 싸우던 도랑을 가리켰다. 녀석이 누이에게 욕을 해서 싸운 것이었지만, 그때는 성서 역사에 나오는 큰 전쟁을 치르는 것 같았다. 하지만 실제로는 아주 짧은 싸움이었다. 내가 클린트 녀석의 얼굴을 치자 녀석은 주먹으로 내 배를 쳤고 우리 둘은 모두 울면서 집으로 갔다.

나는 내가 살았고 자랐던 고향집을 사랑했다. 그리고 내 아이들도 당연히 그 집을 좋아할 것이라고 생각했다. 우리는 고향 마을을 돌아보며 말로 표현할 수 없는 친밀감을 공유하게 될 것이 분명했다. 지금은 누가 그 집에 사는지 모르지만 테니 가족이 자신들의 옛 집을 구경한다고 해서 기분 나빠하지는 않을 것이다.

나는 내가 좋아하는 집에 대한 강한 추억들을 갖고 있다

집 구경은 앞뜰에서부터 시작되었다. 그곳에 얽힌 이야기들을 하는데 거의 30분가량 소요되었다. 나는 슬랙가 114번지에 있는

내 어릴 적 집에서 일어났던 일들에 대해 향수어린 많은 기억들을 갖고 있었다. 그래서 우리 아이들도 그 집에서 일종의 가족 역사의 유산과 일체감을 갖게 되길 원했다.

나는 천천히 집을 돌아보았다. 그리고 가장 소중했던 역사적인 장소들을 가리키며 '천국' 같았던 어린 시절의 추억들을 떠올렸다. 나는 뒷문을 지나면서 강아지가 우편배달부 아저씨를 물었던 이야기를 아이들에게 들려주었다. 우리 집 개는 그다지 큰 개가 아니었다. 하지만 얼마나 세게 물었던지 아저씨는 뒤뜰을 가로질러 쏜살같이 도망가 버렸다. 거의 금메달감이었다. 개인적으로는 우스운 일이었다고 기억하지만 그 배달부 아저씨에게는 우울한 기억일 것이다.

가족이 나를 버렸다

나는 뒤뜰에 있는 놀이터를 설명하면서 누이가 나무에 걸어 놓은 그네를 타다가 팔을 다쳤던 얘기, 사실 그 일을 어머니는 예견하고 있었다는 얘기 등을 했다. 집 주위를 거의 다 돌 때쯤 내 마음은 이번 여행에 대한 즐거움으로 벅차오르고 있었다. 그런데 뒤를 돌아다보니 거기에는 아무도 없었다. 나는 이런 생각이 들었다. '뭐, 아주 재미있는 것을 발견했나 보군. 그래서 아직도 그걸 보느라 정신이 없나 보지.' 방금 전에 나는 누이와 함께 강아지들을 묻어준 무덤들을 보여 주었기 때문이다. 나는 그들도 슬픔에 잠겨 있을 거라고 생각했다. 아니면 어머니가 내게 꽃 키우는 법을 가르쳐 주셨던 팬지꽃 화단을 보며 즐거워하고 있을 거라고 생각했다.

그러나 나는 왔던 길로 되돌아가면서 가족이 나를 버리고 가버렸음을 알게 되었다. 그들은 모두 차에 들어가서 에어컨을 최대로 켜놓고 있었다. 얼굴마다 지루하고 따분하다는 표정이었다. 물론 섭씨 35도에 습도 100퍼센트인 푹푹 찌는 한낮이었지만 이런 지상낙원을 보는데 비하면 그리 대수가 아닌 것을 알아야 하지 않는가? 하지만 그들은 내가 '어린 시절의 동산'에 푹 빠져 있음을 알아차린 것이다. 그들은 '아빠가 어린 시절 추억의 여행을 하는 동안' 무슨 음악을 들을까 얘기하는 중이었다.

나는 기분이 상했다. 아니, 기분이 상한 것 이상이었다. 나는 화가 났다. "얘들아, 뭐가 문제니? 나는 너희들에게 이 모든 것을 보여 주고 싶었는데…."

막내딸 안드레아가 끼어들었다. "너무 재미없어." 그러자 둘째 딸 나타샤가 맞장구를 쳤다. "아빠, 이 집이 우리한테 무슨 의미가 있어?"

순간 나는 차를 뒤집어 버리고 싶은 기분이 들었다. '결국 너희 녀석들은 이 성스러운 땅에 대해서 그런 식으로 이야기를 하는구나.' 그것은 거의 신성 모독이었다! 이어서 큰딸이 결정타를 날렸다. "아빠, 아빠가 이 집에 의미를 두는 것은 아빠가 갖고 있는 추억들 때문이잖아. 우린 이 집에 대해 아무런 추억도 없다고."

그 순간 나는 딸의 말이 맞다는 것을 깨달았다. 아이들이 슬랙가 114번지에 서 있는 이 집에 대해서 나와 똑같은 반응을 보일 수는 없었다. 아이들에게는 이 집에서 있었던 삶의 단편들이 그저 이야기일 뿐이었지만, 내게는 이야기 이상의 것이었기 때문이다. 그것은 내가 가장 좋아하는 집에 대한 추억과 연결된 내 인생이었기 때문이다.

하나님은 왜 그 집을 재건하기 원하시는가?

며칠 뒤 나는 성경의 여기저기를 보다가 사도행전 15장에 눈길이 머물렀다.

"이후에 내가 돌아와서 다윗의 무너진 장막을 다시 지으며 또 그 허물어진 것을 다시 지어 일으키리니"(행 15:16, 암 9:11-12 참고).

나는 생각했다. 하나님은 왜 그 집을 재건하고 싶으신 것일까? 왜 모세의 장막을 원형대로 복원하고 싶다고 하지 않으셨을까? 사실 모세의 장막이야말로 지상에 세워진 천상의 처소 중 최초의 작품이 아닌가. 아니, 그보다 더 웅장한 것으로 치자면, 하나님은 왜 솔로몬 성전을 그 웅장함 대로 복원하고 싶다고 하지 않으셨을까? 하나님은 왜 다윗의 장막을 재건하고 싶다고 말씀하셨을까?

그 순간 나는 주님의 음성을 듣는 것 같았다. "왜냐하면 그것이 내가 가장 기뻐하는 집이기 때문이란다." 아니, 그럴 수가! 왜 그렇게 말씀하실까! 나는 놀라움을 금치 못했다. 하나님은 나의 경험으로부터 깨우쳐 주시는 것 같았다. "추억 때문이란다." 하나님은 다른 어떤 곳에서도 경험하시지 못한 일들을 그 장막 안에서 경험하셨고 그 보물 같은 추억들을 품고 계셨던 것이다.

이 책은 다윗의 장막을 기계적으로 복원하는 일에는 관심이 없다. 다만 이 장막을 세우는 원동력이었던 다윗의 열정을 회복시키는 데 있다. 다윗의 장막은 건물이라기보다 '사건'이었다. 오늘날의 교회는 사건이라기보다 건물이다. 그것이 바로 '집'과 '가정'의 차이이다. 그런 차이 때문에 슬랙가 114번지에 있는 집이 내게는 소중하고 아이들에게는 무의미한 것이다.

다윗의 가슴에 있던 열정이 회복될 수만 있다면, 하나님은 그 장막을 재건하는 과정에 직접 나서실 것이다. 그분이 그렇게 말씀하셨다!

하나님께 헌당되었던 그 모든 건물, 구조물, 장막, 성전 중에서 왜 하나님은 유독 다윗이 시온 산에 세운 임시 처소를 지정하시면서 "이것이 내가 복원하고 싶은 집이다"라고 말씀하셨을까?

이 질문에 대한 대답은 우리가 평소에 "교회란 이것이다"라고 생각했던 수많은 개념들을 위협할 것이다. 그 대답이 결국 내 인생을 변화시켰고 이 책에 담긴 메시지를 탄생시켰다.

다윗이 만든 임시 처소는 장막의 조건을 제대로 갖추지 못했다

이미 언급한 대로 하나님이 모세의 광야 장막을 재건하기로 선택하지 않았다는 것이 의아하다. 왜냐하면 그것이 원형이기 때문이다. 모세의 장막이 최초의 장막이었다. 말하자면 가장 원시적이고 가장 순수한 형태로 계시된 장막의 개념이었다. 반면 사람들에게 선택하라고 했다면 적잖은 이들이 화려한 솔로몬 성전을 선택했을 것이다. 하나님은 왜 그 찬란했던 처소를 재건하고 싶다고 하지 않으셨을까?

다윗의 임시 처소는 모세의 장막이나 솔로몬 성전과 비교할 때 장막으로서의 조건도 제대로 갖추지 못한 것이었다. 언약궤와 성물들을 햇빛으로부터 보호하기 위해 그저 기둥 좀 세우고 그 위에 방수천 하나 덮은 정도였다. 그러나 하나님은 말씀하셨다. "나는 그 집을 다시 세우고 싶구나." 하나님을 감동케 하는 것과 사람을 감동케 하는 것은 완전히 별개이다.

하나님께서 "이후에 내가 돌아와서 다윗의 무너진 장막을 다시 지으며 또 그 허물어진 것을 다시 지어 일으키리니"(행 15:16)라고 말씀하셨을 때는, 하나님이 그 장막을 무너뜨리신 것이 아님을 암시한다. 그 장막은 스스로 무너졌다. 한편으로 다윗의 장막은 어쨌든 사람의 손으로 만들어졌다는 것을 반증한다. 어떻게 그렇게 말할 수 있는가? 왜냐하면 영원하신 하나님께서 세우시고 붙드시는 것은 어떤 것도 무너질 수 없기 때문이다. 하나님 자신이 약해지시거나 피곤해지실 수는 없지 않은가.

하나님은 이런 말씀을 하시는 것 같다. "다윗의 장막은 사람이 만든 것이지. 그래, 사람의 손은 약해지거나 피곤해질 수 있어. 그래서 나는 사람들을 강하게 하는 과정을 거쳐 그들을 다시 다윗이 세웠던 집으로 돌려보내려는 거야. 이것이 바로 내가 기뻐하는 집이지."

하나님은 건물에 감동을 받는 분이 절대 아니다

무슨 이유 때문인지 오늘날의 기독교 세계는, 하나님이 건물에 감동을 받는 분이 아니라는 사실을 망각하고 있다. 간단한 임시 구조물에서 모이는 교회의 목회자들이나 성도들은 계속해서 도심에 합법적으로 교회당을 세우는 일에 세상의 허가를 얻어내려고 애를 쓴다. 그러나 한편으로 수백만 달러를 들여 도심에 세운 화려한 교회당들은 합법적인 교회를 향한 하늘의 승인을 얻으려고 애를 쓴다. 뾰족탑과 스테인드글라스에 대한 우리의 애착이 진정한 예배에는 걸림돌이 될 수 있다. 선택하신다면, 하나님은 궁정이 아닌 열정을 원하신다! 역사를 돌이켜 보건대, 다윗은 성전을 짓고 싶었지만 하나님은 그에게 관심이 없다고 말씀하셨다. 솔로몬이 거대한 성전을 봉헌하는 장면을 성경에서 잘 읽어 보면 하나님께서 그런 얘기를 하신 것을 알 수 있다.

"만일 너희나 너희 자손이 아주 돌아서서 나를 따르지 아니하며 내가 너희 앞에 둔 나의 계명과 법도를 지키지 아니하고 가서 다른 신을 섬겨 그것을 경배하면 내가 이스라엘을 내가 그들에게 준 땅에서 끊어 버릴 것이요 내 이름을 위하여 내가 거룩하게 구별한 이 성전이라도 내 앞에서 던져 버리리니 이스라엘은 모든 민족 가운데 속담거리와 이야기거리가 될 것이며 이 성전이 높을지라도 지나가는 자마다 놀라며 비웃어…"(왕상 9:6-8).

예루살렘에서 예수님의 제자들이 헤롯 성전의 웅장한 미관을 언급하자, 예수님은 그들에게 예언하셨다. "너희 보는 이것들이 날이 이르면 돌 하나도 돌 위에 남지 않고 다 무너뜨려지리라"(눅 21:6). 하지만 하나님은 다윗의 장막에 대해서는 결코 그런 말씀을 하지 않으셨다. 오히려 정반대로 말씀하셨다. '무너뜨림'에 대해 말씀하시기는커녕 이렇게 말씀하셨다. "내가 천막 기둥들을 다시 세워줄까? 시간이 앗아가고 인간의 연약함이 허물어 버린 것을 복구하도록 도와줄까? 나는 이 집을 보전하고 싶구나. 여기서 가졌던 '인간과의 만남'의 추억들이 내게 너무나 소중하구나."

인간인 우리는 하나님과의 만남을 원하고 하나님은 인간과의 만남을 원하신다. 왜냐하면 하나님은 그분의 자녀들과 만나는 것을 기뻐하시기 때문이다. 하나님은 '휘장을 찢으시고' 시간을 넘어 자녀들을 만나러 오시는 분이다. 내가 스케줄을 미루고 막내딸 안드레아가 놀고 있는 마룻바닥에서 딸과 함께 가짜 차를 마시면 그것은 딸에게 생생한 추억이 된다. 동시에 나에게도 보물같이 소중한 추억이 된다.

다윗은 '파란 불꽃'에 관심이 있었다

다윗의 장막이 실제로 세워지기 오래전부터 그 장막의 가장 강력한 무엇인가가 솟아나기 시작했다. 그것은 소년 다윗이 양을 치며 들판에서 하나님께 예배하고 하나님과 교제하는 법을 배울 때 이미 그의 마음속에 있던 것이었다. 그리고 그 마음은 하나님의 언약궤를 예루살렘으로 모셔올 때 다시금 꽃을 활짝 피웠다. 언약궤를 예루살렘으로 옮긴 것이 의미가 있는 것은 오늘날 하나님의 임재를 교회로 되돌리려는 우리들의 노력과 흡사하기 때문이다. 나는 「하나님 당신을 갈망합니다」에서도 그 당시 하나님을 갈망하던 다윗의 마음을 언급했었다.

"다윗이 언약궤를 예루살렘으로 되가져오고자 했을 때 그의 관심은 도금 상자에 있지 않았다. 그의 관심은 언약궤 위에 있는 두 그룹의 펼친 날개 사이에 머물던 파란 불꽃에 있었다. 다윗이 원한 것은 그것이었다. 그 불꽃이 하나님 자신의 임재를 상징했기 때문이다. 하나님의 그 영광 또는 분명한 임재가 가는 곳에는 어디나 승리와 능력과 축복이 있었다. 친밀함은 '축복'을 가져오지만 '축복'을 구한다고 언제나 친밀해지는 것은 아니다."

하나님은 그분의 임재를 사모하는 다윗의 마음에 깊이 감동하셨다

어쨌든 다윗은 하나님의 본질적인 무엇인가를 사로잡은 사람이었다. 그것은 지금까지 그 누구도 이루지 못한 일이었다. 어떻게 이런 일들이 일어났는지 다 이해할 수 없지만, 한 가지 확실한 것은 하나님의 임재를 향한 다윗의 열정이었다. 나는 그 열정이 사람들 사이에 전염병처럼 퍼져 나갔으면 좋겠다. 나는 찌는 듯이 더운 여름날 루이지애나 주 웨스트 먼로에서 하늘로부터 이런 힌트를 얻었다. "네가 세우면, 내가 오겠다"(If you build it, I will come).

다윗은 성경 상에서 독특한 표현으로 설명된 사람이라는 것을 기억하는가? "내가 이새의 아들 다윗을 만나니 내 마음에 맞는 사람이라 내 뜻을 다 이루리라"(행 13:22, 삼상 13:14 참고). "내 마음에 맞는"이라는 표현에는 두 가지 의미가 있다고 생각한다. 일반적으로 해석한다면 다윗은 하나님의 마음을 '닮은' 혹은 '다윗의 마음이 하나님의 마음과 닮은' 사람이었다.

또 한편 다윗은 끊임없이 하나님의 마음을 '좇는' 사람이었고 하나님을 갈망하는 사람이었다. 분명한 하나님의 임재를 좇는 사람이었다. 언약궤를 예루살렘으로 옮기겠다는 결심은 하나님의 임재를 향한 그의 열정에 대한 명백한 증거이다. 이런 두 번째 해석을 뒷받침해 주는 것은 시편에 나타난 하나님과의 친밀한 영적 동행이다.

다 이야기할 수는 없지만 다윗의 장막과 솔로몬 성전, 그리고 모세의 장막 사이에는 많은 유사점들이 있다. 모세의 장막과 솔로몬 성전은 세 군데의 구분된 장소, 즉 바깥뜰과 성소와 지성소를 갖고 있다. 거대한 휘장, 즉 오늘날로 말하자면 무겁고 두꺼운 커튼이 성막을 가로질러 성소와 지성소를 구분하고 있었고 지성소 안에는 언약궤가 놓여 있었다.

언약궤는 모세가 하나님으로부터 식양(式様)을 지시받아 만든 것으로 금으로 씌운 나무상자였다. 궤 덮개 위에는 금으로 만든 스랍(천사) 둘이 날개를 펴고 마주보고 있는 형상이 고정되어 있었다. 스랍 사이에 있는 공간을 '시은좌'(은혜의 보좌)라고 불렀으며 이곳이 바로 분명한 하나님의 임재의 파란 불꽃이 떠오르는 곳이었다. 또한 현현의 영광(shekinah glory)이 떠오르는 곳이었다. 언약궤와 은혜의 보좌, 그리고 하나님의 임재의 파란 불꽃은 항상 두꺼운 휘장 뒤에 가려져 있었다.

하지만 하나님은 결코 휘장을 좋아하신 것이 아니다. 휘장이 필요하셨지만 좋아하지는 않으셨다. 예수님이 갈보리에서 십자가에 달려 죽으실 때 하나님은 예루살렘의 헤롯 성전에 있는 휘장을 위에서 아래로 찢으셨다. 하나님은 복구가 불가능하도록 완전히 찢어 버리셨다. 하나님이 휘장을 싫어하신 것은 마치 죄수가 창살을 혐오하는 것과 같았다! 왜냐하면 휘장은 그분과 사람들을 분리시키는 장벽이요 구분선이었기 때문이다. 십자가의 날까지 하나님이 휘장 뒤에 숨으신 이유는 죄인들이 거룩한 하나님을 예배하러 나올 때 그들의 생명을 보존하기 위함이었다.

나는 내 자녀들과 '분리'되는데 질렸다

아마도 다윗 시대 이전까지 결여되었던 부분은 은총의 열쇠였을 것이다. 모든 성소 중에서 다윗의 장막에만 휘장이 없었기 때문이다. 이 열쇠로 오랜 세월 동안 감춰졌던 최고의 지혜의 문 하나가 열리기 시작한다. 그것은 바로 하나님은 우리와 분리되기를 원치 않으신다는 것이다. 사실 하나님은 우리와 그분을 단절시키고 가리는 것들을 제거하기 위해 가능한 모든 것을 하실 분이다. 하나님이 죄를 미워하시는 것도 죄가 하나님과 우리를 분리시키기 때문이다. 하나님은 갈보리 산 위에서 독생자의 육체를 '휘장'처럼 찢으시기까지 했다. 동시에 그분의 보이지 않는 손이 시온 산에 있는 성전의 휘장 또한 찢으셨다. 마치 이렇게 말씀하시는 것 같다. "나는 이런 휘장이 다시는 세워지길 원치 않는다! 나는 내 자녀들과 분리되는 데 질렸다." 하나님은 자녀들을 방문해서 그저 몇 시간 정도 함께 지내는 것으로 만족하지 않으신다. 하나님은 완전한 양육권을 갖기 원하신다! 하나님은 "중간에 막힌 담을 허무셨다"(엡 2:14).

이제 우리는 하나님께서 왜 다른 성소들보다도 다윗의 집을 선호하셨는지 몇 가지 단서를 얻게 되었다. 모세는 하나님이 주신 식양대로 장막을 세우고 장막 주변에 나무로 만든 기둥들을 세우고 4.5미터 높이의 천으로 둘러쌌다. 반면에 다윗이 만든 임시 장막 주변에는 아무런 장벽도 휘장도 없었다. 그곳에는 하나님의 파란 불꽃으로부터 사람들을 분리시키는 그 어떤 것도 존재하지 않았다. 사실 다윗의 장막에서 하나님의 임재를 둘러싸고 있는 유일한 존재는 예배자들이었다. 그곳에는 거의 36년 동안 일 년 365일, 일주일 7일, 하루 24시간 매일 하나님을 예배하는 예배자들이 있었던 것이다!

그 시절 다윗 왕은 불면증에 시달려 한밤중에라도 일어나면 언제나 성막으로부터 들려오는 성경 암송 소리와 찬양과 악기 소리를 들을 수 있었다. 또한 침실에서 정면으로 대하고 있는 언덕을 향해 서면 언약궤 주변에서 춤추는 사람들의 발이 촛불에 비춰져 생기는 그림자들을 볼 수 있었다. 아마도 이때 다윗은 다음과 같은 시편을 쓴 것 같다.

> "보라 밤에 여호와의 성전에 서 있는 여호와의 모든 종들아 여호와
> 를 송축하라 성소를 향하여 너희 손을 들고 여호와를 송축하라"(시
> 134:1-2).

밤낮으로 예배자들은 하나님의 임재 가운데 서서 춤추고 경배
했다. 마치 하늘을 향해 들고 있는 손으로 열린 하늘을 붙잡고
있듯이 말이다. 다윗이 너무나 힘들어 보이는 때면 천사가 바로
옆에서 그에게 예배하는 사람들을 보여 주었을 것이다. 그러면 다
윗은 예배자들의 편 팔과 춤추는 발 사이에서 하나님의 영광의 파
란 불꽃이 타오르는 것을 보았을 것이다.

다윗의 장막에서는 모든 사람이 하나님의 영광을 보았다

다윗의 장막은 독특했다. 언약궤가 보관되었던 다른 성소들에
서는 예배자들이 휘장 뒤에 가려 있는 것을 예배해야 했다. 거기
에 무엇이 있는지 알지도 못하고 본 적도 없었다. 단지 대제사장
만이 일 년에 단 한 번 휘장 뒤로 들어가는 일을 감행해야 했다.
하지만 다윗의 장막에서는 모든 사람이 하나님의 영광을 보았
다. 예배자이든지 여행자이든지 이방인이든지 다 볼 수 있었다.

휘장이 걷힌 예배는 아무 방해가 없는 임재 체험을 가능케 했다!

다윗의 장막을 '하나님이 기뻐하시는 집'으로 만든 기적이 가능했던 것은 하나님의 임재를 향한 다윗의 열망 때문이었다. 다윗은 말했다. "어떻게 해야 여호와의 언약궤를 내게로 가져올 수 있을까?"(삼하 6:9). 그는 이 한 가지 열심에 자신의 전 존재를 걸었다. 그러나 언약궤를 예루살렘으로 옮기려던 첫 번째 시도는 재앙으로 끝났다. 다윗은 '거룩한 운반 작업'을 어떤 방법으로 해야 할지 전면적으로 재검토해야만 했다. 마침내 다윗이 레위인들과 예배자들과 함께 25킬로미터나 되는 먼 길을 도보로 이동하여 예루살렘에 도착했을 때, 그는 "드디어 해냈다!"는 환희와 안도감 때문에 춤추며 기뻐했던 것 같다.

하나님을 경외하는 마음으로 궤를 옮기는 순례 여정 어디쯤에선가 다윗은 하나님이 가치 있게 생각하시는 것을 가치 있게 여기기 시작했다. 반면 그의 아내 미갈은 하나님의 신성보다 사람의 명성에 가치를 두었다. 그래서 태의 열매를 갖지 못하는 저주를 받았다. 물론 그녀가 아이를 갖지 못했다는 것은 다윗과의 관계가 멀어졌다는 것을 의미하기도 한다.

때로 사람의 무대 위에서 하나님과 친밀하게 만나는 것이 어색할 때가 있다. 오늘날 기독교계는 친밀한 예배에 등을 돌린 열매 없는 교회들로 가득하다. 이 교회들은 하나님과의 친밀한 교제보다 사람의 명성에 가치를 둔 현대판 미갈이다.

다윗이 좇은 것은 금이 아니였음을 기억하라. 그는 많은 양의 금을 소유하고 있었다. 다윗이 좇은 것은 궤 자체도 아니었다. 그 랬다면 다른 궤들을 만들 수 있었다. 다윗의 관심은 궤 안에 있는 유물들도 아니었다. 그 유물들은 그가 태어나기 오래전에 하나님의 임재가 사람들에게 남긴 꿈 같은 기억들이었다. 다윗은 그런 것에 매료된 것이 아니었다. 다윗은 하나님의 영광의 파란 불꽃을 찾고 있었다. 다윗의 삶은 마치 "어떻게 하면 그 파란 불꽃을 운반할 수 있을까"라고 말하고 있는 것 같았다.

우리는 이전보다 더 멋진 건물을 짓고 더 큰 규모의 성가대를 세우고 더 아름다운 음악을 만들고 더 웅장한 설교를 할 수 있다. 이전보다 더 탁월하게 모든 것을 해낼 수 있다. 그러나 우리가 그 '파란 불꽃'을 운반하지 못한다면, 하나님은 기뻐하지 않으신다. 그리고 '불꽃이 없는' 교회들이 사람들에게 외면당하듯이 그분께도 외면당할 것임을 그분은 알고 계신다. '불꽃'이 없다는 것은 불이 없다는 것이요, 결국 열매 없는 건물과 속빈 마음들뿐이라는 것이다. 누군가 외쳐야 한다. "여기 안에는 추워요. 그래서 모두가 떠나는 겁니다. 다시금 예배의 불을 지핍시다!"

다윗은 죽음을 무릅쓰고 휘장의 경계선 너머로 다가갔다

어쨌든 다윗은 궤를 운반하는 도중 무엇이 아론의 제사장직과 모세의 제사장적 의식의 한계를 뛰어넘게 하는지 알았다. 한때 목동이었던 예배자 다윗은 두려움과 죽음을 무릅쓰고 휘장의 경계선 너머 하나님과의 친밀함이라는 영역 속으로 새롭게 다가섰다. 그러자 예배에 대한 그의 개념이 모두 바뀌었다.

마침내 녹초가 된 레위인들이 다윗이 만든 임시 장막에 도착했다. 그것은 언약궤를 위해 시온 산 위에 세운 것이었다. 다윗은 말했다. "여러분도 알다시피 언젠가는 더 좋은 처소를 마련하고 싶지만 지금 당장은 이곳에서 예배하려고 합니다." 제사장들은 지친 어깨 위에서 궤를 내려놓으며 홀가분한 마음이 들었다. 그리고 레위인들이 하나둘씩 나가려고 하자, 다윗은 그들을 멈춰 세우고 말했다. "아니, 아니요. 떠나면 안 됩니다."

"아니라뇨? 다윗 왕이시여, 우리는 지금 언약궤를 어깨에 메고 수십 킬로미터를 걸어왔습니다. 게다가 하나님께 수천 마리의 짐승을 준비하여 제물로 바쳤습니다. 이제 다 된 거 아닌가요? 게다가 여기에는 휘장도 없고 지성소도 없잖습니까!"

"아니요. 내가 여러분 레위인들의 반차를 재구성한 것은 실로에서처럼 언약궤를 방치해 두지 않으려는 것입니다. 에봇을 다시 입으십시오. 비파와 수금을 다시 잡으십시오. 몇 명은 가서 점심을 먹더라도 나머지 사람들은 여기 남아 있어야 합니다."

"그렇다면 우리가 누구를 위해 여기 남아 있어야 하는 것입니까? 다윗 왕이시여, 우리의 연주를 듣기 원하십니까?"

"아니, 아니요. 나를 위해서가 아니라 하나님을 위해서입니다. 하나님만이 유일한 청중이십니다. 바로 하나님께서 우리가 끊임없이 그분만을 예배하기 원하십니다."

우리는 하나님이 기쁘게 임재하시도록 해드리는 기술을 잃어버렸다

우리는 하나님의 주목을 받기 원한다. 그러나 일단 그분이 우리를 찾아오시거나 그분의 임재가 우리 가운데 있다는 것을 감지하기만 하면 우리는 말한다. "오! 주님이 오셔서 기쁩니다. 가셔야 하겠지만…." 그러고는 우리가 가 버린다. 우리는 예배드리면서 하나님의 임재를 그저 흥분하는 정도나 소름이 끼치는 정도로 만족한다. 그러고는 말한다. "오! 주님이 오셨군요." 여기서 한 가지 질문을 하겠다. "주님이 그곳에 머무시겠는가?" 우리 말고 주님이 과연 그곳에 머무실까?

흥분과 긴장감 이상의 무엇이 있어야 한다. 다윗은 일시적인 하나님의 임재에 만족하지 않았다. 그는 그 이상을 갈구하고 있었다. 그래서 레위 지파의 예배자들에게 말했다. "당신들은 어디에 가서도 안 되오. 나는 당신들이 그룹을 짜서 처음 세 시간을 맡아 주기 바라오. 그리고 당신들이 그 다음, 당신들은 그 다음을 맡아 주시오."

나는 그날이 오길 바란다. 하나님의 백성들이 '24/7'의 예배를 하나님께 올려 드리는 날 말이다. 하루 24시간, 그리고 일주일에 7일 내내 하나님을 예배하고 송축하는 날을 기다린다. 정말 극소수의 교회를 제외하고는, 미국이나 전 세계에서 가장 사용률이 낮은 건물들이 바로 교회 성전이다. 썩어질 세상의 필요를 채우기 위해서도 24시간 편의점에 수많은 사람들이 끊임없이 무리를 지어 가는데, 우리 교회들은 일주일에 두 시간도 채 영업을 하지 않는다. 왜? 사람들이 필요로 하는 '물품'에 대한 지원이 너무나 없기 때문이다. 우리는 잘 짜여진 건물을 짓기 전에 '24시간 7일'의 생활양식을 먼저 만들어 내야 한다. 그러지 않으면 우리가 지금까지 해 왔던 것처럼 기계화되고 말 것이다.

내가 이 책을 쓴 것은 교회의 문들을 인위적으로 열고자 함이 아니다. 이 책은 예배자 다윗의 중심에 있었던 열정으로의 초대이다. 다윗의 장막이 하나님이 기뻐하시는 집이 된 것은 그곳에서 예배하는 사람들 때문이었다! 마치 슬랙가 114번지에 있는 집이 내가 가장 좋아하는 집이 된 이유가 그곳에 있는 목련이나 흰 벽 또는 거실의 초록색 카펫 때문이 아니라 그곳에서 살았던 사람들, 우리 엄마 아빠, 그리고 가족들 때문이었던 것처럼 말이다.

하나님은 단지 자녀들과 함께 있고 싶어 하신다. 이때 '마구간'들이 중요한 역할을 해낼 수 있다. 베들레헴에서나 아주사 거리[1]에서처럼 말이다. 어떤 것으로든 가능하다. 다윗이 초라한 임

---

1) 로스앤젤레스의 아주사 거리 부흥 운동은 개조된 마구간에서 시작되었다.

시 장막을 보며 "언젠가는 더 잘 만들고 싶어"라고 말했을 때 하나님은 말씀하셨다. "다윗아, 장막이면 족하다. 다만 너의 가슴이 늘 뜨겁기를 바란다!"

우리는 아름다운 성전들을 세웠지만 그 안에는 거의 아무도 없다. 불꽃이 없으면 볼 것이 없기 때문이다. 우리의 교회 안에 현현의 영광(shekinah glory)이 없는 것은 우리가 성령님을 모시는 능력을 상실했기 때문이다. 하나님은 왜 다윗의 집을 재건하시겠다고 말씀하셨는가? 나는 그 이유가 이미 언급한 대로 다윗의 장막에는 경계를 짓는 휘장도 벽도 없기 때문이라고 믿는다. 하나님은 자기 백성들과의 관계에서 친밀감을 갈망하신다. 하나님은 하나님의 영광이 길을 잃고 죽어 가는 세상에 드러나길 원하신다. 다윗의 장막을 하나님이 재건하셔야 하는 이유는, 사람들의 손이 그들의 예배나 중보기도를 통해 하늘 문을 붙잡고 있기에는 너무나 지쳐서 약해져 있기 때문이다.

당신은 다윗이 배운 바를 재발견하기 원하는가? 아니면 하나님의 '추억 여행'에 벌써 싫증이 났는가? 벌써 차 안으로 들어가 에어컨을 켜 놓고 "여기에 얽힌 추억이 전혀 없기 때문에 난 재미가 하나도 없어"라고 말하고 있는 건 아닌가?

나는 상상해 본다. 하나님께서 다윗의 초라한 장막에 영광 중에 좌정하사 에덴동산 이후 처음으로 창조 세계와의 어떤 구분된 휘장이나 벽 없이 자기 백성들 가운데 거하시는 모습을 말이다.

그리고 그것이 그분에게 어떤 의미였을지 궁금하다.

당신의 얼굴을 들어 주님을 바라보라. 그리고 주님이 진정으로 원하시는 것이 무엇인지 여쭤보라. 대답을 듣는 순간 당신은 전혀 새로운 사람이 될 것이다.

잘못된 결승선과 향기로운 손잡이
중단하는 것과 놓치는 것

불경건하다고 말하는 사람들도 있겠지만, 나는 한 사람이 평생 갈 분량만큼 '좋은 교회 예배들'에 이미 충분히 가 보았다. '좋다'는 것으로는 더 이상 충분치 않다. 나는 더 이상 '좋은' 찬양을 듣고 싶지도 않고 '좋은' 설교를 듣고 싶지도 않다. 사실 나는 내 자신에게도 질렸다! 만약 당신 부엌에 '최고'의 음식이 준비되어 있는 것을 안다면 당신은 그저 '좋은' 음식을 먹는 것으로 만족할 수 있겠는가?

물론 내 말이 극단적으로 들린다는 것을 안다. 하지만 내가 정말 원하는 것과 비교하자면 조심스럽게 표현한 것이다. 나는 하나님께서 그분의 현현 가운데 또는 생생한 영광 중에 나타나시는 것을 보고 싶다. 그분 자신과 비교한다면, 다른 그 무엇도 그 누구도

주인공이 등장하기 전에 시간을 때우기 위한 조연들의 연습밖에
는 되지 않는다. 다만 두려운 것은 우리의 신앙이나 삶이 주식(主
食)은 완전히 잊어버리고 애피타이저 정도에만 몰두하고 있지 않
은가 하는 것이다.

우리는 소위 '부흥'이 시작되는 곳에 있을 때마다 하나님의 영
광을 맛보거나 느끼게 된다. '영광'은 '영적인 일'이기 때문에 과학
적인 증명이나 수치적인 검증 같은 것은 필요 없다. 그 대신 하나
님의 임재가 다가오고 있음을 '느끼는' 일종의 내면적인 느낌이 있
다. 그때 우리는 매우 거대하고 능력 있는 존재가 근접해 옴을 알
게 된다.

하나님의 임재가 다가올 때 우리는 달리기 경기에서 경험이 부
족한 선수처럼 어떻게든 그 상황에 잘 대처하려고 애를 쓰는 경향
이 있다. 우리는 하나님의 임재를 간절히 사모하여 출발선을 박차
고 나와 최고 속도로 내달린다. 그러나 우리 마음에 소원하는 트
로피를 향한 강한 집착 때문에 불안해 하기 시작한다.

숨이 차오르고 지쳐서 주위에 있는 것들에 대한 감각을 상실해
버린다. 마지막 사력을 다해 결승선으로 몸을 던져 보지만 결국
결승선 코앞에서 엎어지고 만다. 너무 빨리 멈춰서 결승선에 다
다르지 못하는 것은 결국은 잘못된 결승선을 향해 달리는 것이
며 상을 받을 수 없는 경주가 되는 것이다.

성경은 말해 준다. 이스라엘의 어느 산, 세 제자들은 비몽사몽

간에 눈을 떠 모세와 엘리야가 영광의 구름 가운데 예수님과 함께 서 있는 것을 본다(눅 9:28-32). 제자들은 정신이 번쩍 들었다. 베드로는 갑자기 나서서 하나님의 아들 예수께 이 사건에 대해 기념비를 세우자고 제안한다. 그러나 그것은 모두를 잘못된 결승선에 세우려는 제안이었다. 베드로는 '랍비' 즉, 선생님이라는 말을 사용하면서 예수님께 말했다. 또한 베드로가 세 개의 초막을 세우자고 하는 말을 볼 때, 그는 마치 모세와 엘리야를 예수님과 동격으로 여긴 것처럼 보인다. 아마도 베드로는 아직 결말을 모르고 있기 때문이었을 것이다.

모세는 장차 올 것을 보기 위해 오랜 세월을 기다렸기 때문에 베드로의 잘못된 결승선에 관심이 없었을 것이다. 모세는 그 무엇보다 하나님의 영광이 드러나는 것을 원했다. 그때 아버지 하나님께서 베드로의 말을 중단시키고 제자들의 인간적인 관점을 고쳐 주셨다. "이는 나의 아들 곧 택함을 받은 자니 너희는 그의 말을 들으라"(눅 9:35). 그러고는 모든 것이 시야에서 사라지고 오직 높임을 받으신 만유의 주님만이 보이셨다.

우리는 너무나 자주 잘못된 결승선에서 멈춰 선다. 우리의 몸만 흥분해 있기 때문이다. 우리는 하나님이 자신을 드러내시는 중간에 끼어들어서 그분의 임재의 첫 번째 징조를 기념하겠다고 모래성을 쌓으려 한다. 우리는 "여기 있는 것이 좋사오니"를 연발하느라 "내가 그곳에 너희와 함께 하기를 원한다"는 하나님의 음성을 듣지 못한다.

나는 잘못된 결승선을 향해 경주하는 일에 지쳤습니다

그저 좋은 예배, 좋은 찬양, 좋은 설교를 원하는 것만으로는 충분하지 않다. 우리는 하나님 그분을 만나야 한다. 나는 2퍼센트 모자란 예배(almost services)에 질렸기 때문에 모임에 온 사람들에게 자주 이런 말을 한다. "오늘 여러분이 그저 좋은 예배를 찾아 여기 오셨다면, 여러분은 잘못 오신 것이요, 잘못된 설교자를 찾은 것이요, 잘못된 장소에 있는 것이요, 날을 잘못 잡으신 것입니다. 차라리 다른 날 오십시오. 하지만 여러분이 정말 하나님을 찾아 이곳에 오셨다면, 뜨거운 마음으로 예배할 형제요 자매로 당신을 환영합니다."

예수님은 미지근한 라오디게아 교회에게 이렇게 말씀하셨다. "볼지어다 내가 문 밖에 서서 두드리노니 누구든지 내 음성을 듣고 문을 열면 내가 그에게로 들어가…"(계 3:20). 성령님은 그 다음에 나타날 장소를 찾아다니신다. 성령님은 교회의 문 앞에 서서 다윗과 같이 성령의 강한 임재를 위해 장소를 예비하는 사람이 있는지 찾고 계신다. 예배자들이 손을 높이 들고 천국 문을 열기를 소망하는 장소, 그래서 주님의 영광이 임하여 머물 수 있는 그런 장소를 찾고 계신다.

하나님은 계속해서 그분의 부드러운 노크 소리를 듣고 문을 열 사람과 교회와 도시를 찾고 계신다. 성경은 구약과 신약에서 주님을 '문 앞에서 노크하시는 분'으로 끊임없이 묘사하고 있다. 아가서에서 주님은 자신의 집 문을 두드리고 계신다. 자신의 연인인 교회의 마음을 열기 위해서이다(아 5:2).

그렇다면 주님의 집이 어떻게 잠겨 있을 수 있는가? 그것은 주님이 열쇠를 주셨기 때문이다. 주님은 사도 베드로에게 말씀하셨다. "내가 천국 열쇠를 네게 주노니 네가 땅에서 무엇이든지 매면 하늘에서도 매일 것이요 네가 땅에서 무엇이든지 풀면 하늘에서도 풀리리라"(마 16:19). 주님의 임재에 대한 열쇠가 우리 손에 주어졌기 때문에 우리는 천국 문을 열고 지옥 문을 닫을 권세를 받은 것이다. 열쇠는 우리 손에 있다! 그러나 천국 문이 사람들의 전통으로 굳게 닫혀 있지 않은가? 우리 영혼을 사랑하시는 주님은 포기하지 않으시고 자신의 집 앞에서 문을 두드리신다. 하지만 우리는 솔로몬의 신부와 똑같이 반응한다.

"내가 옷을 벗었으니 어찌 다시 입겠으며 내가 발을 씻었으니 어찌 다시 더럽히랴마는"(아 5:3).

하나님과 약혼한 연인이요 신부인 교회는 너무나 안일해져 있다. 교회는 귀찮기 때문에 문 열기를 거부한다. 하나님과의 친밀한 사귐에 대한 대가가 너무나 커 보인다. 이 모든 것이 귀찮게 느껴지면 사랑하는 주님이 내 마음 문을 두드리셔도 마음은 냉랭해지고 걸음은 느려져 마지못해 간다. 안타깝게도 노크 소리는 멈추고 만다. 마침내 우리는 깜짝 놀라서 솔로몬의 게으른 신부처럼 일어난다. 그러고는 문을 연다. 하지만 남은 것은 그분이 서 계셨던 자리에서 피어나는 향기뿐이다.

> "내가 내 사랑하는 자를 위하여 문을 열었으나 그가 벌써 물러갔네 그가 말할 때에 내 혼이 나갔구나 내가 그를 찾아도 못 만났고 불러도 응답이 없었노라"(아 5:6).

이것이 바로 오늘날 교회들의 슬픈 영적 상황이다. 오늘날 교회들은 지나치게 느긋해져 있다. 우리 교회들이 다윗의 아내 미갈처럼 열매 맺지 못하는 것을 스스로 알지 못하는 것은 아닌가. 이미 언급한 대로 다윗은 미갈과 다시 친밀해질 수 없었던 것일까? 문제는 미갈의 마음이 다윗을 향해 문을 닫아 버린 것이다. 그러므로 친밀함도 기쁨도 열매도 다 잃어버렸다. 교회에 열매가 없는 근본 원인은 하나님과의 깊이 있는 만남에 대한 대가를 지불하기를 거부한다는 것이다. 왜냐하면 그 만남을 위한 예배가 겉으로 보기에 너무나 큰 대가를 요구하고 있기 때문이다.

그리스도의 신부된 교회는 왕궁에서 왕 없이 사는 것에 익숙해져 가고 있다. 교회가 첫사랑에 대한 열정과 갈망을 회복한다면 왕이신 주님이 궁전에 나타나시지 않는 한 결코 만족할 수 없다. 그러나 오늘날 교회들은 주님의 노크 소리에 꿈쩍도 하지 않으면서 투덜거리기만 한다. "아니요, 지금은 안 됩니다. 지금 일어나기에는 너무나 편안히 누워 있는 거 모르시겠습니까? 좀 기다리시면 안 됩니까? 지금 두통이 좀 있어서요. 하여튼 저는 벌써 신발도 벗었고 발도 씻었잖아요. 지금 꼭 문을 열어야 합니까?"

노크 소리가 멈출 때

우리가 놀라는 때는 하나님이 문을 두드리실 때가 아니라 문을 두드리던 노크 소리가 멈출 때이다. 사랑하는 주님이 더 이상 노크하지 않으신다는 것을 깨닫는 순간, 충격과 함께 제정신이 든다. 주님의 노크 소리가 멈추는 즉시, 우리는 우리 자신의 편안하고 게으른 삶의 방식이 아무것도 아님을 깨닫는다.

"일어나서 나의 사랑하는 자를 위하여 문을 열 때 몰약이 내 손에서, 몰약의 즙이 내 손가락에서 문빗장에 떨어지는구나 내가 내 사랑하는 자를 위하여 문을 열었으나 그가 벌써 물러갔네"(아 5:5-6).

AMP 성경(The Amplified Bible)은 왕과 약혼한 신부가 손가락을 문

빗장에 올려놓았을 때 그 손에 왕이 남기고 떠난 몰약의 즙이 묻었다고 말한다. 그녀에게 남은 것은 그분이 계셨던 자리의 향기뿐이었던 것이다.

사랑하는 주님이 노크하실 때 성령이 비둘기같이 임하신다. 두려운 것은 우리가 문을 열지 않는다면, 통회하는 예배를 통해 천국의 창들을 열지 않는다면, 하나님의 영광이 우리의 세계 속에 들어오시도록 문을 열 마음이 없다면, 그렇다면 우리에게 남는 것은 그분이 계셨던 자리의 향기뿐이라는 것이다. 물론 그 정도에 행복해 하는 사람도 있다. 그들은 주님이 계셨던 자리의 향기를 맡고 흥분을 느끼는 정도로 만족해 한다. 그러나 나는 그분이 지나갔던 자리에는 더 이상 관심이 없다. 당신은 어떠한가? 지나간 역사 속에서 주님의 임재를 발견하는 것만으로는 더 이상 만족할 수 없다. 나는 부흥에 대해서 읽는데 싫증이 났다. 나는 '부흥을 주시는 분'을 만나고 싶다.

이 말씀을 묵상하면 사랑하는 남편이나 아내가 떠나간 후 베개를 끌어안고 그 사람의 체취를 맡으며 흐느끼는 사람의 모습이 연상된다. 이 세상에서 사람이 배우자를 사별해도 추모 예식은 제때에 다 끝나게 되어 있다. 그러나 교회는 그 추모의 예식을 아직까지 끌고 있다. 교회는 신랑이신 주님이 완전히 사라져 앞으로 영영 못 만날 것처럼—물론 천국에서의 만남은 제외하고—과거의 만남들만 추억하고 있는 것이다. 미안하지만 나는 과거의 공허한 추억만을 부둥켜안고 살고 싶지는 않다! 나는 그분을 원한다! 나는 예수님을 그분의 능력과 생명과 아름다움과 영광 중에 보기 원한다! 주님, 내게 당신의 얼굴을 보여 주소서!

하나님은 정말 노크하기를 멈추신 것일까?
지금까지 그런 일이 자주 있었다

이제 우리는 안락한 상아 침상에서 기쁘게 일어나 주님의 부드러운 노크 소리에 반응하러 나가야 한다. 당신과 나는 지금도 주님의 노크 소리를 듣고 있다. 하지만 가장 두려운 것은 어느 순간에 그 노크 소리가 멈출 수 있다는 것이다. 나는 지금 어떤 새로운 교리나 이상한 성경 해석을 하고 있는 것이 아니다. 지금까지 그런 일이 자주 있었다!

그리스도께서 예루살렘에 '입성'하시는 동안, 사람들은 겉옷과 나뭇가지를 땅에 펴고 예수님이 멍에 매지 않은 나귀새끼를 타고 오시는 길을 만들었다. 제자들은 새로운 차원의 열정과 흥분으로 하나님께 찬양을 올렸다. "찬송하리로다 주의 이름으로 오시는 왕이여 하늘에는 평화요 가장 높은 곳에는 영광이로다"(눅 19:38). 종교 지도자들인 바리새인들은 군중 속에서 이 장면을 보며 화가 치밀었다. 왜냐하면 그들은 예수님이 메시야라는 생각을 받아들일 수 없었기 때문이다.

바리새인들이 예수님께 제자들을 조용히 시키라고 요구하자 주님은 그들에게 말씀하셨다. "만일 이 사람들이 침묵하면 돌들이 소리 지르리라"(눅 19:40). 주님이 예루살렘 성을 바라보시며 하신 말씀은 마치 그분이 더 이상 노크하지 않으시는 때를 묘사하는 것 같다.

"가까이 오사 성을 보시고 우시며 이르시되 너도 오늘 평화에 관한 일을 알았더라면 좋을 뻔하였거니와 지금 네 눈에 숨겨졌도다 날이 이를지라 네 원수들이 토둔을 쌓고 너를 둘러 사면으로 가두고 또 너와 및 그 가운데 있는 네 자식들을 땅에 메어치며 돌 하나도 돌 위에 남기지 아니하리니 이는 네가 보살핌 받는 날을(내가 너를 방문한 때를, NKJV) 알지 못함을 인함이니라 하시니라"(눅 19:41-44).

나는 문을 두드렸지만 너는 응답하지 않았구나!
나는 너를 찾아왔지만 너는 나를 영접하지 않는구나!

누가복음을 보면 예수님은 예루살렘을 보고 우신다. 그 눈물은 사랑하는 사람에게 거절당한 연인의 상처와 아픔을 담고 있는 것이리라.

"암탉이 제 새끼를 날개 아래 모음 같이 내가 너희의 자녀를 모으려

한 일이 몇 번이냐 그러나 너희가 원하지 아니하였도다"(눅 13:34).

나는 우리의 구원이 위태롭다는 얘기를 하는 것이 아니다. 나는 우리가 하나님이 현현의 임재(shekinah presence of God)로 우리 가운데 오시는 때를 너무나 쉽게 놓칠 수 있다는 말을 하는 것이다. 우리는 하나님께 그분이 가장 원하시는 것을 드릴 기회를 놓칠 수 있다. 그것은 바로 우리의 친밀한 예배와 교제이다.

바디매오는 자기 힘으로 예수님을 볼 수 없었다

솔직히 우리 모두는 소경 바디매오의 정신으로 새로워져야 한다. 그는 예수님께 자비를 구할 때 무리들의 비난을 무시했던 사람이다(막 10:46-52). 바디매오는 자기 힘으로 예수님을 볼 수 없었다. 그는 앞을 볼 수 없었기 때문에 누군가의 "예수님이 가까이 오셨어"라는 말을 맹목적으로 믿을 수밖에 없었다. 우리도 이렇게 고백해야 한다. "주님, 저는 볼 수 없기 때문에 주님이 얼마나 가까이 계신지 솔직히 몰라요. 하지만 누군가 곁에 있는 사람이 제게 주님이 가까이 오셨다고 알려 주면 주님이 그냥 지나가도록 잠잠히 있지는 않겠어요."

때로는 인생의 분주함이나 안일함이 잠시 우리의 눈을 멀게 하고 감각을 상실하게 해서 하나님이 가까이 계심을 감지하지 못하게 한다. 그러나 바디매오는 그런 것에 빠지지 않았다. 그런데 왜 우리는 거기에 빠질까? 당신이 하나님의 임재를 볼 수 없고 느낄 수 없고 감지할 수 없을 때, 바로 그때가 하나님의 임재를 느낄 수 있는 누군가를 찾고 의지해야 할 때이다. 그가 당신에게 "하나님이 가까이 계세요. 하나님이 오셨어요"라고 말할 때 그들의 말을 있는 그대로 믿으라. 그리고 행동하라! 손을 들고 믿음으로 그분께 부르짖기 시작하라.

때로는 그분이 가까이 계시다는 것만 알아도 된다. 가슴속에서 우러나는 간절한 부르짖음은 그분을 내 곁에 가까이 오시도록 한다. 하나님의 말씀이 이것을 증거하고 있잖은가? "하나님께서 구하시는 제사는 상한 심령이라 하나님이여 상하고 통회하는 마음을 주께서 멸시하지 아니하시리이다"(시 51:17). 하나님은 통회하는 마음을 저버리지 않으신다. 눈물은 하나님의 마음을 움직여 긍휼의 샘이 솟게 한다.

반면 주님이 가까이 오셨는데도 가만히 있으면 어떤 일이 벌어지는가? 바디매오는 여리고 시 외곽에서 길가에 앉아 구걸하는 소경이었지만, 간절한 부르짖음으로 예수님의 마음을 움직였다. 그러나 여리고 사람들은 주님의 방문을 완전히 간과하고 있었다. 예수님을 보라! 예수님은 여리고 시를 빠져 나오시면서 눈먼 바디매오를 만났을 때 비로소 흥분하기 시작하셨다. 주님이 시내를 완전히 빠져 나와 그곳을 떠나시기까지 주님께 부르짖은 사람이 아무도 없었기 때문이다.

이 시점에서 질문하지 않을 수 없다. "주님이 오실 때 주님은 머물고자 하시는가?" 여리고 사람들은 기회의 순간을 놓치고 말았다. 예수님은 요한복음 4장에 나오는 동네에서 이틀을 더 유하셨는데 여리고를 방문하셔서는 머물지 않으셨다. 그때 한 소경이 여리고의 시 모든 사람이 보지 못한 것을 보았다! 그는 주님의 발걸음을 멈추게 했고 마침내 기적을 경험했다!

내게 말해 주기만 해요. 그분인가요?

예수님이 성문 밖으로 빠져 나가실 때 길가에 있던 소경 거지가 옆에 있는 사람에게 다급하게 물었다.

"그분인가요? 내게 말해 주기만 해요. 그분인가요?"

"어, 어, 그분이야, 바디매오."

"그렇다면 저리 비켜요. 지금 제정신이 아니니까."

당신에게 충심으로 말한다. 당신의 위엄을 지키면서 그분의 임재를 바랄 수는 없다. 당신의 체면을 지키면서 주님의 얼굴을 뵐 수는 없다. 어느 지점에서는 당신의 영적인 품위도 내려놓아야 한다. 당신에게 붙어 있는 오순절, 침례교, 장로교라는 딱지도 떼어 버려야 한다. 언제 어디서 무엇을 어떻게 하리라고 작정한 것도 잊어야 한다. 가장 근본적인 것 외에는 다 내려놓으라. "그분인가요? 그분이 이곳에 계세요! 그분이 가까이 계세요." 당신은 어떻게 생각하는지 몰라도 나라면 주님이 그렇게 가까이 오셨는데 그냥 지나치시게 하진 않을 것이다. "다윗의 자손 예수여, 나를 불쌍히 여기소서!"

과연 예수님은 우리를 그냥 지나치실까? 물론이다. 예수님은 한밤중에 갈릴리 호수에서 노를 젓고 있는 제자들 곁을 지나치려 하셨다. 그때 제자들이 주님께 부르짖었다(요 6:16-21). 주님은 소경을 지나치고 계셨다. 그러나 소경 바디매오는 소리쳤고 계속해서 외쳐댔다. 그리고 마침내 예수님은 그를 만나고자 돌아서셨다. 또한 예수님은 만성 혈루증에 걸린 여인을 지나치고 계셨다. 하지만 그녀는 손을 뻗어서 믿음으로 주님의 옷에 손을 댔다(막 5:25-34). 예수님은 지상에서의 짧은 생애 동안 예루살렘 시내를 수도 없이 돌아다니셨다. 그러나 2천 년 전 그곳에 살던 사람들은 종교심만 있었을 뿐, 주님이 그들을 방문했던 기회의 순간들을 다 놓쳐 버렸다.

성령님의 방문(visitation)을 성령님의 거주(habitation)로 바꾸는 열쇠는 그분을 알아보는 것이다. 성령님을 '본'지 너무 오래되었는가? 그분이 말이 아니라 나귀새끼를 타고 오셔도 알아볼 수 있겠는가? 그분이 능력 가운데 오시는 것이 아니라 겸손 가운데 오셔도 그분을 환영하겠는가?

누군가가 바로 지금 주님이 당신 교회의 문을 두드리고 계신다고 말한다면, 당신은 믿겠는가? 주님이 주님 집 문을 두드리고 계신다는 것은 말 그대로 사실이다. 왜냐하면 열쇠를 우리에게 주셨기 때문이다. 나는 교회가 주님이 찾아오시는 때를 놓치지 않기를 바란다. 누군가라도 주님께 문을 활짝 열어드리기만 한다면 우리는 '그분이 문을 두드리시던 마지막 때' 어떤 향기가 났었다는 식의 우울한 이야기는 하지 않아도 된다. 우리는 주님과 함께 걸을 것이요 교제할 것이다. 아마도 이 순간 당신의 가슴을 사로잡는 외침이 있을 것이다. "주님 나를 지나치지 마옵소서! 예수님, 나를 불쌍히 여기소서!"

> "하나님 아버지, 이 시간 기도하오니 바디매오의 마음이 당신의 백성들 안에 충만케 하소서. 오만의 겉옷을 벗어 버리고 우리의 소경됨을 고백하며 목소리 높여 주님을 부르게 하소서. '다윗의 자손 예수여!' 우리가 통회함으로 고백합니다. '우리를 불쌍히 여기소서.' 우리가 경배하며 통회하며 부르짖나이다. '우리를 지나치지 마옵소서!'"

당신은 왜 지금 체면을 생각하는가? 지금 당신은 종교적인 의식들을 내려놓아야 한다. 종교적인 의식들을 붙잡고 있으면 늘 같은 일들이 정해진 시간에 뻔하게 반복될 뿐이다. 하나님은 언제나 영적인 의식보다 영적인 갈망을 선호하셨다. 지금 절호의 기회가 왔는데 놓치려는가? 주님이 점점 더 가까이 다가오고 계시다면 주님이 그냥 당신을 지나치도록 머뭇거리지 마라. 이 책을 읽는 중이라도 주님을 붙잡으라. 하나님은 임재할 장소를 찾고 계시다는 것을 기억하라. 주님이 지금 문을 두드리고 계시다. 주님이 당신에게 하시는 말씀이 들리지 않는가? "내가 교회를 방문할 때 무슨 일이 일어나는지 너도 잘 알고 있지? 하지만 내가 이 도시에 임할 때 어떤 일이 일어날지는 아직 모르는구나. 자, 이제 문을 열고 나를 맞이하여라!"

당신의 배고픔을 알리라

주일 예배 중에 갓난아기가 배가 고프기 시작했다면 어떤 일이 일어날까? 앞에서 토미 테니가 설교하고 있다는 사실에 감동을 받을까 아니면 방해를 받을까? 아기는 '어, 저기 목사님이 설교하시니까 조용히 해야지'라고 생각하지 않을 것이다. 아기가 배고프기 시작하면 곧 시끄러워지기 마련이다. 배고픈 아기가 이런 걱정을 할까? '누가 보면 어쩌지? 누가 들으면 어쩌지? 어르신들이 엄숙하게 뭔가를 하는데 조심해야지.' 그럴 리 없다. 아기는 자신의 배고픔을 만천하에 드러낸다. 그러면 아이는 어떤 심정일까? "지금 내게 뭐라도 먹을 것을 주지 않으면 난 죽고 말 거예요." 이 같은 일이 마태복음에서 말하는 사건에도 드러나고 있다.

"맹인과 저는 자들이 성전에서 예수께 나아오매 고쳐주시니 대제사장들과 서기관들이 예수께서 하시는 이상한 일과 또 성전에서 소리 질러 호산나 다윗의 자손이여 하는 어린이들을 보고 노하여 예수께 말하되 그들이 하는 말을 듣느냐 예수께서 이르시되 그렇다 어린 아기와 젖먹이들의 입에서 나오는 찬미를 온전케 하셨나이다 함을 너희가 읽어 본 일이 없느냐 하시고"(마 21:14-16).

이 본문에서 "소리 질러"라고 번역된 헬라어는 얌전하게 기쁨의 탄성을 지른다거나 조용히 흐느끼는 것을 의미하지 않는다. 문자적으로 이 단어는 "비명을 지르다, 큰 소리로 외치다, 날카롭게 소리치다, 고함치다, 간절히 탄원하다"라는 의미이다. 우리 중 많은 사람들은 하나님의 임재를 구하는데 있어서 사람들의 시선에 너무나 매여 있다. 우리는 먹을 것을 달라고 엉엉 우는 어린아이처럼 되어야 한다.

당신의 배고픔을 알려야 할 때가 되었다. "누가 들을까 신경 쓰지 않아요. 누가 볼까 신경 쓰지 않아요. 주님, 저는 주님이 필요해요! 저는 너무나 갈급해요"라고 어린아이처럼, 바디매오가 그 기적의 날에 자신의 갈급함을 드러냈던 것처럼 당신도 그렇게 하라. 사람들의 시선에 신경 쓰지 말고 하나님의 시선을 끄는 사람이 되라.

어린아이들조차도 하나님이 가까이 오시는 것을 감지한다

종종 하나님의 임재가 가까이 임하는 것을 느낄 때 나는 회중석을 둘러본다. 그러면 수십 명의 아이들이 주체할 수 없이 눈물을 흘리는 것을 발견하게 된다. 내가 아이들에게 겁주는 말을 한 것도 아니고 그들의 미숙한 지성을 자극할 만한 말을 한 것도 아니다. 다만 청중 가운데 있는 아이들이 하나님이 다가오시는 것을 감지하는 것이다. 아이들은 주님이 문 앞에 서 계신 것을 느낀다. 그래서 그들의 순수한 얼굴에는 눈물이 흘러내린다. 그럴 때면 나는 어린아이들에게 무서워할 필요가 없다고 설명해 주곤 한다. 왜냐하면 우리는 문 앞에 다가가서 하나님이 들어오실 수 있도록 문을 열려는 것이기 때문이다. 문 앞에 다다르면 우리는 하늘의 바람이 머리를 스치고 지나가는 것을 느낄 수 있을 것이다. 그때 이렇게 말하라. "저는 이렇게 주님께 다가서서 물러설 수 없습니다. 저는 더 이상 잘못된 결승선에 관심이 없습니다. 저는 더 이상 하나님께서 오셨던 '지난날 추억'의 스러져 가는 향기에 만족하며 또 하루를 보낼 수 없습니다. 안 될지 몰라도 해 보렵니다. 주님의 시선을 끌 수 있을지 모르겠지만 시도도 안 해 보고 돌아서지는 않겠습니다."

나는 우리 모두가 체면을 내려놓고 주님과의 대면을 소망하게 되길 바란다. 누군가는 이런 기도를 드려야 하지 않겠는가? "하나님, 제가 나아갑니다. 저는 감당할 수 없는 하나님과의 대면을 기다립니다." 누군가가 이렇게 "천국의 창들을 활짝 열어 놓으면 모든 사람이 하나님의 임재의 향기를 맡는 축복을 받는다" 만일 누군가가 당신에게 지금 제단이 준비되었다고 말해 주어야만 하나님의 임재를 감지할 수 있고 교회 안에서만 그것이 가능하다면, 아마도 당신은 지금 그다지 절박하지 않은 것이다. 바디매오는 먼지 날리는 길가에 자신의 제단을 쌓았다. 아무도 혈루증 앓는 여인에게 "당신이 주님의 옷에 손을 대면…"이라고 언지해 주지 않았다. 그 여인은 자신의 절박한 마음에서 믿음을 가졌고 하나님은 그 믿음을 존중해 주셨다.

바로 지금 당신 마음에 갈급함이 있다면 그 마음에 자신의 제단을 세울 수 있다. 당신이 예배당 앞자리에 앉아 있든 술집 한구석에 앉아 있든 아니면 집안 거실에 앉아 있든 중요하지 않다. 영혼의 굶주림으로 하나님께 외치고픈 모든 사람은 지금 고백하라.

"주님이 이렇게 가까이 오셨는데 그냥 저를 지나치게 할 수는 없습니다. 저는 주님을 갈망합니다. 나를 불쌍히 여기소서!"

03
CHAPTER

천국 문을 열라
그리고 지옥 문을 닫으라

그때 나는 텍사스에 있는 한 교회에서 토요예배 설교를 하고 있었다. 그런데 아무 예고 없이 주님이 내 마음을 강하게 움직이셨다. 순간 나는 내일 저녁에 다른 주에 집회가 있는 모 도시로 가야 한다는 것을 '느꼈다.' 하지만 문제는 내가 주일 저녁에도 여기에서 설교하도록 예정되어 있었다는 것이다. 나는 지금까지 이런 식으로 약속을 취소해 본 적이 없었다. 하지만 하나님이 원하시는 것이라면 어떻게든 따라야 했다.

나는 교회 담임목사님께 찾아가 갑자기 사정이 생겨 주일 저녁예배 설교를 못하겠다고 말씀드렸다. 감사하게도 이해해 주셔서 나는 주일 오전예배가 끝나자마자 그곳을 떠났다. 교회 성도들이 나를 공항까지 바래다주었다. 나는 너무나 급한 나머지 점심도 건너

뛰었다. 가장 이른 시간대의 비행기 좌석은 매진되었지만 어쨌든간에 표를 한 장 구해서 빈자리를 기다리게 되었다. 물론 좌석을 얻었다. 나는 그것이 하나님의 계획인 것을 알았기에 놀라지 않았다.

나는 비행기가 착륙한 뒤 자비로 차를 한 대 임대해 성도가 3천명 정도 모이는 또한 내가 예전에 사역했던 교회를 향해 운전하기시작했다. 차를 몰고 가면서 하나님은 내게 세미한 음성으로 "지금잘 가고 있다"고 하셨다.

나는 예배가 시작되기 한 시간 전에 교회 주차장에 도착했다. 담임목사님을 만나 얘기할 기회가 있었으면 좋겠다고 생각했는데, 그 이유는 하나님이 나를 아무 예고도 없이 급히 이곳에 보내신 이유를 그가 말해 줄 수 있을 것만 같았기 때문이다.

차를 세우고 주차장을 둘러본 순간, 이미 굉장히 많은 사람들이 교회에 와 있는 것을 알 수 있었다. 그리고 무슨 일이 있다는 것을 감지할 수 있었다. 이 느낌이 확신이 된 것은 교회당에 들어서면서였다. 본당 문 앞에 서 있던 안내위원들이 내가 들어가려고하자 웃으면서 말했다. "지금은 들어가실 수 없습니다."

우리 목사님은 필사적으로 하나님을 갈망하고 있습니다

순간 마음 가운데 내가 얼마나 멀리서 왔다거나 왜 왔다는 것보다도 지금 나를 이곳에 보내신 분이 있다는 것이 더 중요하게 여겨졌다. 그래서 말했다. "여러분이 저를 들어가지 못하게 하는 사정을 이해합니다. 그런데 안에 무슨 일이 있는 것입니까?" 그러자 그들이 대답했다. "우리 목사님은 오늘 아침 일어나시자마자 하나님을 향해 갈급한 마음이 생기셨습니다. 그래서 오후 4시에 기도모임을 열고 문을 닫도록 하셨습니다. 기도모임은 6시까지 계속될 것이고 그 이후에는 일반 회중도 들어올 수 있습니다. 아직 5시이기 때문에 들어가실 수 없습니다."

그 시점에서 할 수 있는 말이라고는 "그렇군요"뿐이었다. 마침내 안내위원들이 문을 열었을 때 나는 예배당에 들어가며 400명의 성도들이 하나님을 바라보고 있는 모습을 보았다. 나는 조용히 회중석에 앉았고 잠시 후 저녁예배가 시작되었다. 나는 예배당에서 눈에 잘 띄지 않는 한쪽 구석에 앉았다. 마침내 목사님이 나타났고 그는 나를 발견하고는 깜짝 놀라는 눈치였다. 그의 얼굴에는 눈물이 가득 고여 흐르고 있었고 넥타이는 비뚤어져 있었다. 평소 그는 옷차림이나 품행에 빈틈이 없는 사람이었다.

예배가 시작되자 목사님과 찬양팀은 하나님의 임재가 예배당 안에 너무나 강하게 드리워져서 서 있기조차 힘들어 보였다. 그날 예배에는 전국적으로 유명한 목사를 초빙해 왔기 때문에 담임목사님은 그를 소개하기 위해 강단에 섰다.

"오늘 저녁 광고했던 대로 귀한 강사님을 모셨습니다. 그런데 이 자리에 제 친구 토미 테니가 와 있군요. 저는 이번 주에 꿈을

꾸었습니다. 꿈에서 토미 테니가 이곳에 아무런 예고도 초대도 없이 나타났었는데 지금 그가 여기 있군요. 하나님이 무슨 일을 하시려는지 알 수 없지만 토미 목사님이 우리에게 말씀을 전해 주셨으면 합니다."

하나님께서 일정을 바꾸실 호기가 왔습니다

나 자신도 하나님이 무슨 일을 하시려는지 알 수 없었다. 하지만 하나님께서 일정을 바꾸실 호기를 잡으셨다는 생각이 들었다. 나는 강단에 올라가다 멈춰 서서 담임목사님에게 말했다. "제가 올라가서 뭘 어찌해야 할지 모르겠어요." 그러자 그는 잠시 나를 아주 심각한 얼굴로 쳐다보았지만 "요즘 잘 지내나?" 아니면 "만나서 반갑네" 같은 말을 애써 하려 하지 않았다. 그가 강단 계단에서 한 말은 이것이 전부였다. "상관없네." 분명 그는 하나님을 바라보고 있었기 때문에 그렇게 말했을 것이다.

나는 10분 정도만 설교해야겠다고 마음먹었다. 그러나 강단에 올라선지 15초도 안 되어서 천국의 창들이 성전 위에 열리기 시작했다. 하나님의 임재가 너무나 강하게 임했다. 그러나 그것은 내가 한 일이 아니었다. 다만 하나님은 내게 바로 지금 여기서 그분을 만나라고 말씀하시는 것 같았다. 그리고 감사하게도 나는 시간 안에 그곳에 도착했다. 그 순간 우리는 모두 '순종으로 세워진 집' 안에 있었던 것이다. 담임목사님도 순종하는 마음으로 하나님께 부르짖었고, 회중들을 기도회로 모이게 했다. 초청강사가 이미 그곳에 와서 준비하고 있었지만, 나도 순종하는 마음으로 그곳에 와 있었다. 어쨌든 하나님은 그날 밤 우리 모두를 모으셔서 우리가 있어야 할 정확한 장소와 역할로 우리를 인도하셨다. 10분 동안 사람들은 말 그대로 제단으로 물밀 듯이 나왔다.

정말 하나님이 나타나시면, 당신의 직분이 무엇이든 얼마나 오래 신앙생활을 했든 상관없이 당신은 즉시 회개로 자신을 덮어야 할 필요를 직감하게 될 것이다. 왜냐하면 하나님의 영광이 감당할 수 없을 만큼 임하기 때문이다. 그날은 마치 하나님께서 하늘의 처소 한 곳을 마련하시고 그분의 영광의 빛으로 그 장소를 비추시는 것 같았다.

던컨 캠벨이 말한 것처럼 "하나님이 임하셨습니다"

가장 먼저 제단 앞에 나온 사람은 전국적으로 유명한 초청강사였다. 그 뒤를 바로 담임목사님이 따랐다. 나는 사람들이 하나님 앞에 눈물을 흘리며 통곡하며 달려 나와 바닥에 엎드리는 것을 지켜보고 있었다. 던컨 캠벨이 헤브리디스제도(스코틀랜드 북서쪽의 열도)의 거대한 부흥 운동을 묘사했던 말을 인용하고 싶다. "하나님이 임하셨습니다." 하나님은 천국의 창들을 여시고 우리 가운데 나타나셨다.

경험상으로나 교회사를 보더라도 이런 일이 일어날 때는 깊은 예배 가운데 회개와 갈망이 일어날 때였다. 그때 "하나님이 임하셨다." 장담하건대 교회 프로그램으로는 결코 이런 일이 일어나지 않는다. 진정한 부흥은 '부흥을 주시는 분'이 임하실 때 일어난다!

진정한 부흥은 강물보다는 홍수에 가깝다. 물론 하나님은 영원토록 무소부재하시는 분이지만, 그럼에도 이 땅에 하나님의 임재가 초자연적으로 폭발한다. 성경은 말한다. "이는 물이 바다를 덮음 같이 여호와의 영광을 인정하는 것이 세상에 가득함이니"(합 2:14). 바닷물이 바다를 얼마나 완전히 덮고 있는가! 노아의 '홍수'는 심판의 홍수였다. 하지만 하나님의 영광을 아는 지식이 어떻게 이 땅을 덮는가에 대한 그림을 제시해 준다. 창세기의 말씀은 홍수 이전을 이렇게 묘사한다. "그 날에 큰 깊음의 샘들이 터지며 하늘의 창문들이 열려"(창 7:11). NIV 성경(New International Version)은 이렇게 번역했다. "큰 깊음의 모든 샘들이 터지고 하늘의 수문들이 열렸다."

이 땅에 홍수를 일으킬 수 있는 한 가지 방법은 동시에 양방향에서 물살을 일으키는 것이다. 흐르는 강물에 비를 더하는 것이다. 기도와 부흥의 영역에서 천국의 창들을 여는 방법은 이 땅에 있는 하나님의 사람들의 마음을 터뜨려서 회개와 예배의 물살을 일으키는 것이다. 천국의 창이 열리는 것을 보기 원한다면 먼저 우리 안에 깊은 깨어짐이 있어야 한다. 이 땅에서 깨어져야 하늘에서 열린다!

열린 천국은 무엇인가?

'열린 천국'이라는 것은 무슨 의미인가? '열린 천국'이란 하나님께 쉽게 다가갈 수 있는 장소를 의미한다. 우리는 바울의 글에서 적어도 삼층의 '하늘들'이 있다는 것을 알 수 있다. 바울은 고린도 교회에서 자신이 "셋째 하늘에 이끌려 갔었다"(고후 12:2)고 고백했다. 셋째 하늘이 있다면 당연히 첫째 하늘과 둘째 하늘도 존재해야 한다. 셋째 하늘은 하나님과 거룩한 천사들만이 거하는 영역일 것이다. 그곳은 하나님의 왕국이며 '처소'이다. 셋째 하늘에서의 하나님의 통치가 그 아래 있는 다른 하늘들에 영향을 미친다.

성경은 사탄을 "공중의 권세 잡은 자"(엡 2:2)로 표현하고 있으므로 둘째 하늘은 사탄의 영역이다. 첫째 하늘은 우리 육안으로 보이는 자연적인 '하늘'로 사람들의 영역 내지는 사람의 힘이 미치는 영역이다. 다니엘서 10장은 전쟁 가운데 있는 세 하늘에 대한 뚜렷한 청사진을 제시하고 있다. 다니엘이 첫째 하늘에서 하나님께 기도하자 둘째 하늘에서 천상의 전쟁이 발발하여 천사장

미가엘과 타락한 천사의 우두머리인 바사국 왕이 맞붙는다. 다니엘의 기도에 대한 하나님의 응답은 모든 노력에도 불구하고 응답을 방해하거나 지연시키려는 어둠의 영역을 뚫고서야 임하게 된다. 기억하라! 지연이 거절을 의미하는 것은 아니다. 끈기가 하늘을 여는데 큰 역할을 한다. 다니엘이 18일이나 20일쯤 후에 기도하기를 멈췄다면 어떻게 되었겠는가? '놋 하늘'을 보고 단념하지 마라!

'놋 하늘'은 하나님께서 우리의 기도를 들으실 수 없다는 것을 의미하는 말이 아니다(신 28:23). 하나님은 다니엘의 기도를 들으셨고 즉시로 천사에게 응답을 주어 파송하셨다. 문제는 파송된 천사가 둘째 하늘을 통과해야 하는데 사탄이 그곳에 타락한 천사들을 세워 그 길을 가로막았다는 것이다. 대적은 당신의 기도가 하나님께로 올라가는 것을 막으려고 한다. 또한 하나님의 응답이 당신에게 전달되는 것도 방해하려고 한다. 왜냐하면 둘째 하늘은 당분간 사탄의 영역이기 때문이다.

"공중의 권세 잡은 자"인 대적은 둘째 하늘에 대해 완전한 주권이 아닌 제한적인 주권을 갖고 있다. 또한 창조된 존재이며 타락한 천사장일 뿐이다. 감히 영원하신 하나님과 부활하신 주님께 비견될 수조차 없다. 우리 하나님은 모든 능력을 갖고 계신다. 타락한 천사장인 사탄은 왕이신 하나님께로부터 받은 권세만 가지고 있을 뿐이다. 그리고 그 권세마저도 빼앗길 날이 올

것이다. 예수님은 사탄에게서 사망과 음부의 열쇠도 가져오셨다
(계 1:18). 사탄은 자기 자신의 '집'에 대한 열쇠마저도 잃어버렸다!
하지만 그 '집'은 여전히 사탄이 갖고 있다. 마지막 심판의 날 하나
님은 한 걸음 더 나아가 '그 집을 되찾으실' 것이다.

　당신은 천국의 창들이 활짝 열리는 것을 보기 원하는가? 성경
인물들의 삶과 경험 외에 교회사의 중요한 인물들 또한 천국 문을
여는 것에 대한 단서들을 남겨 주었다. 그 중의 한 사람이 존 번연
이다. 그가 남긴 크리스천 고전 「천로역정」은 역사상 가장 잘 알려
진 기독교 서적일 것이다. 그러나 번연 자신은 이 책이 자신의 책
중에 가장 많이 알려질 거라고 생각하지 않았다. 오히려 그는 말
년에 쓴 「향기로운 제사」(The Acceptable Sacrifice)라는 단편을 최고의
책으로 생각했다. 이 책은 시편 51편에 대한 통찰력 있는 주석과
더불어 상한 마음에 대해 쓴 책이다. 번연은 이 책이 출간되기 직
전에 죽었는데 그는 이 책을 '내 생애 최고의 작품'이라고 평가했
다. 시편 51편에서 다윗은 선언했다. "하나님께서 구하시는 제사
는 상한 심령이라 하나님이여 상하고 통회하는 마음을 주께서 멸
시하지 아니하시리이다"(시 51:17). 이것이 바로 하나님의 깊은 임
재를 가능케 하는 열쇠이다! 이것이야말로 하나님께서 외면하실
수 없는 향기이다. 하나님은 이런 마음에 반응하신다. 놋 하늘 또
한 열릴 것이다!

전 세계 크리스천들은 말한다. "우리는 부흥을 원합니다. 우리는 하나님께서 임하시길 원합니다." 그러나 안타깝게도 우리는 다윗의 실수들로부터 배우지 못하고 있다. 종종 우리는 다윗이 처음에 하나님의 임재를 예루살렘에 가져오려고 했던 것과 동일한 실수를 반복한다. 우리는 하나님의 성물들을 사람이 만든 새 수레에 밀어 넣고는 하나님이 기뻐하실 거라고 생각한다. 그러다가 이내 그분이 불쾌해 하는 것을 발견하곤 놀란다. 하나님은 자신의 영광을 수레에 실어 소들이 끌고 가도록 하지 않으신다! 우리는 부흥의 험난한 여정에서 '고생'은 다른 사람이나 다른 것에 짐 지우기를 원한다. 그리고 자신은 행렬 가운데서 노래하고 춤추기만을 원한다. 이런 인간 중심의 덜 익은 부흥 축제들은, 다윗의 첫 번째 '언약궤 행렬'처럼 잘 가는 것 같다가 마침내 나곤의 타작마당에서 하나님과 충돌하고 만다(삼하 6:3-10).

하나님은 우리가 부흥으로 가는 길목에서 '속도'만 중시하다가 난관에 부딪힐 때 "이제 그만 해라! 너희가 나를 생각 없이 예의 없이 대하는 것을 그만 해라. 아무 수고도 없이 나를 어느 지점까지 데려가기 원하느냐! 그러나 정말 내가 '하늘에서 땅'으로 임하기를 원한다면 너희는 '수고'하고 땀을 흘려야 할 것이다. 나의 영광을 너희의 불완전하고 인간적인 프로그램과 방법들과 의식들에 담으려고 하지 마라. 너희 수레를 취하든지 나의 궤를 취하든지 둘 중에 하나만 해라!"고 말씀하실 것이다.

웃사가 나곤의 타작마당에서 죽자 다윗은 물러서서 연구하기 시작했다. 웃사는 하나님이 흔드신 것을 바로잡으려다가 죽었다. 그런데도 우리는 여전히 하나님이 명하신 계명들을 완곡하게 해석해 넘어가려고 고집을 피운다. 당신이 여전히 하나님의 편리보다 사람의 편리를 중시하고 있다면, 그것은 아직도 '웃사에게 우호적인' 환경을 만들려고 헛된 노력을 하고 있는 것이다. 나는 종종 이렇게 표현한다. "구도자(seeker)에게 우호적인 것도 좋지만 성령님께 우호적이면 불이 임한다!"

다윗은 나중에 깨달았다. 하나님은 모세에게 "언약궤는 구별된 레위인들의 어깨에 지워서 운반해야 한다"고 말씀하셨던 것이다. 하나님은 인간적인 방식에 질리셨기 때문에 수레를 흔들어 다윗의 무리들이 눈치채게 하셨다. 하나님은 그분이 치신 것을 사람이 붙잡기를 원치 않으셨다.

그렇다면 왜 다윗은 처음에 언약궤를 수레에 실었는가? 사실 그렇게 긴 여정에 무거운 궤를 수레에 실어 운반하는 것은 당연하다. 게다가 당시 블레셋 사람들도 그런 방식을 사용했다. 언약궤는 조각목으로 만들었고 안팎에 도금을 했다. 길이는 122센티미터, 폭은 76센티미터, 높이는 76센티미터였다. 또한 궤의 덮개는 금으로 만들어졌으며 덮개 위에는 정금으로 만들어진 두 그룹이 얹혀 있었다. 또한 궤의 네 귀퉁이에 달린 금고리에 금으로 도금한 채를 연결하여 운반했다. 금은 지구상에서 가장 밀도가 높고 무거운 물질 중 하나이다. 그러니 언약궤가 얼마나 무게가 나갔을지 상상이 되는가? 두말할 것 없이 그들은 궤를 수레 위에 밀어 넣고 긴 여정에 올랐다. 그러나 결국 다윗은 깨달았다. 하나님의 생각은 사람과 다르다는 것을 말이다. 하나님의 길은, 그리고 거룩한 부흥에 이르는 길은, 더 험난하고 '땀으로 범벅이 되는' 길이다.

사람들이 수고해야 한다

다윗은 언약궤를 예루살렘으로 다시 운반할 때 하나님의 지침을 주의 깊게 따랐다. 하나님은 나무 수레나 소들이 하나님의 임재를 운반하길 원치 않으셨다. 하나님은 사람이 직접 하길 원하셨다. 레위인들은 여섯 걸음을 뗄 때마다 소 한 마리를 제사로 드렸다. 이것은 마치 "소는 더 이상 아니다"라는 것을 알게 하려는 것 같았다. 소는 힘, 능력, 부의 상징이다. 하나님은 세속적인 부나 힘으로 조작되실 수 없는 분이다. 인간의 연약함이야말로 하나님의 임재의 궤를 운반할 대상이었다. 레위인들은 무거운 언약궤를 어깨에 걸머지고 거의 16킬로미터나 되는 긴 여정을 가야만 했다. 그들은 온몸이 땀으로 흠뻑 젖었을 것이다!

하나님의 영광을 예루살렘으로 운반하는 이 여정은, 우리가 하나님의 임재를 교회에서 경험하기 원할 때 어떻게 해야 하는가를 상징적으로 보여 준다. 여기서 우리는 하나님의 현현의 영광과 그분의 무소부재하심 사이의 차이점을 기억해야 한다.

여러 학자의 견해에 따르면 오벧에돔의 집은 예루살렘에서 11킬로미터 내지 22킬로미터 떨어져 있었다. 실제 거리를 임의로 16킬로미터라고 한다면, 우리는 이 제사의 행렬이 예루살렘까지 올라가는데 어떤 그림이었을지 상상할 수 있다. 레위인들은 소와 살진 송아지를 죽여 제사 지낸 후 여섯 걸음을 떼는 식으로 행진을 계속해 나갔다(삼하 6:13). 물론 성경학자들 사이에는 이에 대한 의견이 분분하다. 그러나 만약 다윗과 행렬에 참여한 사람들이 여섯 걸음마다 희생 제사를 드렸다면, 그들은 부흥에 이르는 길에서 엄청난 수고의 대가를 지불한 것이다.

그때 그 레위인들은 무거운 궤를 어깨에 지고 16킬로미터나 되는 거리를 주일에 공원에서 산책하는 것처럼 걷지 않았다. 예루살렘 성문을 들어설 때 그들의 모습은 오늘날 교회에서 '말끔한' 옷을 입고 "여러분 보십시오. 부흥이 일어나고 있습니다!"라고 말하는 사람들처럼 그렇게 생기 있고 말끔하지 못했다.

그 행렬 안에 있던 다윗과 레위인들, 제사장들, 예배자들은 그 날 하나님의 임재를 그 도성으로 인도해 들이기 위해 값진 대가를 지불했다. 마침내 그들이 예루살렘 성문을 통과할 때, 다윗이 미친 사람처럼 뛰놀며 춤춘 것은 놀랄 만한 일이 아니다! 왜? 그들은 이 여정에서 살아남은 것에 감사했기 때문이다! 상상해 보라. 행렬에 있던 모든 사람이 "드디어 해냈다!"라고 외치는 소리가 들리지 않는가! 어느 모로 보나 이 여정은 피를 흘리고 연기를 내는 행렬이었다.

이것은 오늘날 우리에게도 동일하게 적용된다. 친구여, 들어 보라! 기름 부음의 단계에서 하나님의 영광이 임하시도록 요청하는 단계로 들어가면, 상황이 쉬워지는 것이 아니라 오히려 무거워진다.

대부분의 사람들은 수레를 사용하는 쪽을 택할 것이다. 그래야 별 수고 없이 저비용으로 예배할 수 있기 때문이다. 그러나 하나님은 아담과 하와에게 그들이 동산 밖에서의 삶을 시작할 때 깨우쳐 주셨다. "너는 이마에 땀을 흘리며 고되게 일을 해서 먹고 살" 것이다(창 3:19).

'땀'은 하나님께 특별한 의미를 가진다. 왜냐하면 땀은 가치를 실물로 바꾸는 수단이기 때문이다. 알기 쉽게 말하면, 사장의 계좌에 있는 돈을 당신의 주머니로 옮기고 싶다면 당신은 어떻게든 땀을 흘리거나 수고를 해야 한다. 마찬가지로 농부도 흙에 있는 가치를 가족을 부양하기 위해 은행계좌의 돈으로 바꾸려면 땀을 흘려야 한다.

물론 에어컨이 나오는 사무실에서 보고서를 작성하느라 '땀'을 흘릴 수도 있다. 아니면 공사장에서 못을 박으며 말 그대로 땀에 흠뻑 젖을 수도 있다. 다윗은 마침내 이것을 깨달았고, 하나님께 값없이 드리는 것은 바치지 않기로 결정했다!(삼하 24:24) 다윗은 나라의 문제들을 해결하며 땀 흘려 번 돈으로 땅과 제사 드릴 동물들을 샀을 것이다. 다윗은 춤추며 하나님께 '땀' 흘리는 예배를 바쳤다.

땀은 가치를 말한다. 예배는 '땀'을 요구한다! 실제로 예배(worship)는 '가치'(worth) 있는 것을 하나님께 올려 드리는 것이다. 그래서 십일조와 헌금을 드리는 것은 예배의 일부이다. 우리는 땀 흘려 수고한 대가로 돈을 받고, 그 땀이 묻은 돈을 예배의 행위로 하나님께 드린다. 마찬가지로 우리의 '시간'도 그렇게 하나님께 드려진다. 먹고 살려면 말 그대로든 상징적으로든 당신은 '땀'을 흘려야 한다. 그리고 당신이 정말 예배를 드리기 원한다면 '땀'을 흘려야 한다.

인간의 육신이 게을러지면, 하나님의 임재를 운반할 때 땀 흘리지 않는 방법들을 사용하려고 한다. 그러고는 그 옆에서 따라가며 '하나님의 영광'을 운반하는 흥분에 가득 찬다. 하지만 그것은 사실 땀 흘리려 하지 않으려는 것이다.

하나님의 임재에 대한 대가를 지불할 준비가 되었는가?

예수님도 정반대로 우리에게 가르치셨다. 예수님은 종의 형체로 이 땅에 오셔서 자신을 다 비우셨다(빌 2:7). 그래도 여전히 땀이 가치를 의미한다고 믿지 않는다면, 예수님이 겟세마네 동산에서 땀 흘리신 장면을 상상해 보라. 예수님은 육체가 원하는 것에서 아버지의 뜻에 순종하는 희생의 자리까지 가기 위해 '땀' 흘려 기도하셨다. 상황이 변하려면 아버지 하나님을 갈망하며 육체의 땀을 흘려야 한다. 땀 흘릴 때 비로소 영원한 가치가 당신의 가슴에서 하나님의 가슴까지 이동하는 것이다.

크리스천들 대부분이 하나님의 임재에 대한 대가를 지불하려 하지 않는다는 것에 주목하라. 우리는 하나님의 임재가 은쟁반에 담겨서 오기를 바란다. 우리는 마치 하나님의 임재를 교회에 끌어들이기 위해 애쓰는 무희들과 소들을 바라보는 구경꾼들 같다. 이제 구경하는 예배를 그만둘 때가 되었다. 예배에 참여하는 자가 되라!

때로 우리는 더 심각하다. 사울의 딸인 미갈의 자리에 설 때도 있다. 종교라는 왕궁의 창문 밖으로 바라보면서 하나님의 영광을 위해 희생 예배드리며 먼지와 피와 땀으로 범벅된 사람들을 비웃는 콧대 높은 관람객이 되기도 한다. 그러나 친밀함이 부족할 때 초래되는 결과는 언제나 불임이라는 것을 기억하라! 사울의 딸 미갈처럼 말이다.

지금 내가 행위 구원을 말하는 것인가? 절대 아니다. 나는 하나님을 향한 열정적인 갈망에 대해서 말하고 있다. 이것이야말로 창세기에서부터 계시록까지 성경의 이야기를 사로잡고 있는 핵심 주제이다. 우리의 첫사랑, 처음 열정으로 되돌아가자는 것이다! 안타깝게도 오늘날 '열정'은 지적인 많은 교회들에서 불결한 단어가 되어 버렸다. 하지만 일단 구원받고 은혜로 하나님의 백성이 되면, 우리는 먼저 하나님을 구하고 그의 계명에 순종해야 하며 자신을 위해서가 아닌 그분을 위해서 살아야 한다. 여기서 비로소 순종과 회개의 예배 가운데 땀방울이 드러나는 것이다.

열정 있는 예배자의 옷은 희생의 핏자국으로 물들어 있다

하나님의 영광의 궤를 지고 예루살렘 성문을 통과하며 환호하던 예배자들은 달랐다. 그들은 하나님의 임재의 파란 불꽃을 사모하였기에 수고와 고통의 표시를 몸에 지녔다. 하나님의 임재와 인애를 회복하고자 수고했던 사람들은 무슨 일이 있나 구경하기 위해 성내에서 편안히 기다리던 열매 없는 예배자들과는 확연히 구

별되었다. 열정 있는 예배자의 옷은 희생의 핏자국으로 물들어 있었다. 제사장들의 옷에 범벅이 된 먼지와 땀은 그들이 하나님의 임재를 나곤의 타작마당[1]에서부터 예루살렘 성으로 인도하기 위해 얼마나 값진 대가를 지불했는지를 보여 주고 있었다.

그렇다면 그리스도의 새 언약 아래서도 하나님의 임재 가운데 들어가려면 뛰고 춤추며 말 그대로 땀을 흘려야 하는가? 물론 아니다. 그러나 그럴 용의가 있어야 한다. 하나님은 영이시므로 영과 진리로 예배를 받으셔야 한다(요 4:24). 십자가 위에서 예수 그리스도께서 행하신 자기희생은 동물로 드리는 희생 제사를 영원히 없애버리셨다. 하지만 하나님은 예배 안에서 희생의 개념을 결코 없애지 않으셨다.

이미 언급한 대로 다윗은 하나님이 구하시는 제사를 "상하고 통회하는 마음"이라고 했다(시 51:17). 당신은 찬송을 부르고 삶의 열매로 예배할 때마다 하나님께 희생 제사를 드리는 것이다. 또한 '땀'을 하나님의 나라에 드리는 또 다른 방법은 헌금이다. 이 땅에서 '땀' 흘리고 수고하여 번 돈을 하나님의 나라에 자원하여 드릴 때, 당신은 자신의 일부를 하나님께 드리는 것이다. 하나님께 가치를 올려 드리는 것이다.

---

1) 나곤의 타작마당과 그곳에서 일어난 사건을 언급하는 것으로(삼하 6:6). 나곤이라는 히브리 이름의 문자적 의미는 '준비됐다'는 뜻이다.

희생에 있어서 가치가 어떤 개념인지 우리는 다윗으로부터 배울 필요가 있다. 다윗이 말한 바를 기억하라. "값 없는 내 하나님 여호와께 번제를 드리지 아니하리라"(삼하 24:24). 다윗은 하나님의 임재와 인애를 백성들에게로 돌이킬 수 있는 유일한 방법은, 희생과 회개의 예배 가운데 값을 지불하고 땀을 흘리는 것임을 알았다. 하나님의 영광이 성문으로 들어오고 있다면 지금 누군가가 그것을 운반하고 있는 것이다!

오늘날 부흥을 꿈꾸는 모든 사람은 당신에게 말할 것이다. "부흥이라는 게 쉬운 일이 아니야." 날마다 주마다 갈급한 심령으로 예배하러 나오는 무리들을 대해야 하는 안내팀에게, 기도팀에게, 목회자들에게 도움을 요청하라. 기도를 통하여 놋 하늘에 틈새를 만들어 내는 중보기도자들에게 도움을 요청하라. 이 시대에 하나님의 영광의 궤를 한 사람이 다 운반할 수는 없다. 구별된 여러 사람이 합력해서 예루살렘 성까지 궤를 같이 지고 가야 한다.

하나님이 식욕 없는 사람까지 먹이셔야 하는가?

당신 머리 위의 하늘을 여는 길은 하나님이 지금 어디 계신지에 대한 새로운 계시를 구하는 것이다. 우리가 하나님의 최고의 은혜 가운데 머무르지 못하는 것은, 하나님이 과거에 계셨던 곳에만 초점을 맞추는 경향이 있기 때문이다. 새로운 계시를 구하라! 하나님은 식욕 없는 사람까지 먹이시지 않는다. 하나님은 주린 자들을 먹이신다. 하나님이 그분 자신을 당신이나 내게 계시하실 때, 그 계시는 과거의 진리들을 축소시키는 것이 아니라 그 위에 더해지는 것이다.[2]

과거의 진리들에 머무는 것과 새로운 계시를 구하는 것의 차이를 설명해 보자. 당신이 인도에 있는 숙련된 호랑이 사냥꾼이라면, 당신은 그 발자국을 살피면서 호랑이에 대해 많은 얘기를 해 줄 수 있을 것이다. 호랑이의 크기, 성별, 대략적인 나이뿐 아니라 언제 호랑이가 지나갔는지도 말해 줄 것이다. 사실 당신은 그 발자국만 보고도 그 의미들 때문에 아주 흥분할 것이다. 그러나 호랑이의 발자국을 연구하는 것과 직접 그 호랑이의 두 눈을 쳐다보고 있는 것은 엄청난 차이가 있다.

많은 크리스천들이 하나님이 계셨던 자리에 대한 진리들에 매료되어 그분이 바로 지금 우리를 방문하고 계시다는 사실을 간과하고 있다. 예수님 시대에 바리새인들은 성전 안에서 메시야를 보내달라고 기도하느라, 메시야가 성전 밖에서 그들 앞을 지나 예루

---

2) "성경 말씀에 뭔가를 임의로 더할 수 있다"는 뜻이 아니라 하나님께서 각 사람과 교회와 세대에게 인격적으로 자신을 계시하기 원하신다는 것이다. 또한 매일 당신과 교제하며 '거주'하기 원하신다. 주님은 주님의 말씀이 당신 삶에 늘 살아 있는 의미로 다가가 모든 상황에 새롭게 적용되기를 원하신다.

살렘으로 입성하신 것을 전혀 몰랐다. 그들이 주님의 방문을 놓친 이유는 예언이라는 '과거의 발자국'에 너무 집착했기 때문이다. 그래서 그들은 눈앞에 메시야가 서 계시는 것도 인식하지 못했다.

우리 모두는 매일 하나님의 말씀을 읽고 연구해야 한다. 그러나 과거의 계시를 지나치게 숭상한 나머지 모든 새로운 계시들을 제거하면 안 된다. 예를 들면 루터는 하나님의 은혜에 대한 놀라운 계시를 받고 세상에 '하나님의 발자국'을 알려 주었다. 그러나 "믿음으로 구원받는다"는 진리가 교리로 굳어지자, 사람들은 마치 그것이 전부였고 전부인 양 그 주위에 장막과 전당을 세우고 하나님의 은혜의 새로운 계시로 나아가지 못했다.

하나님은 끊임없이 우리에게 그분의 인격에 대한 새로운 계시를 주신다고 믿는다. 부분적인 이유이지만, 변함이 없으신 하나님께서는 언제나 변화무쌍한 사람들 가운데서 일하시고 운행하시기 때문이다. 이런 인간적인 요소가 작용하는 것은 사람들이 이렇게 말하기 때문이다. "우리 발자국이 숲 속에 남은 마지막 자국이야." "우리의 계시가 마지막 계시야."

하나님의 진리는 당신을 진리의 하나님께로 인도한다

항상 기억하라! 하나님의 진리는 우리를 진리의 하나님께로 인도한다. 하나님이 어떤 분이신지 알게 하기 위함이다. 하나님은 당신이 이 진리의 발자국들을 따라가다 마침내 하나님이 누구신지를 알려 주는 계시에 이르기를 원하신다. 하늘이 열리고 예수의 영광을 보게 된 30초 동안 살인자 사울은 순교자 바울로 변했다. 이것이 열린 천국의 능력이다!

사울은 바리새인의 발자국을 따라가다가 결국 주님을 보았다! 사울은 율법주의로 변질된 율법의 낡은 발자국들을 충실하게 따라가고 있었다. 그는 계시도 없는 공허한 율법주의 때문에 새로운 계시의 자취를 따라가던 크리스천들을 박해했다. 사울은 자신이 옳은 일을 하고 있다고 생각했다. 그러나 그는 마침내 부활하신 그리스도를 만나 이렇게 말했다. "내가 한 모든 것이 잘못이었어." 오늘날의 교회에도 '열린 천국'을 기다리며 사울처럼 인생을 변화시키는 하나님의 영광을 대면하고자 기다리는 사람들이 얼마나 많을까!

만약 당신이 분명한 하나님의 임재를 실제적으로 경험하게 된다면, 당신의 신학은 혼란스러워지고 당신의 사고 체계는 무너질 것이며 당신이 해 오던 모든 것은 변할 것이다! 왜? 하나님의 영광이 계셨던 곳을 공부하는 게 아니라 실제로 하나님의 영광을 경험할 것이기 때문이다. 정말로 이것이 내 목적이다. 나는 하나님의 영광을 갈망한다. 천국의 창들을 열어 놓고 싶다.

성경을 전체적으로 볼 때, 하늘이 열리고 하나님의 영광이 나타나면 대개 구름이 등장한다. 하나님이 사람을 방문하실 때, 구름을 사용하시는 것은 사람을 보호하기 위함이다. 구름이 우리를 가려서 하나님의 얼굴을 대면하여 죽지 않도록 하는 것이다(출 33:20). 이를 역으로 당신은 하나님을 방문하고자 할 때, 당신 자신의 구름을 만들어야 한다. 레위기 16장에 나오는 구약의 선례에 대해서 생각해 보라. '휘장 뒤에 있는' 하나님의 임재로 가까이 나아가려는 대제사장을 위한 말씀이다.

> "향로를 가져다가 여호와 앞 제단 위에서 피운 불을 그것에 채우고 또 곱게 간 향기로운 향을 두 손에 채워 가지고 휘장 안에 들어가서 여호와 앞에서 분향하여 향연으로 증거궤 위 속죄소를 가리게 할지니 그리하면 그가 죽지아니할 것이며"(레 16:12-13).

향로는 놋이나 금으로 만들어진 줄에 달려 있는 작은 그릇이다. 향을 뜨거운 숯과 함께 그릇에 넣으면 연기가 피어오르게 되어 있다. 열정으로 드리는 기도는 연기가 피어오르도록 한다. 대제사장은 휘장 뒤로 들어가기 전에 향로에 향을 넣고 그것을 먼저 휘장 안에 집어넣었다. 그가 휘장 안으로 들어가기 전에 연기가 지성소 안에 가득 채워져 시은좌를 가려야 했기 때문이다. 대제사장은 연기가 가득한 지성소 안에서 제사 업무를 촉각이나 느낌에 의지해 진행했다. 아무것도 볼 수가 없기 때문이다! 이것은 하박국 선지자가 말하고 신약의 세 곳에서 인용한 진리의 말씀을 성취하는 것이었다.

"의인은 믿음으로('봄으로'가 아니라) 말미암아 살리라"(합 2:4 ; 롬 1:17 ; 갈 3:11 ; 히 10:38).

피는 하나님께 나아가는 길을 열고
회개의 예배는 하나님이 오시는 길을 연다

향연은 제사장의 육신을 하나님의 임재로부터 가리는, 그래서 죽음을 모면하게 하는, '마지막 보호막'이었다. 오늘날 하나님의 임재의 처소에 나아가는 길을 여는 것은 예수 그리스도의 피다. 하지만 하나님이 오시는 길을 열고 하나님이 우리에게 가까이 다가오시도록 하는 것은 회개의 예배이다. 마찬가지로 진정한 예배는 향연을 만들어 내서 당신이 하나님께 가까이 나아갈 수 있도록 해준다. 예배야말로 하나님의 분명한 임재가 우리 가운데 다가오시도록 하는 핵심 요소이다.

당신의 예배는 '연기'가 되어 하나님의 임재를 끌어당기는 달콤한 향이자 아름다운 향기 역할을 한다. 당신이 충분한 연기를 만들어 내면 그분의 은혜가 당신을 덮고 하나님은 당신에게 더 가까이 다가오실 수 있으며 당신도 하나님께 더 가까이 나아갈 수 있다. '예배의 구름'은 휘장에 덮여 있던 그분의 은혜를 드러내서 당신이 이전에 경험해 보지 못한 친밀함으로 그분과 교제하게 해 준다.

하나님에 대해서 기억에 남는 사건들을 돌아보라

당신의 인생에서 하나님의 만지심이 두드러졌던 사건들을 기억해 보라. 하나님과 친밀한 만남을 경험했을 때 설교자가 어떤 설교를 했는지 기억나는가? 그때 무슨 찬양을 했는지 기억나는가? 그런 세밀한 부분을 기억할 수 있는 사람은 거의 없을 것이다. 그러나 그 만남의 순간에 하나님의 임재가 어떻게 느껴졌는지는 명확하게 기억할 것이다.

전기 충격을 경험하는 것 같았을 것이다. 정말 전기 충격을 경험했다면, 그것이 어떤 느낌이었는지 누가 잊을 수 있겠는가! 그분이 가까이 다가오신다면, 어떻게 잊을 수 있겠는가! 나는 그 순간들을 사모한다. 나는 그 순간들을 기다리며 산다.

원리는 간단하다. 당신이 더 많은 연기를 피울수록 당신은 더 가까이 다가갈 수 있다. 다시 말하지만 예배가 열쇠이다. 예배의 가치는 규모나 강도로 측량할 수 없다. 우리는 경배에 대해서 안다기보다는 찬양에 대해서 더 잘 안다. 당신은 감사함으로 그 문에 들어갈 것이며 찬송함으로 그 궁정에 들어갈 것이나, 경배함으로 그분의 임재 가운데로 들어갈 것이다. 그러나 보좌 앞에 나아가 왕이신 하나님을 뵐 때 머리를 깊숙이 숙이며 절하는 것이 너무 저자세 같다는 생각이 들지도 모른다. 회개는 이미 사람들에게는 인기 없는 주제가 되었기 때문이다.

하나님의 말씀을 읽으면 천국의 창들을 여는 다섯 가지 틀림없는 방법이 나온다. 이것은 공식이 아니다. 이것은 그 무엇보다 그 누구보다 하나님께 헌신하고 경배하는 생활방식이다. 다음의 다섯 가지 방법은 모두 예배의 요소들이다.

1. '십일조'는 하늘을 여는 고대의 방법으로서 이미 율법이 있기 전에 아브라함 시대에 행해졌다(창 14:18-20). 하나님께 우리 수입이나 농산물의 '첫 열매'를 드리는 원칙은 말라기서에 잘 기록되어 있다.

"만군의 여호와가 이르노라 너희의 온전한 십일조를 창고에 들여 나의 집에 양식이 있게 하고 그것으로 나를 시험하여 내가 하늘 문을 열고 너희에게 복을 쌓을 곳이 없도록 붓지 아니하나 보라"(말 3:10).

2. '고난' 또한 하늘을 연다. 사도행전에서 스데반이 순교하는 장면을 보라.

"스데반이 성령 충만하여 하늘을 우러러 주목하여 하나님의 영광과 및 예수께서 하나님 우편에 서신 것을 보고 말하되 보라 하늘이 열리고 인자가 하나님 우편에 서신 것을 보노라 한대 그들이 큰 소리를 지르며 귀를 막고 일제히 그에게 달려들어 성 밖에 내치고 돌로 칠새"(행 7:55-58상).

3. '인내'는 천국의 문을 '뚫는' 효과적인 도구이다. 엘리야는 일곱 번 기도하며 자신의 종이 하늘을 확인해 보도록 하였다. 마침내 종은 일곱 번째 갔을 때 바다로부터 사람 손만 한 구름이 피어오르는 것을 보았다. 하나님이 보내신 그 작은 구름은 강력한 비바람이 되어서 하늘을 검게 뒤덮었다(왕상 18:42-45). 예수님은 제자들에게 포기하지 않고 하나님의 문을 두드리는 자에게 '문'이 열릴 것이라고 가르치셨다(마 7:7-8).

4. '연합'이 천국의 창들을 연다. 두세 사람이 '무엇을 구할 것인가에 관해' 합심해서 기도하는 곳에 하나님의 임재가 있을 것이다. 예수님이 말씀하셨다. "두세 사람이 내 이름으로 모인 곳에는 나도 그들 중에 있느니라"(마 18:20). 이 원칙의 반대 경우가 남편과 아내들을 향한 베드로의 말씀에서 드러난다. 베드로는 그들이 연합할 것은 "너희 기도가 막히지 아니하게 하려 함이라"고 했다(벧전 3:7).

5. '예배'는 셋째 하늘을 여는 다섯 번째 열쇠이다. 시편 기자인 다윗은 예언했다. "문들아 너희 머리를 들지어다 영원한 문들아

들릴지어다 영광의 왕이 들어가시리로다"(시 24:7). 문에 '머리'가 달린 것을 본 적이 있는가? 다윗은 사람들을 칭하여 영광의 왕이 이 땅에 오시는 '문'이요 '영원한 문'이라고 표현한 것이 분명하다. 이것이 예배로의 부름이다.

내키든 내키지 않든 우리 교회와 도시 위에 하늘 문을 열기 위한 유일한 방법은, 우리가 예수 그리스도를 위해 그 어떤 희생도 두려워하지 않고 헌신적이고 지속적으로 연합하는 예배자들이 되는 것이다.

04
CHAPTER

은혜의 보좌를 세우라
심판의 보좌를 세우지 마라

우리 중에는 하나님의 임재를 경험한 사람도 있지만 그렇지 못한 사람도 있다. 그러나 우리 모두는 하나님을 갈망하고 있다. 하나님과의 일회적 만남도 좋지만 우리가 원하는 것은 그분의 지속적인 임재이다. 즉, 매일 하나님이 우리와 함께 호흡하며 거하시는 것이다. 주님이 잠깐잠깐이 아니라 늘 우리와 함께 거하기를 기뻐하시게 하려면 어떻게 해야 하는가? 물론 주님의 뜻도 그분의 영원한 임재가 우리가 거처하는 도시와 나라 위에 머무는 것임을 안다. 그러나 어떻게 하면 그것이 가능한가?

하나님은 이것에 대해서 유전병을 앓고 있는 내 친구를 통해 말씀해 주셨다. 유전으로 인해 내 친구는 심각한 비만이었다. 키는 기껏해야 170센티미터였지만 덩치는 거의 키만큼 되었다. 그는 열두 살 때 이미 130킬로그램이 넘었다. 그는 평생을 체중과 씨름했다.

한번은 친구와 함께 앉아 있었는데 그가 눈물을 흘리며 말했다. "사람들이 날 비웃는다는 걸 아네." 그는 인생에서 하나님의 임재를 강하게 경험한 사람이며 교회에서 사도적 역할을 감당하는 사람 중 하나였다. 그때 하나님은 그 친구가 갖고 있는 통찰력 중에 한 가지를 내게 가르쳐 주셨다. 그 이야기를 당신과 나누고 싶다.

그 친구는 너무 뚱뚱해서 사회생활에도 지장을 많이 받았다. 그는 내게 말했다. "내게도 함께 만나는 걸 반가워하는 친한 친구들이 있지. 정기적으로 식당에서 만나곤 하지만 나는 그들 집에서 친밀한 교제 나누는 것을 더 좋아한다네. 하지만 난 그럴 수가 없어." 그는 울기 시작했고 굵은 눈물방울들이 볼 살을 타고 흘러내렸다. 그리고 그가 한 말이 '교회'에 대한 내가 가진 개념을 완전히 바꾸어 놓았다.

"토미, 친구 집에 방문할 때면 난 언제나 현관에 서서 모자도 코트도 벗지 않고 방 안을 둘러본다네(그 친구가 사는 북부는 늘 춥다). 전에 가본 적이 있는 곳이지. 그때 내가 결심한 게 있거든. 왜냐하면 지난번에 앉았던 의자를 부서뜨렸으니까. 그래서 내 몸무게를 감당할 만한 의자가 아니면 앉지 않는다네. 더 이상 난처해지기 싫거든. 부끄러움을 당하면서까지 방문하고 싶진 않아. 그래서 나는 문간에 서서 방 안을 둘러보는 거야.

그러면 친구는 진심에서 우러나는 말로 '들어와서 앉게. 커피
한 잔 하자고'라고 말하지. 그렇게 이야기하면서 나는 거실과 부
엌을 둘러보는 거야. 이번에는 내 몸무게를 감당할 만한 새 가구
가 들어온 게 있나 하고 말이야. 하지만 곧 새로 산 가구가 없다는
걸 알게 된다네."

자네 집에 있는 그 어떤 것도 내 무게를 감당할 수 없네

친구는 한숨을 내쉬며 말했다. "'아니야, 난 지금 가봐야 해.
나중에 봐'라고 말하고 돌아설 때마다 얼마나 슬픈지 몰라. 그건
그냥 변명일 뿐이니까. 내가 떠나는 이유는 단 하나, 그 집에는 내
무게를 감당할 만한 아무 가구도 없기 때문이야." 그는 눈에 눈물
이 고인 채 말을 이어갔다. "그러고 나면 차에 돌아와서 울지. 그
러고는 얼마 뒤에 뭔가 새로 준비하지 않았을까 하는 소망을 갖고
가 보지. 하지만 사람들은 그저 날 보고 내가 앉을 만한 데가 없다
고 생각하고 마는 거야."

구약에서 '영광'이라고 번역되는 히브리어는 '카보드'(kabod)이
다. 이 단어는 문자적으로는 '무거움' 내지 '무거운(견디기 어려운) 빛'
을 의미한다. 말하자면 하나님은 그 친구와 동일한 문제를 갖고
계신 것이다. 하나님의 '무거운 영광'이 우리를 방문하셨다가 들

어오지 못하는 경우가 얼마나 많은지 모르겠다. 하나님은 우리의 모임 장소에 찾아와 문간에 서서 '모자와 코트'로 그 영광을 가리신 채 방 안을 둘러보곤 하시는 것이다.

하늘 문이 열리고 모인 곳에 성령의 바람이 들어오는 것을 느낄 때면 우리는 영적인 긴장감을 금새 상실해 버린다. 그러고는 서로에게 말한다. "와, 하나님이 이곳에 계셔! 우리에게 임하셨다구." 찬양대는 기뻐하고 연주자들은 신이 나지만 하나님의 임재는 하나님이 찾으시는 게 우리에게 없어 이내 사라지고 만다. 그래서 하나님의 임재 체험을 한 대부분의 사람들은 질문한다. "왜 하나님은 우리 안에 오랫동안 머무르시지 않죠? 그렇게 간구해 보았지만 되지 않더군요. 대체 그렇게 되지 않는 이유는 무엇인가요?"

대답은 아주 간단하다. 하나님의 영광을 감당할 만한 은혜의 보좌를 세워오지 않았던 것이 그 원인이다. 주님께서 앉으실 만한 자리가 없는 것이다! 당신과 내게 편안한 자리가 '카보드', 즉 하나님의 무게에는 편안한 것이 아니다. 영적으로 볼 때 우리는 하루 종일 편안한 소파에 앉아 있는 것을 좋아하고 있다. 그러나 하나님의 자리인 은혜의 보좌는 좀 다르다. 하나님의 영광의 무게를 감당할 수 있고 그분이 오셔서 머무르실 수 있도록 만드는 자리는 지상에서 은혜의 보좌 하나뿐이다.

하나님의 영광을 위한 은혜의 보좌를 세우는 교회, 하나님은 그런 교회를 찾고 계신다. 하나님은 그분을 위해 값을 지불하고 그분의 안식처를 세운 교회를 발견하시면, 그곳에 오셔서 머무르실 것이다. 우리는 그제야 비로소 이전에 경험하지 못한 부흥을 경험하게 될 것이다. 이것을 설명할 만한 적절한 말조차도 없는 것 같다. 이런 진정한 부흥은 하나님께서 그분의 무거운 영광 가운데 오셔서 그분의 집에 머무르시기 위해 영광의 보좌에 앉으실 때 일어난다.

당신이 세우면 그분은 오실 것이다

주님께서 내게 그 친구의 이야기를 기억나게 하셨을 때, 나는 심장이 뛰기 시작했다. 퍼즐판의 중요한 조각 하나가 제자리를 찾아갔기 때문이다. 나는 생각했다. '우리는 은혜의 보좌를 어떻게 세울 수 있는지 알아야 해.' 그러자 외국에 다녀올 때 비행기에서 본 영화의 한 대사가 생각났다. 나는 그 영화를 보자마자 매료되었다. 영화 "꿈의 구장"에서 그 순간 떠오른 말은 당신이 세우면 그분은 오실 것이다!였다. 이것은 다윗이 배운 교훈이다.

미국 남부는 '남부식 환대'로 잘 알려져 있다. 나는 남부에서 태어났기 때문에 다른 사람을 환대하는 것에 대한 기본적인 원칙들을 잘 알고 있다고 생각했다. 그러나 하나님이 이유를 말씀하시지 않고 나를 한 여행길에 오르게 하신 이후 나의 생각은 완전히 바뀌었다. 그리고 그 해에 내 사역 에너지의 30퍼센트 정도를 중국인들 사역에 투자했다. 나는 여전히 중국 본토와 대만에 자주 가서 사역을 한다. 주님은 내게 말씀하셨다. "경의를 표하는 것에 대해 서양 사람들은 잘 알지 못하는 것 하나를 네게 가르쳐 주겠다."

동양 사람들이 경의를 표하는 모습은 다른 어떤 어느 나라의 모습과도 비교되지 않는다. 물론 서양에서도 손님을 환대하지만 일반적으로 평범한 수준이다. "와, 반갑습니다. 들어오세요. 원하시면 여기 좀 앉으시죠."

하지만 중국 사람들은 다르다. 손님에게 모든 관심과 에너지를 집중하고 또 집중한다. 손님이 편안한 것이 최우선이기 때문에 자신들보다 손님이 편안하고 즐겁고 행복할 수 있도록 쉼 없이 노력한다. 손님이 오기 전에 세세하게 준비하는 모습을 보면 그들이 얼마나 손님을 귀하게 여기고 존중하는지 알 수 있다. 그들은 존경을 나타내는 전통적인 좌석까지 세심하게 준비해 둔다. 그 자리는 입구의 정면에 위치하되 입구에서 가장 먼 자리이다.

하나님, 우리는 하나님 없이 지내는 법에 익숙해져 있습니다

솔직히 우리 교회들은 하나님을 경외하는 능력을 상실했다. 찬양도 잠시 동안은 열정적으로 부르지만 좀 더 적극적인 회중들이 깊은 예배 가운데로 들어가는 순간, 많은 이들이 시계를 쳐다보기 시작한다. 우리 마음에서 이렇게 말하고 있는 것이다. "괜찮습니다, 하나님. 하나님이 오시면 좋겠지만 빨리 오시지 않는다면 당신 없이도 어떻게 해야 할지 압니다. 아시다시피 시간 내에 마쳐야 돼요. 다른 교회 사람들이 인근 식당을 먼저 차지해 버리게 놔둘 순 없잖아요."

우리는 하나님의 마음을 모르고 있는 것 같다. 왜냐하면 하나님은 "그래, 가거라. 언제 나중에 만나자꾸나"라고 말씀하시기 때문이다. 그러나 성경을 보라. 예수님은 백성들에게 배척당하시고 예루살렘과 백성들을 위해서 우셨다. 우리가 성령을 슬프시게 하면 하나님이 우리 때문에 눈물을 흘리신다. 우리는 경배와 사랑으로 주님을 붙들고 구하고 찬양하는 대신, 의식과 일정과 식사 약속에 매여 성령을 근심케 하고 있다. (우리 도시에 주님이 임하시는 것을 막는 일이 있다면 누구 책임이란 말인가?)

이런 슬픈 시나리오가 주일 예배마다 반복된다. 사람들은 매년 매주 '이 정도면 됐다'는 생각을 하며 종교적인 의무감에 가득 찬 몸짓만 할 뿐이다. 이런 기계적인 종교 행위들은 언젠가는 문제를 일으키게 된다. 하나님이 부으시는 기름이 다 떨어지기 때문이다. 성령의 임재에서만 맛볼 수 있는 기쁨의 기름 없이 스스로 어떻게 해 보려고 하면 반드시 '기계'에 문제가 생긴다. 인간이 운영하는 종교라는 기계가 멈추면 마침내 모든 것이 멈추게 된다.

하나님께서 양치기 소년 다윗에게 처음으로 나타나셨을 때, 다윗의 마음에는 밤낮으로 하나님의 임재 가운데 거하고 싶은 강한 열망이 생겨났다. 오늘날에도 전 세계 많은 성도들 가운데 이런 마음이 있다. 지금도 하나님은 그분의 임재를 사모하는 마음으로 불타는 수백만 명의 소위 '하나님을 좇는 사람'들을 일으키고 계신다. 우리 모두는 다윗 왕으로부터 '하나님 추적자'로서의 경험들을 배울 필요가 있다. 이미 살펴본 대로 다윗은 언약궤를 예루살렘으로 옮기려는 첫 번째 시도에서는 재난을 당했지만 두 번째 시도에서는 성공을 했다. 하나님의 현현의 영광을 피 흘리는 희생과 땀 흘리는 사모함으로 구해 예루살렘 위로 하늘이 열리게 할 수 있었던 것이다. 이제 우리 차례이다. 우리 교회들 차례이다!

누군가는 그 불을 살피고 있어야 한다!

다윗은 예루살렘에 하나님의 임재가 머무시도록 하기 위해 두 가지를 행했다. 첫째, 내부에 벽도 휘장도 없는 장막을 세워서 하나님의 임재의 처소를 마련했다. 둘째, 레위인들이 장막에 도착해서 언약궤를 제자리에 놓자마자 한 가지 특별 요청을 했다. 다윗은 장막에 예배라는 '살아 있는' 은혜의 보좌를 만들어 냄으로써 하나님께서 그 초라한 성소에 즐거이 거하실 수 있도록 했다.

　다윗은 예루살렘에 하나님의 임재를 모시고 오는 행렬에서 중요한 비밀을 깨달았다. 그것은 하나님의 임재의 파란 불꽃을 유지하고 싶다면 누군가는 그 불을 살피고 있어야 한다는 것이다! "그렇다면 불에다가 장작을 얹어 놓으면 되겠네요?" 그런 말이 아니다. 하나님의 현현의 임재(shekinah presence)의 파란 불꽃은 세속적인 연료로는 태울 수 없다. 그 불꽃은 희생의 예배를 통해서 태우는 것이다. 우리 자신이 하나님의 연료가 될 의향이 없다면 우리는 하나님의 불이 임하기를 요청할 아무 권리가 없다. 다윗이 따라한 것은 모세가 은혜의 보좌를 만들 때 하늘로부터 받은 방식 그대로이다.

　"금으로 그룹 둘을 속죄소(은혜의 보좌) 두 끝에 쳐서 만들되 한 그룹은 이 끝에, 한 그룹은 저 끝에 곧 속죄소 두 끝에 속죄소와 한 덩이로 연결할지며 그룹들은 그 날개를 높이 펴서 그 날개로 속죄소를 덮으며 그 얼굴을 서로 대하여 속죄소를 향하게 하고"(출 25:18-20).

　그룹의 날개들이 서로 맞닿아서 은혜의 보좌를 두르고 덮도록 함으로써 하나님의 임재가 언약궤 '덮개'인 은혜의 보좌 위에 머물도록 했다. 이 본문을 면밀히 살펴보면 금으로 만든 두 그룹이 주조된 것이 아님을 발견하게 된다. 하나님은 덮개 위의 그룹을 만들 때 금을 '쳐서' 바른 모양과 틀로 만들도록 하셨다.

우리가 은혜의 보좌를 세울 수 있는 길은 우리 자신을 불 가운데 '쳐서' 정화된 예배자가 되는 것이다. 하나님은 여전히 예배자들에게 이것을 요구하신다. 그들이 불 가운데 정제되고 변화되어, 완전한 형상으로 예배를 위한 연합의 자리에까지 이를 것을 말이다. 그런 예배자들이 바로 하나님이 찾으시는 은혜의 보좌가 된다. 새 언약인 예수의 보혈 아래 참된 예배의 세 가지 요소가 되는 것은 순결과 깨어진 심령과 연합이다. 이 땅에서의 깨어짐이 하늘 문을 여는 것이다.

강한 열로 금을 정련할 때 가장 먼저 위로 스며 나오는 '찌꺼기'는 명백한 불순물과 이물질들이다. 그리고 마지막에 분리되는 것은 은을 비롯하여 순금과 자주 섞이는 비싼 금속들이다. 우리는 종종 '좋은 것'을 '최선의 것'과 분리하기 힘들 때가 있다.

인생살이의 망치질은 우리가 하나님 쪽으로 휘어지게 할 것이다

너무나 많은 사람들이 빠르고 간편한 '부흥의 ABC 공식'으로 주조되기를 원한다. 하지만 나는 그런 것을 당신에게 줄 수 없다.

다만 예배의 날개들은 단 한 가지 방법으로만 만들어낼 수 있다. 바른 모양과 자리를 잡도록 쳐서 만들어야만 한다. 인생살이의 망치질은, 우리가 그 인생의 도전들에 바르게 반응하기만 하

면, 우리를 하나님 쪽으로 휘어지게 할 것이다. 우리가 인생의 문제들에 바르게 반응하지 못하면, 대적이 우리를 쳐서 바른 위치에서 이탈하게 만든다. 그러면 우리는 나아지는 게 아니라 나빠진다. 그 순간 예배의 날개들은 원래 있어야 할 위치들을 벗어나게 된다. 맞는 공간(right place) 안에 있을지는 몰라도 잘못된 지점(wrong position)에 놓이게 되는 것이다. 즉, 교회에 있을지는 몰라도 그릇된 태도를 갖는 것이다.

하나님은 인생의 망치질을 통해서도 예배의 날개들을 바로 잡아 당신이 "범사에 감사하는"(살전 5:18) 사람이 되도록 하신다. 사도 바울은 이것을 깨달았다. "이는 내게 사는 것이 그리스도니 죽는 것도 유익함이라"(빌 1:21). 이 고백을 쓸 때 바울은 로마 감옥에 갇혀 로마 황제의 사형선고를 기다리고 있었다. 바울의 마음은 이런 것이었다. "대적이 나를 때릴 때마다 나는 하나님께 예배하는 법을 배울 뿐이다!" 바울의 셋째 하늘 경험이 루스드라에서 돌에 맞은 후에 일어났다는 것을 기억하라! 당신도 셋째 하늘을 경험하고 싶지 않은가?

예배자들이 은혜의 보좌 주변에 자리를 잡고 설 때, 비로소 하나님은 그분의 자리에 앉으셔서 그들 가운데 좌정하신다.

금을 쳐서 만들어 언약궤 위에 얹은 그룹은 천상의 실체를 지상의 모양으로 조악하게 표현한 것에 불과하다. 모세는 시내 산에서 환상 가운데 하늘을 들여다보면서 하늘 보좌의 양식을 보았다.

그는 그 하늘의 형상을 재창조하도록 지시받았다. 그가 지상에서 표현할 수 있는 최선은 금으로 두 날개 가진 그룹을 만들어내는 것이었다. 실제로 하나님의 보좌 주변에 있는 스랍들은 여섯 개의 날개를 갖고 있었다.

언약궤 위에 있는 은혜의 보좌는 셋째 하늘에 있는 실제 하나님의 보좌의 표현일 뿐이다. 천상의 보좌는 2차원의 평면에 위치한 것이 아니기 때문에 단순히 폭과 높이로 그릴 수 없다. 언약궤의 평평한 덮개 위에는 두 그룹이 얹혀져 있는 것이 특징이었다. 반면 성경에서 말하는 실제 하나님의 보좌는 다차원적이며 사면이 예배자들로 둘러싸여 있다. 마치 유리잔 안에 들어 있는 진주나 태양계 한가운데 있는 태양처럼 말이다. 성경의 증언에 따르면 여섯 날개를 가진 스랍들은 보좌 양편과 보좌 위와 아래에도 있었다. 이 스랍들은 예배하는 천사들로서 두 날개로는 얼굴을 가리고 다른 둘로는 발을 가리고 나머지 둘로는 날고 있었다(사 6:2).

언약궤 위에 있는 그룹은 천상의 실체에 대한 '지상의 싸구려 모조품'에 불과했지만 언약궤는 여전히 엄청난 신비에 싸여 있는 존재였다. 그래서 할리우드의 영화 제작자들은 "잃어버린 성궤"라는 영화를 통해 수백만 달러를 벌어들일 수 있었다.

우리는 하나님이 '잃어버린 언약궤'를 찾으시는 게 아니라는 사실을 언제나 깨달을까? 주님은 언약궤가 어디에 있는지 아신다. 하나님은 지상에서 잃어버린 영광을 그분이 재현하실 수 있도록 길을 여는 '잃어버린 예배자들'을 찾으신다.

그분의 임재의 무게로 갑자기 지진이 났다

'은혜의 보좌'가 종교적이고 외형적인 의식 가운데 드러나는 일은 거의 없다. 다만 그리스도의 보혈의 언약 아래에서 둘이나 그 이상의 살아 있는 제물 가운데 임한다. 바울과 실라는 예루살렘에 있는 화려한 성전이나 이스라엘의 회당들과는 거리가 먼 존재들이었다. 그 두 사람은 두들겨 맞고 피를 흘린 채 빌립보 감옥에 갇혀서 발이 족쇄에 묶여 있었다. 하지만 가장 암울한 시간에 그들은 기도하고 주님을 찬양하며 경배하기 시작했다. 그들이 한 것은 그저 부러진 예배의 날개를 모아 드린 것이었다. 그러자 하나님의 영광이 하늘로부터 내려와 감옥 안에 있는 그들 가운데 임했다. 그들의 예배가 '은혜의 보좌'를 만들어 냈고 하나님은 감옥임에도 불구하고 그들 가운데 임하셔서 좌정하셨다.

이 책을 읽고 있는 당신도 '감옥' 안에 있을 수 있다. 인생의 환경이 당신을 창살 안에 가둬 두고 열쇠를 없애버렸을지 모른다. 그러나 방법이 있다. '예배'는 하늘로 열린 문이다. 하나님께서 임하실 것이다. 하나님이 그렇게 약속하셨다. 하나님은 바울과 실라에게 하신 대로 당신에게도 하실 것이다.

하나님이 임재하시자 그 무게로 인해 갑자기 지진이 일어나 옥

터가 흔들렸다. 하나님의 임재의 무게가 예배자들을 자유롭게 했을 뿐 아니라 모든 옥문을 열어 근방에 있는 모든 죄수를 자유롭게 했다! 우리의 예배가 포로된 자들을 자유롭게 할 수 있다. 하나님이 능력 가운데 임하시면 바울과 실라처럼 족쇄를 차고 있는 죄수들이 구원을 얻게 된다.

역경을 두려워하지 마라! 언약궤의 그룹은 금을 쳐서 만들어졌다. 오늘날도 역경과 시련을 통해 예배자들이 정련되고 다듬어진 금이 된다. 그러면 하나님은 그분의 영광의 광선을 그분의 집 안에 아름답게 비추신다. 그것은 날림으로 드리는 예배와는 차원이 다르다. 그렇게 망치로 치면 움푹 들어가기도 하고 흠집이 나기도 하고 찌그러지기도 하지만, 그것은 다 하나님의 영광을 다각도로 반사시키는 작품이 된다.

우리가 영과 진리로 예배할 때 비로소 하나님의 영광이 임한다. 이때 우리가 경험하는 것은, 영광의 왕께서 이 땅에 재림하시는 날 일어날 일들에 대한 전조일 뿐이다. 주님이 처음 오셨을 때는 겸손함으로 오셨기 때문에 그분의 영광을 살짝 보여 주셨다. 마치 어른이 아이의 놀이방에 들어갈 때 장난감들을 부수지 않기 위해 조심스레 걷는 것처럼 주님은 창조 세계를 놀라게 하지 않기 위해 이 땅에 조심스럽게 오셨다.

예수님은 재림하실 때 말을 타고 오실 것이며 그분의 집을 회복하기 위해 무한한 능력과 권세로 임하실 것이다(계 19:11). 주님의 발이 감람 산 꼭대기를 밟을 때 '카보드', 즉 '무거운 영광'으로 인해 감람 산이 둘로 쪼개질 것이다(슥 14:4). 그리고 예루살렘 성의 동문이 활짝 열려 주님의 '진정한' 영광의 입성을 환영할 것이다. 첫 번째 입성은 단지 리허설일 뿐이었다. 두 번째 입성하실 때는 제대로 의상을 갖추고 들어가실 것이다! 그리고 모든 무릎이 예수의 이름 앞에 꿇고 모든 입이 예수 그리스도를 주라고 시인할 것이다(빌 2:10-11).

모든 더러운 것은 그분의 영광의 무게 아래서 무너질 것이다

이제 어떻게 해야 교회의 문을 활짝 열 수 있는지 알겠는가? 어떻게 해야 부흥을 막고 있는 거대한 산을 두 동강 낼 수 있는지 알겠는가? 바울과 실라가 감옥에서 했던 대로만 하라. 등은 두들겨 맞고, 발은 족쇄에 매이고, 감옥 문은 잠겨 있더라도 당신이 한밤중에 찬양할 수 있다면, 당신의 예배를 통해 하나님의 분명한 임재와 영광이 임하기 시작할 것이다. 그리고 그분의 영광의 무게 아래서 모든 더러운 것은 사라지고 모든 매인 것은 벗어질 것이다.

> "이에 갑자기 큰 지진이 나서 옥터가 움직이고 문이 곧 다 열리며 모든 사람의 매인 것이 다 벗어진지라"(행 16:26).

이런 일이 일어나는 이유는 예배자들의 부러진 날개가 모아져서 하나님이 좌정하실 은혜의 보좌를 만들어 냈기 때문이다. NIV 성경은 "이스라엘의 찬송 중에 계시는 주여"(시 22:3)라는 말씀을 하나님께서 "이스라엘의 찬송 중에 좌정하신다"라고 번역했다. 또한 히브리어 원전을 일본어로 직역한 성경에서는 우리의 찬송이 "하나님께서 좌정하실 큰 보좌를 세운다"라고 번역했다. 예수님도 우리에게 말씀하셨다. "두세 사람이 내 이름으로 모인 곳에는 나도 그들 중에 있느니라"(마 18:20). 다시 말해 하나님은 우리가 함께 그분을 예배하기 시작할 때 비로소 우리 '가운데' 거하신다는 뜻이다.

하나님이 정말 하늘 보좌를 옮겨 우리가 세워놓은 '큰 보좌'에 앉으신다면 어떤 일이 일어날까? 아마도 이렇게 말씀하실 것이다. "미가엘, 가브리엘, 이것 좀 보거라. 아담의 자손들이 날 위해 보좌를 만들었구나. 나만을 위해 살아 있는 은혜의 보좌를 만들었구나. 이제 내가 사람들 가운데 다시 거할 수 있게 되었구나."

다윗은 24시간 예배를 통해 하나님의 임재의 불꽃을 지폈다

우리가 천상에서 하나님이 받으시는 예배를 어떻게 재창조할 수 있겠는가? 아니, 그런 예배를 흉내라도 낼 수 있겠는가? 다윗은 구별된 레위인들을 불러 매일 24시간 예배를 드림으로써 하나님의 임재의 불꽃을 계속 지피도록 했다. 방법론에 빠져 이렇게 말하지 말라. "그럼, 이제 성도들로 24시간 기도 부대를 세우도록 해야지." 하나님께서 당신과 당신 교회의 지도자들에게 그렇게 하라고 말씀하신다면 그렇게 하라. 그러나 그렇지 않다면 하나님이 무엇을 원하시는지 여쭤보고 행하라.

물론 언제든 당신이 원하면 하나님께 임하여 달라고 간청할 수 있다. 하지만 그분의 무거운 영광이 안전히 거하실 처소가 마련되기까지 방문은 하셔도 머무르실 수는 없다. 당신은 어떤지 몰라도 이제 나는 형식적인 방문에 질렸다. 어쨌든 우리는 성령님을 모시는 태도를 새롭게 해야 한다. 다윗은 그것을 잘 알았다.

다윗은 언약궤 주위에 예배자들이 둘러서게 함으로써 하나님의 영광이 계속해서 불타오르도록 했다. 역사상 처음으로 이스라엘 사람들도 이방인들도 이교도들도 예루살렘 성 시온 산에 서서 하나님의 영광의 파란 불꽃이 훨훨 타오르는 것을 목격했다. 그 불꽃은 다윗의 장막 안에 있는 예배자들의 뻗은 두 팔과 춤추는 두 발 사이에서 타오르고 있었다! 어떻게 이런 일이 가능했을까? 왜냐하면 다윗의 장막은 휘장도 벽도 없는 예배가 드려진 장소였기 때문이다.

나는 종종 집회 때 하나님을 이렇게 둘러서서 예배하는 개념을 설명해 주기 위해, 두세 명의 자원자들을 회중 앞으로 불러낸다. 그러면 거의 대부분의 경우 자원자 중 한 사람은 회중을 바라보는 자리에 서게 된다. 둘러서다 보면 그렇게 된다. 그때 나는 (회중을 깨우치기 위해) 그 자원자에게 말한다. "아닙니다, 형제님! 회중이나 성가대를 향하지 마십시오. 그대로 여기 서서 보좌에 계신 분을 향해 예배하는 자세로 당신의 손을 드십시오."

세상이 교회를 바라보아도 하나님을 볼 수 없는 이유가 이것이다. 세상은 그저 우리를 쳐다볼 뿐이다. 우리가 그 중간에 서지 않기 때문이다. 종교적인 행위들을 하면서도 하나님 대신 세상 바라보기를 선호하기 때문이다. 교회에 인간들은 가득한데 하나님은 발견할 수가 없다. 사람을 바라보면 사람의 반응에 민감해질 수밖에 없다. '은혜의 보좌'를 세우는 예배가 되려면 사람에게서 등을 돌려야 한다. 하나님의 얼굴을 구하라. 사람을 두려워하지 말고 하나님을 두려워하라.

이것이 '하나님이 기뻐하시는 집'의 기적이다

다윗은 그저 하나님의 언약궤 주위에 구별된 예배자들만 배치한 것이 아니었다. 다윗은 그들의 초점이 찬양과 예배와 경배를 통해 하나님을 섬기는 일에 맞춰지도록 했다. 구약 시대에 예배와 찬양의 직무를 맡았던 레위인들은 밖으로는 세상과 안으로는 휘장으로 가리지 않은 하나님의 영광 사이에 서서 사역했다.

에덴동산에서 아담과 하와와 함께 거니시던 시절 이후 처음으로 하나님은 그분의 영광과 사람들의 연약한 육신 사이에 아무런 휘장도 장벽도 없는 집을 발견하신 것이었다. 휘장이 필요 없었던 것은 예배자들 자신이 휘장과 보호막이 되었기 때문이다. 그들은 회개와 희생의 예배를 드림으로써, 그리고 그것이 덮는 구름이 되어 하나님의 영광을 둘러쌌다. 좀 더 나은 말이 없기 때문에 사람의 입구와 하나님의 제단 사이에 있는 이 불안정한 지대를 '눈물 지대'(the weeping zone)라고 일컫겠다. 이 기적 같은 요소로 인해 다윗의 초라한 장막이 하나님이 기뻐하시는 집이 된 것이다.

다음 중요한 성경 구절 두 곳을 보면 다윗이 휘장이나 장벽 없이 성막을 세웠는데도 수백 수천 명의 사람들이 죽어 나가지 않을 수 있었던 이유를 알게 될 것이다. 첫째, 하나님은 말씀하셨다. "이 땅을 위하여 성을 쌓으며 성 무너진 데를 막아 서서 나로 하여금 멸하지 못하게 할 사람을 내가 그 가운데에서 찾다가 찾지 못하였으므로"(겔 22:30). 둘째, 사도 요한은 이 구절을 말할 때 하나님의 영광의 두 가지 요소를 기술한 것 같다. "우리가 그의 영광을 보니 … 은혜와 진리가 충만하더라"(요 1:14).

사람들의 말을 잊으라 – 한 가지 의견만이 중요하다

정말로 당신의 교회와 지역 가운데 하나님의 영광이 뿜어져 나오기를 원한다면, 하나님의 생각 외에는 다른 누구의 생각도 신경 쓰지 마라. 진정한 부흥이 오려면 진정한 예배자들이 사람에 대해서는 잊어버리고 전심으로 하나님을 바라보고 예배해야 한다. 우리는 사람의 의견, 사람의 찬성이나 반대에 대해서 잊어버려야 한다. 우리는 사람들이 어떻게 생겼는지, 무엇을 말하는지, 무슨 생각을 하는지 잊어버려야 한다. 오직 한 가지 의견만이 중요하기 때문이다.

나는 하나님의 사람들이 하나님이 원하시는 것 외에는 무시할 수 있게 되길 바란다. 이제 예수 그리스도의 중심성이 우리를 강하게 사로잡고 점령하도록 하자. 사람들의 영역에 빼앗기는 모든 관심과 시선을 끊어내자. 물론 지나친 종교주의자가 되어서 하나님에게도 사람에게도 아무 유익이 없는 상태가 되라는 말은 아니다. 또한 교회에 치우쳐서 일상 생활을 소홀히 해서도 안된다. 진정으로 영적인 사람은 일상 생활을 결코 소홀히 할 수 없다. 하지만 그런 일이 어떻게 가능한가? 사실 '눈물 지대'라는 표현은 괜찮은 설명이다. 당신이 그 지대에서 무엇을 할 수 있는지 아는가? 눈물 지대는 하나님의 보좌 앞에서 중보기도하는 자리이다. 그곳에서 당신은 다른 사람들을 위해 기도하며 무너진 데를 막아서는 것이다.

죄와 사망의 역병이 오늘날 전국을 강타하고 전 세계를 돌고 있다. 지금은 도망가거나 숨을 때가 아니다. 지금은 예배라는 제사장의 향로를 들고 눈물 지대로 들어갈 때이다. 그곳 산 자와 죽은 자 사이에 서서 하나님의 무거운 영광과 죽을 수밖에 없는 인간의 죄 많은 육체 사이에 서야 한다. 아론이 제단에서 숯불을 가져와 그것을 예배와 기도의 향과 함께 섞었을 때, 그는 두 세계 사이의 다리가 되었다.

하나님은 모든 사람이 구원받기를 원하신다. 하지만 하나님은 당신과 내가 눈물 지대에서 화해의 사역을 완성하기를 기다리신다. 하나님은 우리를 부르셔서 빛의 나라와 어둠의 나라 사이에 다리가 되도록 하셨다. 가장 위대한 다리는 예수 그리스도이시다. 그분은 우리의 대제사장으로서 언제나 하나님 앞에서 우리를 위하여 중보하신다(히 7:25). 당신과 내가 눈물 지대로 들어갈 때, 우리는 위대한 중보자 예수 그리스도와 함께 서서 보좌를 바라보며 한 손은 하나님을 향해 다른 한 손은 사람을 향해 내민다. 하나님이 우리를 예배 중에 중보기도하도록 부르신 것은 하나님과 사람이 함께 만나도록 하기 위해서이다.

당신이 무너진 데를 막아설 때, 당신은 말 그대로 하나님의 심판을 멈추게 하고 둘째 하늘에 있는 사탄의 장벽들이 사라지게 한다. 앞에서도 언급한 대로 사도 요한은 말했다.

"우리가 그의 영광을 보니 … 은혜와 진리가 충만하더라"(요 1:14).

하나님의 영광을 구성하는 두 가지 요소는 은혜와 진리이다. 이것을 보면 왜 하나님의 영광과 사람 사이에 항상 휘장이 필요했는지를 알 수 있다. 세상은 하나님의 은혜가 필요하지만 그 은혜에는 하나님의 진리가 함께 붙어 있다. 진리는 우리 모든 사람이 죄를 범하였으므로 하나님의 영광에 이르지 못한다고 말한다(롬 3:23). 우리는 그분의 은혜가 필요하지만 이 '진리'는 감당할 수 없다. 그분의 진리는 그분의 심판을 의미한다. 그러므로 예수 그리스도 안에 있는 하나님의 은혜가 아니고서는 어느 누구도 소망이 없다. 따라서 우리가 사모하는 하나님의 임재가 갑자기 임하여 회개하지 않은 사람들을 만나면, 하나님의 진리(심판)가 그 은혜를 소멸시키고 만다. 마치 빛이 어둠을 소멸시키는 것처럼 말이다.

잃어버린 자들을 위해 주님과 함께 눈물 지대로 들어가라

예수 그리스도께서는 십자가 위에서 구속을 완성하셨으며 값 없는 생명의 선물을 모든 사람에게 베푸신다. 우리의 '화목하게 하는 사역'은 날마다 주님의 십자가를 지고 잃어버린 자들을 위해 주님과 함께 눈물 지대로 들어가는 것이다. 예수의 피를 힘입어 회개와 희생의 예배를 드리는 예배자들이 하나님의 소멸하시

는 영광과 구원받지 못한 자들 사이에서 자리를 잡고 설 때, 재미 있는 일이 발생한다.

성경을 보면, 심판은 하나님의 집에서 시작된다(벧전 4:17). 하나님의 사람들이 예배자가 되어 무너진 데를 막아서면 그들은 하나님의 영광의 한 축인 진리와 심판을 여과시키는 작용을 한다. 다시 말해, 그들을 통과해서 지나가는 하나님의 영광은 거리마다 은혜와 자비라는 요소만을 뿌려 준다. 이것이 다윗 시대의 아름다운 모습이었다. 왜냐하면 하나님의 현현의 영광을 보는 모든 사람은 두 손 들고 경배하는 예배자들을 여과막으로 은혜의 보좌를 바라보았기 때문에 살아남을 수 있었다.

우리에게 필요한 것은 더 이상 훌륭한 설교나 찬송이 아니다. 우리에게는 '무너진 데를 막아설 사람들'이 필요하다. 한 손은 하나님을 향해 다른 한 손은 세상을 향해 뻗고 있는 사람들이 필요하다. 당신은 눈물 지대에 서 있도록 부르심을 받았는가? 당신은 하나님을 향해 한 손을 들고서 상한 심령으로 예배하는 사람인가? 그리고 구원받지 못한 사람들을 향해 다른 한 손을 들고 서있을 때, 사람들의 말을 잊어버릴 수 있는 사람인가? 당신은 하늘을 향해 손을 들고 외치라! "나는 하늘을 활짝 열어 놓을 것입니다. 그래서 부흥의 물결이 이 지역에 넘치도록 할 것입니다." 그 옛날의 중보자들처럼 외치라. "하나님, 그들을 죽이시려면 나를 죽여 주옵소서. 이 나라에 부흥을 주지 아니하시려거든 나를 죽여 주옵소서. 내게 영적인 자녀들을 주옵소서. 그리하지 아니하시면 내가 죽겠나이다"(출 32장 ; 창 30:1).

정말 부흥을 원하는가? 그렇다면 하나님을 위해 은혜의 보좌를 세우라. 하나님께서 기뻐하시고 즐거워하실 만한 것을 예비하여 하나님이 당신과 함께 하지 않을 수 없게끔 만들어라. 하나님께 다윗의 장막을 다시금 만들어 주시도록 요청하라. 정말 하나님께서 임하셔서 당신과 함께 머물기를 원한다면 예배와 경배로 그분을 둘러싸라. 은혜의 보좌를 세우라!

하나님은 예배 가운데 거하신다

하나님께서 하늘 보좌를 떠나 찬송과 예배로 이뤄진 은혜의 보좌에 좌정하사 우리와 함께 거하신다면 어떤 일이 일어날까? 세상이 하나님을 있는 모습 그대로 볼 수 없는 이유가 있다. 그것은 우리가 그분을 위한 자리를 한 번도 마련하지 않았기 때문이다. 여우도 굴이 있고 새들도 보금자리가 있지만 하나님의 영광은 좌정하실 자리가 없다. 이 땅에 은혜의 보좌가 없다! 우리는 아무리해도 여섯 날개 달린 스랍이 될 수 없다. 그렇다면 어떻게 지상의 예배가 천상의 예배를 흉내낼 수 있겠는가? 모르겠다. 하지만 힘든 것이 아님은 분명히 안다. 왜냐하면 주님이 "두세 사람이 내 이름으로 모인 곳에는 나도 그들 중에 있느니라"(마 18:20)고 말씀하셨기 때문이다. 즉, 하나님은 예배 가운데 거하신다.

당신의 교회와 지역에 하나님의 분명한 임재가 경험되기를 원한다면 기억하라! 하나님은 아마도 나 혼자나 당신 혼자에게 임하시지 않을 것이다. 하나님의 최선의 선택이자 약속은 하늘의 방법에 **따라** 하나님을 예배하는 우리 가운데 임하신다는 것이다. 당신이 세우면, 그분은 오실 것이다!

"아버지, 아버지께서는 어린아이와 젖먹이의 입으로 나오는 찬송을 온전하게 하셨다고 하셨습니다. 우리가 최선을 다해도 비천한 찬송일 뿐임을 압니다. 그것이 어찌 하늘과 비할 수 있겠습니까. 그것이 어찌 하늘의 완전한 경지에 도달할 수 있겠습니까. 그럼에도 불구하고 우리는 하늘의 방식에 따라 회개의 예배로 당신을 둘러싸기 원합니다. 사랑하는 주님, 우리의 가슴속에 당신이 사랑하셨던 다윗의 장막을 다시금 세워 주옵소서. 주님, 우리의 온 마음을 다해 당신을 예배합니다. 주님, 우리가 기쁨으로 우리의 주님이시요 왕이신 당신 앞에 엎드려 경배합니다. 아버지 하나님, 당신의 분명한 임재로 이곳을 채워 주옵소서. 아버지여, 당신께서 이 도시를 채우시고 이 나라를 채우시고 이 땅을 채워 주옵소서. 오 하나님, 그리하여 물이 바다 덮음 같이, 온 땅이 여호와의 영광으로 덮이게 하옵소서. 오셔서 우리 가운데 있는 당신의 은혜의 보좌에 좌정하소서!"

05
CHAPTER

주의 영광의 빛을 켜라
더 이상 어둠 속에서 실족하지 마라

　어떻게 하면 하나님의 영광의 빛을 켤 수 있을까? 만약 당신이 어린 시절 오래된 집에 살아봤거나 할머니 집에 놀러간 적이 있다면, 구식 전구의 스위치가 천장에 끈으로 달려 있는 것을 본 적 있을 것이다.

　그렇다면 어둠 가운데서 그 작은 끈을 어떻게 찾았는지 기억하는가? 문 근처 벽에 달려 있는 편한 신식 스위치가 없던 시절, 한밤중에 불을 켜고 싶을 때면 단 한 가지 방법밖에 없었다. 끈이 있을 법한 곳에 서서 손을 휘저으며 '어둠 속에서 애를 써야 한다.' 아마도 어둠 속에서 끈을 찾다가 넘어지거나 가구에 부딪혀서 정강이가 까지거나 발톱이 뽑힌 경험을 했을 지도 모르겠다.

　만약 끈을 찾으려고 애쓰는 온갖 우스꽝스러운 모습을 영상으로 촬영해서 본다면 정말 웃길 것이다. 사람들은 미친 사람처럼 팔을 휘저으며 끈을 추적할 것이다. 어떤 사람들은 필사적으로 점프했다가 테이블 모서리에 부딪힐까 겁나 이내 웅크리고 주저앉거나 또 어떤 조심성 있는 사람들은 한 손만 머리 위로 올려 이리저리 휘둘러볼 것이다.

교회에서도 이와 똑같은 일들이 자주 일어난다. 예배를 처음 드린 사람들은 교인들의 이상한 행동을 보고 질문한다. "세상에! 도대체 뭘 하는 거예요?" 그때 우리가 말해 줄 수 있는 것은 이것뿐이다. "우리는 지금 스위치를 찾고 있는 겁니다. 이곳에 하나님의 영광의 불빛을 켜기만 하면, 당신도 이해할 거예요." 스위치를 찾는 동안은 잠시 향방 없이 손을 흔들고 넘어지기도 할 것이다. 그러나 하나님의 영광의 빛은 곧 모든 것을 의미한다! 그 영광의 빛을 켜기만 하면, 순식간에 모든 사람이 진리와 오류의 차이점을 눈으로 보고 알게 될 것이다. 대부분의 사람들은 기회가 주어졌을 때에만 진리를 선택하려 한다. 왜냐하면 그들은 유일한 길을 발견할 만큼 충분한 빛을 본 적이 한 번도 없기 때문이다. 하나님의 영광의 빛은 태양보다 달보다 먼저 존재했다. 그리고 태양빛과 달빛이 스러져도 존재할 것이다. 어쨌거나 그 빛은 분명하게 드러나야 한다.

일단 하나님의 영광의 빛을 켜는 법을 알게 되면, 그 영적인 빛이 계속 빛나도록 유지하는 법도 알게 된다. 이것을 열린 하늘이라고 부른 것이다! 우리는 우리의 처소 위의 하늘을 지속적으로 열어 두어 하나님의 임재에 쉽게 접속할 수 있어야 한다. 당신이 열린 하늘 아래 살면, 두어 사람만 나오던 강단 초청에 200명의 사람들이 그리스도를 영접하러 뛰어나오게 될 것이다. 이것은 손으로 톱을 잡고 나무를 자르는 것과 전기톱으로 자르는 것의 차이와도 같다. 여러 세대 동안 우리는 기름 부음을 통하여 사탄의 묶임으로부터 잃어버린 영혼들을 자유롭게 하려고 노력해 왔다. 하나님은 우리의 삶과 교회 안에 그분의 영광을 계시하심으로써 우리가 그 일을 보다 빠르고 용이하게 해 나갈 수 있도록 문을 열어 주셨다. 기름 부음은 빠르게 무리들을 이끌 수도 있으며 쉽게 무리에게 영향을 줄 수도 있다. 그러나 하나님이 직접 임하셔서 그분의 영광을 우리 가운데 보이시면 도시 전체에 영향을 미칠 수 있다!

찰스 피니의 사역은 도시 전체를 변화시키는 부흥 운동으로 유명했다. 피니의 삶 속에 거하시는 하나님의 능력으로 인해 뉴욕의 유티카 시내 전체가 극적으로 변화되었다. 그는 깊이 있는 기도 생활과 하나님과의 친밀한 관계를 사모하는 마음으로 가슴이 불타올랐던 사람이다.

피니가 1800년대 말 유티카의 직물 공장 지역을 걸어갈 때, 하나님의 임재가 너무나 강하게 나타나 그가 입을 열기도 전에 직공들은 무릎을 꿇고 회개하기 시작했다고 한다! 결국 도시 전체와 지역 사람들은 그가 담고 있는 하나님의 임재에 강한 영향을 받았다. 그것은 마치 그가 빛을 운반하고 다녀서 사람들로 하여금 갑자기 자기 자신과 하나님을 제대로 바라볼 수 있게 해 주는 것 같았다. 사람들은 그분의 임재가 가까이 다가올 때 자신은 더럽고 하나님은 거룩하시다는 것을 깨달았다! 이것이야말로 이사야의 예언이 현대에 성취된 사건이다.

> "일어나라 빛을 발하라 이는 네 빛이 이르렀고 여호와의 영광이 네 위에 임하였음이니라 보라 어둠이 땅을 덮을 것이며 캄캄함이 만민을 가리려니와 오직 여호와께서 네 위에 임하실 것이며 그의 영광이 네 위에 나타나리니 나라들은 네 빛으로 왕들은 비치는 네 광명으로 나아오리라"(사 60:1-3).

나는 그 도시에서 사역하던 중, 주최측에게 피니가 오래전 방문했던 바로 그 공장들을 방문하게 해 달라고 요청했다. 가 보니 공장은 오래전에 없어졌고 그곳에서 일하다가 하나님의 능력을 경험했던 사람들도 다 작고했다. 그럼에도 불구하고 하나님의 가능성이 아직도 그 건물들의 침묵 속에 머물러 있는 것 같았다. 나는 한 건물의 벽에 기대어 서서 눈물로 기도했다. "하나님, 저도 하늘의 문을 열어서 사람들이 제 주위에만 모여도 당신과 대면하게 되는 그런 사람이 되고 싶습니다."

누군가가 회개와 희생의 예배를 통해 값을 지불하고 하늘의 문을 열면, 하나님의 임재의 빛이 음산한 배경처럼 서 있던 사람들의 영혼을 가로질러 비춰져 모든 사람으로 하여금 이제 해방의 때임을 깨닫게 만들 것이다. 이것이 바로 이사야 선지자가 그리스도의 오심을 예언할 때 의미했던 것이다.

"흑암에 행하던 백성이 큰 빛을 보고 사망의 그늘진 땅에 거주하던 자에게 빛이 비치도다"(사 9:2).

"사망의 그늘진 땅에" 거하던 백성이 큰 빛을 보게 되면, 당신은 그 열린 하늘로 인해 순전한 하나님의 임재를 경험하게 될 것이다. 이것이 분명한 하나님의 임재이다. 어떤 도시나 나라 위로 하늘이 열리면 지상에서는 하나님의 임재에 대한 감각이 고조된다. 이것이야말로 '영적 전쟁'의 궁극적인 형태이다.

대부분의 경우, 우리가 말하는 영적 전쟁은 어린아이들이 두려움에 떨며 하나님 아빠(Daddy)를 부르는 정도로 끝나고 만다. 대적은 언제나 실체와 '희망'의 차이점을 간파하는 능력을 가지고 있었다. 사도행전에서 스게와의 일곱 아들들은 자신들도 바울이 귀신을 몰아낼 때 '사용했던 동일한 무기'를 사용할 수 있을 것이라고 생각했다. 그러나 그들은 귀신들린 자에게 두들겨 맞고 평생 수치를 당하게 되었다(행 19:14-17).

사탄과 그 졸개들은 으르렁거리는 개들과 같다. 누군가가 자신들을 두려워하면 즉시 간파한다. 아무리 그가 소리를 지르고 무기를 휘둘러도 알고 있다. 뿐만 아니라 누가 자신들을 두려워하지 않는지도 알기 때문에 그들과는 정면충돌을 피한다. 이 문제는 아마도 하나님이 정말 우리 아버지인가 아닌가와 관련이 있는 문제일 것이다. 효과적인 영적 전쟁을 하려면 관계의 기초 위에 굳건하게 서 있어야 한다.

하나님의 임재는 어둠의 세력들을 무장해제시킨다

하나님의 임재에 대한 신학 이론이 있다. 그분의 임재가 나타나면 어둠의 세력들은 사람들을 혼돈케 하는 능력을 상실한다는 것이다. 다시 말하지만, 이것은 하나님의 무소부재하심과는 달리 집중적이고 분명한 임재를 의미한다. 「하나님 당신을 갈망합니다」에서도 다음과 같이 쓴 바 있다.

"예수님의 발바닥이 거라사의 모래 해변에 닿자 그곳에 있던 귀신들린 사람이 갑자기, 귀신들의 숨막히는 손아귀에서 벗어났다 … 하나님의 발바닥이 이 땅에 딱 닿는 순간 우리는 그 발소리를 들어야 한다 … 그렇게만 되면 우리는 조그만 귀신들한테 굳이 나가라고 명할 필요도 없다."

당신의 교회나 도시 위에 하늘이 열리기를 사모해야 하는 이유는, 당신과 전쟁을 벌이고 있는 귀신의 세력들이 하나님의 임재 가운데 권세를 잃어버리기 때문이다(막 5:2-6). 일단 하나님이 등장하시면 게임이 되지 않는다! 감히 하나님께 도전하겠다는 생각조차 하지 못한다. 귀신들조차 도망갈 힘이 없어 절대자 하나님 앞에 무릎을 꿇게 된다. 그래서 우리는 하나님의 임재가 즐거이 거하실 수 있는 환경을 만듦으로써 천국의 창들을 여는 것이 중요하다.

세상이 주님을 두려워하지 않는 것은 교회가 주님을 두려워하지 않기 때문이다

분명한 하나님의 임재는 각양각색의 삶의 궤적에서 사람들을 불러 모아 주의 이름을 두려워하는 자리로 부른다. 실제로 세상이 하나님을 두려워하지 않는 이유는, 교회에 있는 우리들 대부분이 하나님을 두려워하지 않기 때문일지도 모른다. 수년 동안 기독교는 하나님의 두려움을 거의 경험해 본 적이 없었다. 그분의 능력을 한 번도 경험해 본 적이 없는 사람들이 어떻게 그분을 두려워하겠는가? 우리는 실제로 이해도 못 하면서 말하기만 좋아한다! 하지만 한 번 경험하게 되면 당신도 이해하게 될 것이다. 한 번 전기에 감전되면 영원히 지워지지 않는 기억이 남는 것처럼 하나님의 임재를 제대로 경험하면 절대 잊을 수 없을 것이다. 영적 전쟁에 대한 하나님의 관점은 우리의 관점과 완전히 다르다고 생각한다. 이사야는 이렇게 설명했다.

"서쪽에서 여호와의 이름을 두려워하겠고 해 돋는 쪽에서 그의 영광을 두려워할 것은 여호와께서 그 기운에 몰려 급히 흐르는 강물같이 오실 것임이로다"(사 59:19).

히브리어에서는 구두점을 사용하지 않는다. 특히 고문서에서 사용된 고대 히브리어에서는 더욱 그렇다. 킹제임스(King James) 시대의 번역가들도 최선을 다했지만 오늘날의 번역가들은 새로운 연구를 통해 원전의 언어에 대한 이해를 본문 해석에 추가했다.

현대 번역가들의 선호도에 따라 쉼표의 위치를 바꿔 본문을 읽으면, KJV 성경(King James Version)처럼 "대적이 급히 흐르는 하수같이 오신다"가 아닌 "대적이 올 때, 여호와의 신이 급히 흐르는 하수같이 오신다"가 된다. NIV 성경에서도 이와 같이 번역했다. "서방에서 사람들이 여호와의 이름을 두려워하겠고 해 돋는 편에서 사람들이 그의 영광을 두려워할 것은, 주의 기운이 불어와 주께서 급히 흐르는 하수같이 오실 것임이로다." 이 본문의 전체적인 초점은, 하나님의 영광이 임한다는 것 또는 분명한 하나님의 임재가 온다는 것이다.

부흥은 사탄의 왕국을 전면 공격하는 것이다

이사야 선지자의 메시지는 그 다음 장으로 계속해서 이어진다. 일어나라 빛을 발하라 이는 네 빛이 이르렀고 여호와의 영광이 네 위에 임하였음이니라 보라 어둠이 땅을 덮을 것이며 캄캄함이 만민을 가리려니와 오직 여호와께서 네 위에 임하실 것이며 그의 영광이 네 위에 나타나리니!(사 60:1-2). 이것이 바로 '하나님의 임재의 불을 켜는 것'이다.

부흥이란 본질적으로 이 땅에 있는 사탄의 왕국을 전면 공격해서 전복시키는 것이기 때문에 이제 영적 전쟁이라는 주제와 함께 이야기하는 것이 옳을 것이다. 성경에 근거하여 성도들이 성령의 인도하심에 따라 묶고 푸는 것이 있는데, 우리 대부분은 묶는 것에만 몰두한다. 마치 겁에 질린 아이들이 더러운 길거리의 개와 함께 울타리 안에 갇혀 있는 것과 같다. 우리는 사탄을 묶고 귀신들을 묶고 먹구름들도 묶고 이웃집의 시끄러운 개와 더불어 성질 나쁜 옆집 사람도 묶고 심지어는 자동차 엔진을 나가게 만드는 고장 난 점화장치마저도 묶으려고 한다. 자동차 엔진에 대해서 생각해 본 적이 없다 해도 상관없다. 바꿔 말하자면 우리는 이성과 합리적인 선을 너무 벗어나는 경향이 있다.

지상에서 뭔가를 묶어야 한다고 느낄 때마다 우리는 천상에서 뭔가를 풀어야 한다. 그 상황 가운데 예수님의 능력과 하나님의 영을 풀어 달라고 기도하지 않았다면, 사탄을 묶는 기도를 하지 마라. 하나를 묶고 다른 것을 풀지 않으면 엉킨 실타래처럼 그대로 있는 것이다. 하나님께 "하늘 문을 열어 주소서"라고 기도할 때마다 나는 또한 "지옥 문을 닫아 주소서"라고 기도한다.

예수님이 "음부의 권세가 이기지 못하리라"고 말씀하신 것은, 저들이 구원받은 자들이나 하나님의 나라에 대해서 권세를 가질 수 없다는 뜻이다(마 16:18). 하늘 문이 열리면 대적의 문에 태풍이 몰아쳐 지옥에 갈 사람들을 건져 하늘을 채우는 때가 된다. 그래서 우리는 사탄이 '음부의 열쇠'마저도 소유하지 못하게 된다는 사실을 알게 된다. 예수님께서 음부의 열쇠마저 되찾으셨다! 사탄은 자기 집의 문들조차 잠글 수 없는 것이다!

'큰 천상의 전투'에 대한 기록을 바로잡자

때로 설교자들은 천사장 루시퍼가 하나님의 존전에서 쫓겨나 지상에 떨어졌을 때, 하늘에서 '천상의 전투'가 있었다는 식으로 거대한 서사적 분위기를 만들어 낸다. 루시퍼가 천사들 중 삼분지 일과 함께 하늘에서 쫓겨났다는 것은 사실이다. 그러나 천상에서는 큰 전쟁이 없었다.

사도 요한은 기록했다. "하나님은 빛이시라 그에게는 어둠이 조금도 없으시다"(요일 1:5하). 하나님은 생각과 의도의 차이를 식별하신다(히 4:12). 그분 외에는 아무도 그렇게 할 수 없다. 어떤 것이 생각에서 의도가 되면 이미 그것은 당신이 실제 행동을 취하기 전에 죄가 된다. 그래서 예수님은 누구든지 여자를 보고 음욕을 품는 자마다 이미 선을 넘어선 것이라고 말씀하셨다(마 5:28).

루시퍼는 천상에서 예배를 관장하는 천사장이었다. 그의 마음에 만물의 근원이신 하나님보다 자기 자신을 높이려는 생각이 들어왔다. 얼마나 말도 안 되는 생각인가! 루시퍼는 당장 그 생각을 버려야 했다. 하지만 그러지 않았다. 루시퍼의 마음에 하나님의 보좌에 오르겠다는 생각이 들어가자 그는 아무 거리낌 없이 이렇게 말했다. "한 번 해 봐야겠어." 생각이 의도가 되자마자 지극히 작은 죄의 점 하나가 하나님의 영광의 광채 앞에 드러났다. 그러고는 1나노초(10억 분의 1초)도 안 되어서 그 죄의 점은 사라졌다. 지금은 사탄이 된 루시퍼에게 '전쟁'이 선포되자마자 그는 땅에 떨어졌다.

루시퍼가 천군의 삼분지 일을 규합해서 이런 말을 한 것이 아니다. "좋아, 이제 이 모든 것을 위해 싸워 보자고. 오늘 저 높으신 양반을 꺾어 보는 거야." 하나님도 어느 날 일어나셔서 이렇게 말씀하신 게 아니다. "미가엘, 가브리엘, 이제 칼을 차야겠다. 루시퍼가 내게 반란을 일으켰다. 나를 보좌로부터 몰아내려고 하니 너희의 도움이 필요하다."

어둠이 사라지는데 얼마나 걸리는가?

그러나 천상에는 우주적인 전쟁이 없었다. 하나님께서 이기고 돌아오셔서 "휴우, 정말 힘든 전쟁이었어"라고 말씀하실 만한 것이 하나도 없었다. 그런 것이 아니었다. 루시퍼의 생각이 의도의 영역으로 옮겨 가는 순간, 그 측량할 수 없는 순간에 어둠의 작은 점이 천상에 드러났고 빛이신 하나님은 즉각 그 어둠을 내쫓으셨다. 당신이 전등 스위치를 올리면 방안에서 어둠이 사라지는데 얼마나 걸리는가? 빛의 광양자들과 어둠의 원자들간에는 아무 전쟁도 일어나지 않는다. 빛이 들어오면 어둠은 눈 깜빡하는 것보다 더 빨리 사라져 버린다. 그래서 예수님이 말씀하셨다.

"사탄이 하늘로서 번개같이 떨어지는 것을 내가 보았노라"(눅 10:18).

1초도 안 되어서 루시퍼는 이름도 지위도 천상의 직분도 박탈당하고 영광으로 가득한 천상에서 빛의 속도로 쫓겨났다. 루시퍼는 빛이신 하나님보다 앞서려고 했지만 한 걸음도 떼지 못한 채 쫓겨났다. 그리고 흑암이 깊음 위에 깔렸다.

사탄은 피신처를 찾았다고 생각했지만, 하나님은 자신이 절대적인 아름다움으로 창조한 세상을 들여다보시고 그것이 혼돈하고 공허하게 된 것을 아셨다. 그래서 하나님은 "빛이 있으라"고 명하심으로써 그 문제를 해결하셨다. 하나님의 영광이 지상에 임했고 하나님의 임재로부터 빛이 창조되었다. 심지어 태양이(넷째 날 창조) 만들어지기도 전에 창조되었다!

친애하는 독자들이여, 오늘날 우리는 이와 유사한 환경을 대하고 있다. 어둠이 다시 한 번 수면을 덮고 있다. 어둠이 표면에만 영향을 줄 수 있다는 사실이 참 재미있다. 사탄은 점령은 할지언정 소유하지는 못한다. 사탄은 사물의 깊이까지 들어갈 수 없기 때문에 여기 텐트를 치고 있을 뿐이다. 사탄은 할 수 있는 한 넓은 영역을 점령하지만 그의 어둠은 단지 표면만 덮을 뿐이다. 사탄의 영향력은 넓지만 그 힘은 깊지 못하다!

나는 로스앤젤레스 시를 바라보며 교인들과 함께 나란히 서서 기도하던 때를 기억한다. 우리는 1,500만 명의 사람들이 살고 있는 주거 지역을 향해 손을 내밀고 기도하고 있었다. 그 거대한 도시는 겉으로 보기에 굉장히 어두워 보였다. 하지만 그 어둠은 그다지 깊지 않았다. 표면을 긁어내면 불빛이 다가오길 기다리고 있는, 심령이 굶주린 사람들을 금세 발견하게 된다. 당신의 도시도 마찬가지이다! 예배가 표면을 벗겨내면 굶주린 자들이 당신을 찾을 것이다! 그들은 '빛'을 따라 그 근원까지 올 것이다. 지혜로운 옛 선조들이 천상의 빛을 따라 그리스도에게까지 왔던 것처럼 말이다. 예배는 문을 열어 놓는다. 하나님의 영광이 굽이쳐 들어올 수 있는 문을 열어 놓는다. 그러면 사람들은 그 빛에 이끌리게 된다. "오 하나님, 그 빛의 스위치가 어디에 있습니까? 어디에 창문이 있습니까?"

어둠 가운데 거하는 자들을 위해 왕께 중보하는 것이 우리의 역할이다. 자기 민족의 생명을 위해 중보했던 왕비 에스더처럼 우리도 하나님의 영광이 우리 교회와 도시 위에 비추기를 원한다면 값을 치러야 한다. 여기서 하나님의 방식이 등장한다. 하나님이 빛이시기 때문에 죄는 그분의 임재 가운데 서지 못한다. 그분 안에는 어둠이 한 점도 없기 때문이다. 그러나 그분은 아담과 하와가 범죄하기 전처럼 날이 서늘할 때 당신과 나와 함께 걷기를 원하신다.

이것이 바로 영광이 인간의 육체에 행하는 일이다

물론 우리 모두는 예수 그리스도께서 보혈을 흘리사 우리의 죄의 문제를 해결하셨다는 것에 동의한다. 그러나 하나님의 영광이 예배 가운데 임할 때마다 거룩한 경외감과 두려움이 동시에 임하는 것을 보아 왔다. 심지어 그리스도의 보혈로 씻김을 받고 구원을 받고 거룩한 삶을 살고 있는 교회 지도자들도 갑자기 얼굴을 땅에 묻고 거룩하신 하나님 앞에 회개해야 할 것 같은 긴박성을 느낀다. 왜냐하면 그분의 '영광' 즉 무거운 임재가 방 안을 채우기 시작했기 때문이다. 이것이 바로 영광이 인간의 육체에 행하는 일이다. 그래서 주님의 제자들은 언제나 변화산 사건이나 천사의 등장을 통해서 새롭게 확신을 받아야만 했다. 그들도 그 영광이 그들을 죽일까 봐 두려워했었다!

그래서 하나님은 우리에게 "가까이 오라"고 말씀하시면서도 다른 한편으로는 "서두르지 말라"고 말씀하신다. 회개하지 않은 죄의 오점들이 있을 때, 하나님의 거룩한 임재 가운데 가까이 나아간다는 것은 두려운 일이다. 물론 우리는 그리스도의 보혈로 덮임을 받았다. 하지만 그렇다고 해서 하나님의 임재의 거룩을 대면할 때 새롭게 느끼는 죄와 결점에 대한 회개의 필요성을 막을 수는 없다. 그렇다면 우리는 '또 새롭게 구원받아야' 하는가? 물론 아니다! 그러나 우리는 종종 '또 새롭게 구원받는' 것 같은 느낌을 받는가? 물론이다! 이사야도 그랬고 사도 요한도 그랬다. 사도 요한은 그 발 앞에 엎드려 '죽은 자같이' 되었다!(계 1:17)[1]

예수의 보혈은 우리가 '옛 사람'의 상태임에도 하나님의 임재 가운데 들어갈 수 있도록 한다. "옛 사람이라니 무슨 말입니까?" 우리는 완벽하지 않다. 하지만 우리는 용서의 옷을 입고 사는 것

---

1) 아마도 사도 요한이 서신 상으로 이 마음을 전달할 수 있었던 최선의 구절은 "만일 우리가 우리 죄를 자백하면 저는 미쁘시고 의로우사 우리 죄를 사하시며 모든 불의에서 우리를 깨끗케 하실 것이요"(요일 1:9)일 것이다.

이다. 온전하고 죄 없으신 희생의 피로 덮여졌기 때문에 우리는 임재 안에 들어갈 수 있다. 우리는 그리스도의 보혈로 인한 새 언약 아래 있다. 하지만 다윗도 오벧에돔의 집에서 언약궤를 운반하려고 할 때, 모세와 구약의 옛 언약들이 말하는 원칙들을 지키기 위해 애를 써야 했다. 피와 연기로 제사 드리는 과정이 없었다면 예루살렘 문 안에서의 다윗의 열정적인 춤도 없었을 것이다.

다윗의 경험으로부터 배우는 것은 회개하는 상한 심령으로 드리는 진정한 예배만이 하나님이 받으실 만한 풍성한 향기를 고양시킨다는 것이다. 그리고 그 향기는 영광의 왕께서 그냥 우리의 모임을 방문하는 정도가 아니라 우리와 함께 거하시기로 결정하게 만드는 요소가 된다.[2) 주님의 영광이 마침내 예배의 문을 통해 교회와 도시 안으로 들어올 때 우리도 어릿광대처럼 춤추며 기뻐하게 될 것이다!

분명한 하나님의 임재를 모셔옴으로써 하나님의 영광의 빛을 켜는 것보다 영적 전쟁을 치르는 더 좋은 방법은 없다. 주님께서 당신의 모임 가운데 주님이 기뻐하시는 집을 재건하시도록 내어

___

2) '거하심'은 하나님의 집중적인 영광이나 분명한 임재를 말한다. 성령님은 회개하고 예수 그리스도를 구세주로 영접한 사람들의 마음 가운데 늘 거하신다. 하나님과의 이런 관계는 어떤 공로로 얻거나 '가공'해 낼 수 없는 것이다. 이것은 하나님이 주시는 값없는 선물이다. 그러나 예수님은 요한계시록 3장 20절에서 사도 요한에게 분명하게 암시하셨다. 주님은 믿는 자들의 "문 밖에 서서 두드리고" 계시다는 것이다. 그리고 누구든지 문을 열면 주님이 그에게로 들어가 그로 더불어 먹겠다고 하셨다. 오늘도 예수님은 교회의 문을 두드리고 계신다. 우리가 하늘의 문을 열고 싶은 열정으로 반응하고 간절히 구한다면, 주님은 그분의 현현의 영광 가운데 임하셔서 우리와 더불어 잔치를 벌이실 것이다.

드리라. 잘못된 결승선에서 멈춰 버리거나 그분이 지나가셨던 자리의 향기에 만족하지 마라.

그분의 임재를 향한 다급한 마음과 사모함을 내려놓지 않는다면 하늘은 열릴 것이다. 주님을 향한 당신의 사랑과 경배가 만들어 낸 은혜의 보좌 위에 주님의 현현의 영광이 임할 것이다. 이런 친밀함의 분위기와 하나님께만 헌신하는 마음 가운데 분명한 하나님의 임재가 나타난다. 주님이 주님의 영광의 빛을 켜실 때 귀신의 세력은 즉시 소멸된다. 거라사의 귀신들렸던 자가 주님을 만나거나 주님의 음성을 듣기도 전에 해방이 선포된 것처럼 포로 된 자들은 즉시로 자유롭게 되어 그들의 구원자 주님께로 달려가게 된다.

하늘이 열리고 하나님의 빛이 어둠 위에 빛나면 모든 귀신과 어둠의 일은 쫓겨난다. 왜냐하면 영광의 왕의 임재가 드러날 때 음부의 권세는 이기지도 못할 것이요 싸움도 제대로 하지 못할 것이기 때문이다. 하나님께서 천상에서 하신 것과 똑같이 당신의 교회와 도시에서도 그렇게 영적 전쟁을 수행하라. 그래서 '마귀청정지역'(a demon-free zone)을 만들라! 주님께 예배하고 기도하기를 천국의 창들이 당신의 교회와 도시 위에 활짝 열릴 때까지 하라. 주님을 예배하기를 주님의 영광의 빛이 당신 위에 임하기까지 하라.

"오 주님, 천국에서처럼 이 땅에서도 당신의 영광을 우리에게 보여 주소서!"

06

CHAPTER

절름발이(?)가 아닌 그 누구도 신뢰하지 마라
하나님의 섭리와 씨름하라

이제 하나님의 사람들에게 소름 끼칠 정도의 '좋은 집회'들은 더 이상 필요하지 않다. 이젠 우리를 '절름발이'로 만드는 하나님과의 진정한 만남이 필요하다! 하나님의 현현을 부여잡고 자신의 운명이 바뀌기까지 씨름하고자 하는 이 시대의 야곱들은 어디에 있는가? 하나님을 붙잡고 당신이 내게 축복하지 아니하시면 가게 하지 아니하겠나이다!라고 말하는 사람은 어디에 있는가?

"야곱은 홀로 남았더니 어떤 사람이 날이 새도록 야곱과 씨름하다가 자기가 야곱을 이기지 못함을 보고 그가 야곱의 허벅지 관절을 치매 야곱의 허벅지 관절이 그 사람과 씨름할 때에 어긋났더라 그가 이르되 날이 새려하니 나로 가게 하라 야곱이 이르되 당신이 내게 축복하지 아니하면 가게 하지 아니하겠나이다"(창 32:24-26).

야곱이 어떻게 전능하신 하나님께 이런 불경하고 버릇없는 말을 할 수 있었을까 의문을 갖는 사람들도 많을 것이다. 하지만 '발꿈치를 잡은 자' 야곱은 자신이 알고 있는 용어를 사용했을 뿐이었다. 그는 족장이었지 신학자는 아니었다. 열정이 있는 사람들은 교육 수준이 높은 사람들이 불가능하다고 말하는 것을 간절하게 찾는다. 야곱은 축복이 무엇인지 아는 사람이었다. 왜냐하면 그는 그의 아버지가 그의 머리에 손을 얹은 이후로 자신의 인생에 무슨 일이 일어났는지 알았기 때문이다.

"나는 압니다. 내 아버지의 축복이 내 인생을 바꿔 놓았고 모든 것을 바꿔 놓았습니다. 나는 그런 축복이 다시 필요합니다. 내가 말하는 것이 '축복'이라는 게 맞다면 내게 그것을 주십시오.

나는 축복이 필요합니다. 나는 세속적인 의미로는 이미 축복을 받았습니다. 하지만 이제는 거룩한 의미에서의 축복이 필요합니다. 당신이 내게 축복하지 아니하면 당신을 가게 하지 아니하겠습니다."

이것은 천상에서의 '파란 불꽃 특가 판매'가 아니다

우리는 하나님께 나아갈 때 마치 할인매장에 가는 것처럼 갈 때가 많다. 부흥이나 질병의 치유 또는 경제적인 축복을 원해서 갈 때 우리는 가능한 한 짧은 시간에 가장 싼 가격에 원하는 것을 얻고 싶어 한다. 당신은 어떤지 모르겠지만 나는 하나님께서 그렇게 하시는 것을 본 적이 없다. 마치 우리는 간구의 기도를 하며 무슨 천상에서의 '파란 불꽃 특가 판매' 코너를 발견한 사람들처럼 길게 줄을 서곤 한다. 그리곤 "나를 축복해 주세요"라고 말한다. 나는 하나님께서 우리의 정확한 요구에 응답해 달라고 기도하는 것이 아니라, 우리의 필요를 아시고 응답해 달라고 기도한다. 당신은 당신이 뭘 원하는지 잘 안다. 하지만 진정 당신에게 필요한 것이 무엇인지 아는가?

야곱의 이름은 문자적으로 '탈취자' 내지 '사기꾼'이라는 뜻이다. 그는 평생 거짓말을 했다. 자기 형의 장자권뿐만 아니라 아버지의 축복도 빼앗아간 사기꾼이다. 그냥 신뢰할 만하지 못하다고 말하는 정도는 과소평가이다. 하지만 야곱은 이스라엘 역사에서 가장 유명한 가문의 아들로 태어났다. 아브라함과 이삭이 자녀들에게 하나님과 만났던 이야기를 전해 주었으니 말하자면 어려서부터 '교회를 다녔던' 것이다. 야곱은 인생에서 성취해야 할 하나님의 목적에 대한 부르심을 받았다. 하지만 현재의 상태로는 신뢰할 수 없는 사람이었다. 그러나 모든 것은 한 번의 만남으로 다 바뀌었다.

"그 사람이 그에게 이르되 네 이름이 무엇이냐 그가 이르되 야곱이니이다 그가 이르되 네 이름을 다시는 야곱이라 부를 것이 아니요 이스라엘이라 부를 것이니 이는 네가 하나님과 및 사람들과 겨루어 이겼음이니라 야곱이 청하여 이르되 당신의 이름을 알려 주소서 그 사람이 이르되 어찌하여 내 이름을 묻느냐 하고 거기서 야곱에게 축복한지라 그러므로 야곱이 그곳 이름을 브니엘이라 하였으니 그가 이르기를 내가 하나님과 대면하여 보았으나 내 생명이 보전되었다 함이더라"(창 32:27-30).

아마도 야곱은 그와 씨름을 하느라 한두 시간 사투를 벌인 후에 이 정도면 복을 받을 수 있을 것이라는 확신을 가졌을 것이다. 아마도 이런 마음을 가졌을 것이다. "자, 이제 나와 씨름하고 있는 이 천상의 존재가, 이 하나님의 현존께서 입을 열 때가 되었지. '그래 좋다. 내가 너를 축복해 주마. 여기 무릎을 꿇고 앉아라. 네 머리에 손을 얹어 주마'라고." 하지만 그에게는 더 놀라운 것이 예비되어 있었다.

실패한 내 인생을 축복하지 마시고 내게 새로운 인생을 주옵소서

주께서는 손을 얹어 축복하시지 않았다. 야곱의 실패한 인생

에 또 다른 축복이 필요한 것은 아니었기 때문이다.[1] 그에게는 새로운 인생이 필요했다. 그래서 주님은 주먹을 쥐고 야곱의 허벅지 관절을 치셔서 허벅지 관절이 어긋나도록 만드셨다. 결국 야곱은 남은 평생을 절름발이로 살았다.

마침내 야곱의 형 에서가 절름발이 야곱을 만났을 때 이렇게 생각했을 것이다. '나의 장자권을 빼앗아 갔던 그 예전의 야곱이 아니구나. 예전처럼 제대로 걷지도 못하잖아. 그의 인생에 겸손이 있고 온유함이 생겼구나. 야곱이 달라졌어. 난 그를 죽일 수 없어. 야곱은 내 동생이니까.' 에서는 동생 야곱을 죽이고 싶었다. 하지만 변화된 야곱을 품에 안아 주었다. 이처럼 우리가 회개를 통해 자신의 육체를 죽인다면 한때 우리를 증오했던 사람들도 우리를 새롭게 보게 될 것이다.

아마도 야곱은 분노하는 형 에서를 자신에게 복종시킬 수 있는 그런 축복을 원했을지 모른다. 하지만 하나님은 전혀 다르게 그를 축복하셨다. 주님은 야곱을 바꾸셔서 에서가 야곱을 사랑하도록 만드셨다. 이제 교회도 바뀔 때가 되었다.

지금까지 교회는 거만한 자세로 세상을 향해 손가락질 하며 "똑바로 해"라고 말해 왔다. 그러는 동안 우리는 산상수훈의 말씀

---

[1] 대부분의 학자들은 야곱이 씨름했던 이가 예수 그리스도의 현현이었다고 본다. 주께서 야곱이 '주님과 맞잡고' 씨름하도록 허락하신 것은 그에게 하나님의 목적에 맞는 새로운 이름과 정체성을 부여해 주시기 위해서였다. 야곱은 뜻을 다해 하나님을 구하겠다는 결심으로 '이기었고' 마침내 복을 받았다.

처럼 우리 눈 속에 전봇대만 한 들보를 끼고 산 셈이다. 이제 우리는 고백해야 한다. "하나님, 당신께서 축복을 주실지 변화를 주실지 모르지만 뭔가가 일어나야 합니다. 심판의 보좌가 아니라 은혜의 보좌를 세울 수 있는 법을 가르쳐 주십시오."

감동만 받고 변화되지 않는 것에 지쳤다

이제 우리를 완전히 변화시킬 만남, 그런 하나님과의 만남이 필요하다. 나는 교회에 와서 감동만 받고 변화되지 않는 것에 지쳤다. 우리는 하나님의 임재를 바라보며 말해야 한다. "주님 제 안에 뭔가가 일어나서 완전히 변화되기 전까지는 당신을 보내드릴 수 없습니다."

하나님이 주시는 이런 변화가 있어야 옛 사람과 옛 삶의 방식들을 완전히 무너뜨릴 수 있다. 그런 변화가 일어나면 내 안에 있는 무엇인가가 죽고 더 나은 삶이 열리게 된다. 사람들은 우리가 하나님과 씨름을 하다가 지던 날 절름발이가 되고 온유한 자가 되었다는 것을 알게 될 것이다. 사람들은 말할 것이다. "나는 이 사람이 좋아. 그는 교만한 마음으로 말하는 것이 아니라 정말 마음속 깊은 곳에서 알고 있는 것을 말하고 있어." 이것이 내 삶의 좌우명이다. "절름발이가 아닌 그 누구도 신뢰하지 마라."

모든 부흥사역자는 씨름을 통과했다

던컨 캠벨은 그 유명한 헤브리디스제도 부흥을 이끈 사람으로서 '인생의 목적을 놓고 씨름했던' 사람이다. 그는 다음과 같이 말했다.

"헤브리디스 부흥이 어떻게 시작되었는지 말씀드리지요. 그것은 제가 큰 집회에 나와서 설교하며 시작된 것이 아닙니다. 시작은 제 학창 시절부터였습니다. 오래전 저는 영국에서 일어난 '믿음선교(Faith Mission)운동'에 동참한 적이 있습니다. 결혼하기 전, 저는 자전거를 타고 전 영국을 돌며 복음을 전하고 설교하며 제가 할 수 있는 최선을 다해 움직였죠. 그때가 바로 위대한 날들의 시작이었고 그때의 활동이 지금의 저를 만들어 낸 모판이었습니다. 그러던 중 저는 학교로 돌아와 학업에 집중하기로 결정했습니다. 이전에는 최고의 우등생 던컨이었지만 그때부터는 '바로 그 목사' 던컨 캠벨로 알려지기 시작했습니다."

당시 캠벨은 영국에서 가장 유명한 설교가가 되었다. 영국교계 최고의 행사는 매년마다 열리는 케즈윅 주간의 전국 집회였다. 그때만큼은 아니어도 지금도 이 집회는 계속되고 있다. 케즈윅 주간에는 최고의 명설교가들만 초대받았는데, 던컨 캠벨 목사는 매년 이 집회의 주강사로 초빙을 받았다. 그러던 중 그의 십대 딸이 던진 한마디 때문에 그는 하나님과 씨름하기 시작했다. 그리고 그의 사역은 완전히 변화되었다. 헤브리디스제도 또한 영원히 변화되었다.

왜 하나님은 예전처럼 아빠를 사용하지 않으시죠?

40대 중반의 던컨 캠벨은 자신이 최고의 전성기를 구가하고 있다고 생각하고 있었다. 그러던 어느 날 그가 서재에서 케즈윅 주간에 할 설교를 준비하고 있을 때 열다섯 살 된 딸이 찾아왔다. 딸들은 종종 무슨 말인지도 모르면서 정곡을 찌르는 말을 하곤 한다. 개인적으로 나도 어린 딸들로부터 하나님에 대한 많은 것을 깨우친다! 던컨 캠벨과 딸이 대화를 나누던 중 딸이 갑자기 질문했다. "아빠, 왜 하나님은 예전처럼 아빠를 사용하지 않으시죠?"

캠벨은 알란 빈센트에게 그때를 이렇게 회상했다. "나는 순간 혼란스러워졌네. 내가 정상가도를 달리고 있다고 생각했으니까. 딸이 그 말을 하기 전만 해도 나는 전 영국에 영향을 줄 설교를 준비하고 있었어. 적어도 그렇게 생각했지. 그래서 나는 펜을 내려놓고 딸에게 물었네. '애야, 그게 무슨 말이지?' 그러자 딸은 말했네. '아빠가 제게 말씀하셨잖아요. 믿음선교운동을 하실 때 어떤 일들이 일어났었는지 말이에요. 왜 하나님은 더 이상 아빠에게 그런 일을 일으키지 않으시는 건가요?'"

"나는 머릿속에서 서투른 변명들을 만들어 내고 있었어. 어떻게 하면 신학적으로 변명을 해서 딸아이 앞에서 체면을 유지할까 하고 말이야. 딸이 방을 나설 때까지 나는 침착한 척 했지. 하지만 딸이 나가고 난 뒤 나는 바닥에 엎드려서 '하나님, 딸의 말이 옳습니다!'라고 나는 뜨거운 눈물을 흘리며 고백했지. '하나님, 예전에 경험했던 것들을 되돌려 주신다면 무엇을 하라고 하시든지 순종하겠습니다.' 3주 후 나는 케즈윅 집회의 연단에 앉아 있었네. 나는 벌써 한차례 설교를 했고 그 다음 설교를 기다리고 있었지. 그때 하나님은 내게 말씀하셨어. '일어나서 지금 헤브리디스제도의 루이스 섬으로 가라.'"

네가 가면 내가 돌려주겠다

"나는 말했네. '하나님, 이제 설교해야 하는데요.' 그러자 다시 한 번 또렷이 들려오는 말씀이 있었네. '던컨, 네가 서재 바닥에서 내게 약속하지 않았니. 네가 경험했던 것들을 돌려준다면 내가 시키는 일은 무엇이든지 순종하겠다고 말이다. 네가 가면 내가 다 돌려주겠다.'"

던컨 캠벨은 순간 연단에서 내려와 주최측 진행자들에게 말했다. "미안합니다만 일이 생겨서 지금 가 봐야 하겠습니다." 3일 뒤 그는 루이스 섬에 도착해 있었다. 나룻배에서 내리자마자 마을 사람들에게 목사님이 계신 곳을 물어보았다. 그러자 그들은 말했다. "여기에는 목사님이 없어요. 교회만 세 군데 있지요. 두 곳은 문을 닫았고 남은 한 곳에는 나이든 할머니들만 모이는데 우편배달부가 인도하지요. 그래도 신앙 있는 사람을 찾고 싶다면 그 우체부를 찾아가 보세요."

우편배달부는 장로이자 임시 목사로서 교회를 섬기며 기본적인 일들을 해 나가고 있었다. 던컨 캠벨은 무작정 우편배달부의 집을 찾아가서 문을 두들겼다. 그러자 안에서 그가 나오더니만 이렇게 말하기 시작했다. "오, 캠벨 선생, 정시에 오셨군요. 집회는 오늘 저녁에 열리니까 차 마실 시간은 충분합니다." 차를 마시면서 우편배달부는 자세히 설명하기 시작했다. "할머니들과 함께 우리는 기도하고 또 기도했습니다. 그러던 중 하나님은 당신이 올 것이라고 말씀해 주셨죠. 6주 전에 우리는 집회가 오늘 밤부터 시작될 것이라고 포스터를 만들어 붙였습니다." 캠벨은 우편배달부에게 말했다. "저는 하나님이 저를 필요로 하지 않는다고 생각했었습니다. 하지만 하나님은 모든 것을 예비하셨군요. 하나님은 정말로 저를 원하셨군요."

던컨 캠벨은 인생의 목적을 놓고 하나님과 씨름했다. 그리고 눈물 젖은 카펫 위에서 그는 새로운 사람이 되었다. 절름발이가 된 사람만이 이른바 '헤브리디스 부흥'의 주역이 될 수 있었던 것이다. 이것이야말로 하나님께서 어떤 지역 전체에 임하실 때 어떤 일이 일어날 수 있는가를 보여 주는 좋은 예가 된다! 그날 수

천 명의 사람들이 설교 한 번 듣지 않고, 설교자의 메시지 하나 듣지 않고, 교회 건물에 발 한 번 들여놓지 않고 그리스도에게로 돌아왔다! 대중매체도 활성화되지 않았던 1세기 전에 이런 일이 일어났다. '말도 없이 가슴을 찢는' 부흥의 운동이 전 지역을 휩쓸기 시작했다. 그것은 그저 기적이라고밖에 할 수 없었다. 부흥은 포기하지 않는 예배자들의 애통하는 기도 가운데 시작되어서 던컨 캠벨이 하나님 앞에 씨름하던 날 그의 가슴속에 불타오르기 시작했다.

씨름을 마친 야곱은 패배로 인한 영원한 상급을 받았다

야곱이 하나님과의 경기에서 지는 순간(저자는 야곱이 기도 응답은 받아 영적으로는 승리했지만 육체의 씨름에서는 졌다고 해석함), 그는 자신의 힘으로 최고가 되고자 했던 사람에서 변화되어 하나님의 선택된 백성 중 1인자가 되었다. 그는 인생의 목적을 놓고 하나님과 씨름했고 씨름을 마친 뒤에는 패배로 인한 영원한 상급을 받았다. 그 시합은 자신의 유익을 위해 져야 하는 경기였다. 야곱에게는 하나님이 예비하신 목적지로 이동하기 위해 변화가 필요했다. 교회 또한 변화가 필요하다.

우리가 다음 단계로 나아가기 원한다면 우리의 초점은 하나님의 손에서 그분의 얼굴로 옮겨 가야 한다. 나는 여행을 많이 다니기 때문에 집에서 아이들과 함께 보내는 시간을 소중하게 생각한다. 한번은 집에서 쉬고 있는데, 여섯 살 난 막내딸이 흔들의자에 앉아 있는 내 무릎으로 기어올라 왔다. 그때 나는 피곤해서 신문을 읽다가 텔레비전을 보다가 하고 있었다. 하지만 막내딸은 내 시선을 사로잡기로 작정을 했는지 기어올라와 결국 그 작고 통통한 손으로 내 얼굴을 붙잡았다. 그러고는 신문과 텔레비전에서 내 관심을 돌리기 위해 짧은 발음으로 입을 열었다. "나 좀 봐도, 아빠. 나 좀 봐도."

아이는 내게 키스를 퍼부었다. 나는 아이를 꼭 껴안아 주고 다시 신문을 보려고 했다. 그러자 다시 두 손으로 내 얼굴을 붙잡더니 "나 좀 봐도, 아빠"라고 말했다. 곧 우리는 눈이 마주쳤다. 그 어린 것이 15분씩이나 내게 키스하고 껴안고 하니까 내 심장이 녹아내리는 것 같았다. 애들이 그렇게 행동할 때는 보통 뭔가를 원하기 때문이다. 그래서 나는 딸을 꼭 껴안고 물어보았다. "안드레아, 뭘 원해?" 그러자 안드레아가 말했다. "아무것도 아냐. 난 그냥 아빠만 있으면 돼."

나는 딸을 꼭 껴안아 주었다. 그러자 딸은 앙증맞은 두 손으로 내 얼굴을 만지더니 큰 갈색 눈망울로 나를 뚫어지게 쳐다보다가 갑자기 입을 내 귀에 갖다 댔다. 그러고는 명랑하게 웃으면서 말했다. "아빠, 사랑해."

이렇게 진하게 사랑 표현을 할 때는 뭔가 큰 것을 원하는 것이기 때문에 나는 또 물었다. "자, 정말 뭘 원해?" 세 번이나 딸에게 물었다. "뭘 원하니?" 그때마다 안드레아는 말했다. "아무것도 아냐, 아빠. 아빠만 있으면 돼." 결국 나는 안드레아에게 말했다. "그럼 차에 타자." 우리는 시내로 들어갔다. "우리 예쁜 딸, 뭘 원해요?" 그러자 또 말했다. "아무것도 아니라니까. 아빠만 있으면 돼."

나는 큰 장난감 가게 앞에 차를 세웠다. 그러자 안드레아의 눈빛이 반짝거렸다. 그때 나는 가슴이 녹아 있었기 때문에 그냥 매장에 들어가서 말하고 싶었다. "좋아, 우리 딸. 이 가게 절반이라도 원하면 말해. 이쪽 반 줄까 저쪽 반 줄까? 말만 해." 나는 안드레아에게 말했다. "뭐든지 갖고 싶은 거 집어 봐."

여기 오직 나만 원하는 사람은 없니?

안드레아가 뭘 집었는지 아는가? 작은 비눗방울과 막대였다. 비눗방울을 만들 때 사용하는 것 말이다. 그 순간 안드레아는 정말 아무것도 원하지 않았다는 게 명백해졌다. 딸은 정말 나만을 원했던 것이다! 딸이 나를 원했기 때문에 나는 딸에게 뭐든지 주고 싶었다. 우리는 얼마나 자주 교회에 와서 간구의 기도를 하며 이것저것을 구하는가? 그러나 하나님은 물으신다. "여기 오직 나만 원하는 사람은 없니?"

가장 높은 차원의 예배는 하나님의 손이 아니라 하나님의 얼굴을 구하는 예배이다. 주의 얼굴은 주의 은혜를 의미한다. 성경 시대에서 누군가에게 얼굴을 돌리지 않는다는 것은, 그가 사람들과 함께 있을지라도 그들에게 은혜를 입을 수 없다는 것을 의미했다. 압살롬은 이태 동안을 예루살렘에서 살았지만 아버지를 만날 수도, 얼굴을 볼 수도 없었다(삼하 14:28). 즉, 압살롬은 같은 도시에서 살았지만 왕의 보좌 앞에 들어갈 수 없었다.

하나님의 나라에 살면서도 하나님의 얼굴을 못 볼 수 있다. 계약상의 권익을 누릴 수는 있다. 소방서의 재해방지, 경찰의 치안 유지, 기간시설의 사용은 누릴 수 있다. 하지만 왕의 은혜를 입을 수는 없다. 교회는 도대체 얼마나 오랫동안 하나님의 진정한 은혜를 구하지 않고 있는 것인가? 우리는 하나님의 나라에서 살아왔고 또 우리의 것을 요구해 왔고 요구한 대로 받아왔다! 탕자가 이기적인 요구를 했을 때 아버지는 그의 요구에 응하여 그의 몫을 주었다. 하지만 그 아들이 뭘 할지 알고 있었다. 아버지의 손에서 받아낸 돈으로 아버지의 얼굴을 등지고 여행에 그 돈을 쏟아붓는 것은 축복을 악용하는 것이다. '축복'(blessing)을 '축복하시는 분'(Blesser)보다 중요하게 여겼기 때문이다!

"성숙한 사람이라면 주님의 손을 구하는 것이 아닙니다"라고 말하며 그분의 손을 내려놓고 그분의 얼굴을 구해야 한다. "저는 그저 종이 될 것입니다. 저는 당신이 계신 곳에 있기만을 원합니다." 그렇다면 우리의 예배는 뭔가를 얻어내기 위한 이기적인 섬김이 아니라 그분께 우리의 전부를 드리는 섬김이 될 것이다. "나를 축복해 달라"는 간구는 "주님을 송축하리라"는 고백이 될 것이다! 우리는 얻기 위해 드리는 것이 아니라 주님을 열망하기 때문에 다 내어드리는 것이다.

변화의 바람이 불면, 주님은 자신을 열망하는 사람들에게 권세의 반지를 끼워 주시고 축복의 의복을 입혀 주실 것이다. 그들은 이제 더 이상 주님의 얼굴 대신 주님의 손을 구하며 주님과의 관계를 통해 이익을 보려 하지 않는다는 것을 아시기 때문이다. 하나님은 우리가 '교회를 다니는' 방식도 바꾸시기로 결정하셨다. 선물 공세가 아닌 임재 체험이다! 하나님은 진정한 예배자들을 찾으신다. '선물들'(gifts)보다 '선물을 주시는 분'(Giver)을 사모하는 자를 찾으신다! 당신이 그런 사람인가? 당신은 하나님이 기뻐하시는 집을 회복시킬 사람인가?

아빠, 원하는 곳 아무 데나 앉으세요

한번은 집에서 멀리 떠나 있을 때 막내딸 안드레아와 통화를 한 적이 있다. "우리 딸, 뭐하고 있니?" "응, 나 소꿉장난하고 있어, 아빠." "아빠 자리도 지금 하나 만들어 줘. 내가 거기 있는 걸로 하고 우리 같이 차 마시자." 그러자 안드레아 말했다. "벌써 만들어 놨어.""그래? 그럼 아빠가 어디에 앉으면 되는데?" 안드레아가 말했다. "응, 잘 모르겠어. 그래서 아빠 자리를 다섯 군데 만들어 놨어." 순간 나는 가슴이 녹는 것 같았다.

"아버지, 원하시는 곳 어디에나 앉으십시오. 여기든 저기든 다 좋습니다. 다만 오시옵소서." 교회는 하나님을 너무나 사모하는 마음으로 이렇게 말해 본 적이 얼마나 될까? 나는 딸에게 말했다. "아빠가 집에 가면 같이 소꿉장난 하자."

그리고 그 말은 루이지애나 주의 한 여름에 실현됐다. 그늘에서도 섭씨 35도에 습도 95퍼센트가 되는 날씨였다. 게다가 안드레아의 조그만 플라스틱 집은 뒤뜰 뙤약볕 아래 있었다. 여행가방을 들고 문에 들어서는데 안드레아가 나타났다. "아빠, 이리와 봐." 짐도 풀지 않았지만 지켜야 할 약속이 있었다. 딸이랑 소꿉장난 할 시간이 된 것이다.

안드레아의 장난감 집은 너무나 작아서 내가 들어갈 수나 있을지, 아니면 옷처럼 입을 수나 있을지 몰랐다! 들어가서 앉자 머리가 천장에 닿았다. 그 작은 집에 간신히 몸을 꾸겨 넣자마자 딸은 작은 앞치마를 건네주면서 "입어"라고 말했다. 안드레아는 식탁까지 차려놓고 나를 기다리고 있었다. 우리는 가짜 차를 마시기 시작했다. 딸은 컵 하나를 집어 주며 "자 받아, 아빠"라고 말했다. 딸은 테이블을 돌면서 "여기는 인형 자리, 여기는 내 자리." 그리고 우리는 함께 차를 홀짝홀짝 마시는 흉내를 냈다. 안드레아가 내게 물었다. "좋아?"

"응, 좋아." 물론 뙤약볕 아래서 가짜 차를 마시느라 죽을 맛이었지만 말이다. 안드레아는 말했다. "여기, 과자 좀 드세요." 과자도 가짜였다. 그러고는 또다시 물었다. "재밌어?" 솔직히 말하자면 괴롭기 그지없었지만 딸과 함께 있었기 때문에 그것은 재미있는 것이었다. 그래서 말했다. "그럼, 우리 애기, 재밌지."

마침내 안드레아가 말했다. "아빠, 나 덥고 목말라. 큰 집에 들어가서 마실 것 좀 줘." "그래, 우리 딸." 나는 큰 집에 들어가서 딸을 진짜 식탁에 앉혀 놓고 유리잔에 얼음을 넣은 진짜 차를 부어 주었다. 그러고는 딸과 같이 차를 마셨다. 그러자 딸이 말했다. "이제 정말 티 파티를 하는 거네."

우리도 소위 '교회 다니기'를 하면서 플라스틱 집에서 티파티 놀이를 해 오고 있다. 우리는 하나님이 우리의 장난감 집 안에 들어와 갇혀 있도록 하고는 그럴 듯한 예배와 찬양으로 대접을 한다. 그러고는 하나님을 향해 말한다. "즐겁지 않으세요?"

아빠, 이제 인위적인 놀이는 지루해요

물론 하나님은 우리와 교제하기를 원하시기 때문에 "그래, 즐겁다"라고 말씀하신다. 심지어는 "그의 능력을 포로에게 넘겨 주시며" 우리와 함께 앉으신다(시 78:61). 우리와 함께 하기를 너무나 원하시기 때문이다. 하지만 하나님은 우리가 이렇게 말하기를 기다리고 계신다. "아빠, 이제 인위적인 교회 놀이는 지루해요. 진짜 교제를 할 수 있는 큰 집에 데리고 가 주세요."

나는 아무것도 변화되지 않은 채 집에 오는 것에 지쳤다. 춤추며 뛰며 돌아오는 것보다 하나님을 대면하고 절룩거리며 돌아오는 사람이 되고 싶다. 그래서 나의 인생이 뒤바뀔 수 있다면 말이다.

물론 당신은 실패감을 느끼고 싶지 않을 것이다. 하지만 어떤 실패감은 거룩한 실패감이라는 것을 깨달으라. 마치 어떤 굶주림은 영적인 굶주림인 것처럼 어떤 실패감은 하나님께서 무엇인가를 행하시기 위해서 심으시는 것이다. 이것은 내 말이 아니라 하나님의 말씀이다.

"의에 주리고 목마른 자는 복이 있나니"(마 5:6상).

영적인 굶주림과 거룩한 실패감은 목적을 뒤바꾸는 씨름 경기를 만들어 낸다. 당신은 이 경기에서 지려고 노력해야 한다. 하지만 하나님의 접촉에 놀라기까지는 버텨야 한다. 하나님의 접촉은 야곱의 힘줄을 영원히 못쓰게 만들어 놓았다. 그래서 이후로 유대인들은 고기를 먹을 때 '야곱의 힘줄' 부분은 먹지 않는다. 또한 히브리인들의 음식 규례에는 죽은 것을 먹지 못하게 한다. 그러나 하나님은 야곱의 미래를 보장하시기 위해 야곱의 인생에 '죽음' 한

줌을 심으셨다. 육체가 죽을 때 미래의 소망이 살아난다. 당신의 프로그램들이 죽을 때 비로소 하나님의 목적이 살아날 수 있다.

우리는 경험과 의식과 인위적인 장치들에 매여서 분명한 하나님의 임재를 향한 단순성을 잃어버렸다. 우리는 세례 요한의 좌우명을 절체절명으로 받아들이고 우리의 삶에서 실천해야 한다. "그는 흥하여야 하겠고 나는 쇠하여야 하리라"(요 3:30). 이제는 자신의 모습에 질려서 인생의 목적을 놓고 하나님과 씨름하며 하나님의 만지심을 기다리는 또 다른 야곱들을 일으켜야 할 때이다. 그들은 영원히 절름발이가 될지 모르나 그들의 마음은 영원히 새로운 변화를 받을 것이다.

> 오 하나님, 내 마음을 새롭게 하소서!
> 기도하오니 내 길을 새롭게 하소서!
> 당신의 지팡이를 내게 대소서!
> 당신의 길을 갈 수 있도록.

07

CHAPTER

영적 집착인가 영적 친밀함인가?
구경인가 만남인가?

하나님께서 어느 유명한 사역자에게 이런 말씀을 하신 적이 있다고 한다. "지금까지 네 사역을 잘 보아왔다. 이젠 내가 하는 사역을 네가 좀 보지 않겠니?" 지금도 그분은 교회에게 동일한 말씀을 하고 계신다.

대부분의 설교자들은 시간이 지나면서 어떻게 하면 사람들의 시선을 빨리 끌 수 있는지를 배우게 된다. 하지만 대체로 하나님께 배우는 것은 아니다. 우리는 사람의 이목을 집중시키는 법은 배웠지만 하나님의 이목을 집중시키는 법은 모른다.

물론 나도 '사람들을 움직이는' 설교를 어떻게 하는지 잘 안다. 하지만 그런 길로는 더 이상 가고 싶지 않다. 그 길로 가 보았지만 거기서 일어나는 일들은 내가 원하는 것이 아니었다. 하여

간 내가 제정신을 차리게 된 진짜 이유는 내가 하나님의 임재 가운데 망했기 때문이다. 이사야가 말했으니 나도 말해야 하겠다! "나여 망하게 되었도다"(사 6:5). 히브리 단어 그대로 '망했다'는 뜻이다. 하나님과의 단 한 번의 만남은 사람과의 만남에 대한 식욕을 감퇴시킨다. 기름 부음 받은 예배인도자들도 어떻게 하면 사람들을 끌어들일 수 있는지 잘 안다. 물론 그렇게 하는 것에 문제가 있는 것은 아니다. 하지만 진정한 예배인도자가 나타나서 하나님을 위해, 하나님의 사람들을, 하나님의 임재 가운데로 인도하려는 단 한 가지 목적으로 예배를 인도하면 어떤 일이 일어날지 궁금하다.

기름 부음이 있으면 쉽게 사람들을 모을 수 있지만, 문제는 그런 인간적인 모임에서는 하나님의 은혜를 구하려 하지 않고 사람들의 비위를 맞추려 한다는 것이다. 예수님은 보다 나은 방법을 자신의 생애를 통해 보여 주셨다. 성경은 증거하기를 예수님이 자라가며 하나님과 사람에게 더 사랑스러워 가셨다고 한다(눅 2:52). 예수님은 언제나 언제나 언제나 하나님을 최우선으로 여기셨다.

모든 사역 가운데 예수님의 유일한 초점은 아버지의 음성을 듣고 그것을 말하는 것이었다. 아버지께서 하시는 일을 보고 그것을 동일하게 하는 것이었다(요 5:30, 7:16-18, 8:28-29, 12:49-50). 그래서 예수님도, 예수님의 발자취를 따라갔던 사역자들도 무리를 많이 모으는 것에는 전혀 관심이 없었다. 당신이 전적인 순종을 통해 하나님을 기쁘시게 해 드린다면, 하나님을 향한 당신의 갈급함이 사람들을 자연스럽게 당신에게로 이끌어 올 것이다. 우리가 그런 모임을 만든다면 과연 어떤 일이 일어날까? 장담하건대 모임에 오는 사람들은 이전과는 전혀 다른 사람들이 될 것이다.

두려운 것은 철저하게 계획되고 진행되어지는 교회 예배들이나 부흥집회들은 대부분 하나님의 도우심과 허락과 임재 없이도 그럭저럭 잘 진행된다는 것이다. 끝없이 모이는 우리의 집회들을 보라. 그 열매들을 보면 이미 그 모임들은 오랫동안 그런 식으로 진행되어 왔다. 얼마나 슬픈 현실인가. 그것은 하나님을 그다지 갈급해 하지 않는 우리의 영적인 상태를 말해 준다. 그러나 하나님은 우리가 그 이상을 경험하기 원하신다.

하나님을 보여 줄 수 없으면서 보여 준다고 장담하는 것은 명백한 유혹이다

그동안 우리는 사람들을 즐겁게 하는 기술을 익히고 완성시키느라 하나님을 즐겁게 해 드리는 기술을 잃어버렸다. 앞서 말한 눈물 지대는 사람의 뜰과 하나님의 제단 사이에서 제사장적 중보기도를 하는 자리이다. 한 손으로는 하나님을 향하고 다른 한 손으로는 사람을 향하여 서는 것이다. 종종 우리는 사람을 끌어들이는 일에 집중한 나머지 하나님을 모셔 들이려는 소망과 마음을 상실해 버린다. 사람들을 자신에게 끌어당기는 순간 하나님께는 더 이상 가까이 다가갈 수 없게 된다. 그것은 하나님을 보여 줄 수 없으면서 보여 준다고 장담하려는 유혹일 수 있다.

종종 우리는 "부흥!"이라고 쓴 플래카드 아래로 많은 사람들을 모으곤 한다. 그러고는 한밤의 텔레비전쇼 사회자처럼 "하나님이 여기 계십니다!"라고 외친다. 그 판에 박힌 떨리는 목소리와 제스처로 하나님을 초대하고 하나님이 오셨다고 선언한다. 실제로 하나님이 좌정하실 자리가 없는데도 말이다. 사람들을 즐겁게 하려는 욕심 때문에 하나님을 즐겁게 하는 법을 망각한다. 은혜의 보좌는 어디에도 없는 것이다!

결국 하나님은 실제로 나타나지 않으신다. 하나님은 휘장 뒤에서(창살 틈으로. 아 2:9) 살며시 내다보시고는 그분이 거기 계시다는 것을 알려 주시기 위해 적당하게 기름을 부어 주신다. 하지만 그것은 우리의 인생 전체를 변화시키는 '다메섹 도상에서의 만남'은 아니다.

또 한 가지 문제점은 우리가 사람들의 기대감을 의도적으로 고양시키기 위해 때때로 거짓말을 한다는 것이다. 우리는 계속해서 과대한 약속만 하고 이행은 거의 하지 못한다. 앞에서도 말했지만 누군가가 일어서서 "하나님의 영광이 이곳에 임했다"라고 말한다면, 그 말의 정당성에 대해서 질문해 볼 필요가 있다. 우리는 개울

물을 가지고 급류라고 속이는 죄를 범하고 있다. 그것은 단지 우리의 공허한 상상력이 만들어 낸 것이다. 사람들이 세상에서 살다가 교회에 오면 말한다. "여기가 참 좋다. 평안해. 하나님이 계시잖아. 나는 아무 의심이 없어. 하나님이시라니까…. 그런데 하나님이 어디쯤에 계신 거지?" 그러고는 다시 나가 버린다.

하나님의 손은 '공급'하시나 하나님의 얼굴은 '만족'시키신다

하나님의 기름 부음은 우리 영혼의 주림만을 만족시키기 위한 것이 결코 아니다. 기름 부음과 기름 부음을 통해 강해진 은사들은 단지 우리를 돕고 힘주고 격려해서 기름 부음의 근원이신 하나님께로 인도하기 위한 도구일 뿐이다. 하나님의 손은 우리의 필요를 공급하시지만 하나님의 얼굴은 우리의 깊은 갈망을 만족시키신다. 그분의 얼굴을 바라볼 때 우리는 비로소 인생의 목적을 알게 되고, 그분의 사랑스런 눈빛에서 나오는 은혜를 누리며 그분의 입술에서 나오는 비교할 수 없는 입맞춤을 경험하게 된다.

하나님의 기름 부음을 경험하는 것과 하나님의 영광을 직면하는 것에는 큰 차이점이 있다. 분명한 하나님의 임재의 영광과 비교해 본다면 나는 더 이상 기름 부음에는 관심이 없다. 이렇게 말하는 것은 그래야만 기름 부음과 하나님의 영광이 갖는 엄청난 차이점을 사람들이 이해할 수 있기 때문이다.

다양한 형태로 드러나는 하나님의 기름 부음은 모두 효과적이며 하나님의 계획과 목적에 부합한다. 문제는 우리가 전혀 다른 방식으로 기름 부음을 이용하고 있다는 것이다. 즉, 우리가 하나님의 얼굴의 영광으로부터 시선과 마음을 돌려 하나님의 손에 있는 기름 부음에만 집착하게 되는 것이다. 기름 부음은 사람에게 능력과 희열을 준다. 그래서 교회 안에는 강대상 앞뒤로 '기름 부음 추종자들'이 가득 차 있다.

내 말을 믿을 수 없다면 왜 사람들이 큰 집회 때 앞줄의 '노른자 자리'에 앉으려고 서로 밀어제치곤 하는지 생각해 보라. 왜 크리스천들이 '이름은 몰라도 하여간 최고의 부흥사'가 온다고 하면 집회 장소에서 '제일 좋은 자리'에 앉으려고 야단법석들인가? 솔직히 말해서 오늘날 전국적으로 유명한 많은 설교자들은 팬클럽이 있다. 물론 본인은 그들을 팬클럽이라고 부르기가 곤란하겠지만 어쨌거나 사실은 사실이다. 이런 행동은 설교자들과 그의 팬들이 가시적인 기름 부음의 현상에만 현혹되었을 때 전형적으로 나타나는 행동이다.

값싼 영적 감동을 향한 무절제한 갈증은 '영적 집착'을 초래한다

우리는 종종 하나님의 감동을 내 삶에서 구하기보다, 다른 사람의 삶에서 일어난 감동에 대신 전율하고 싶어 한다. 당신이 사역자라면 기름 부음으로 인해 사람들이 당신에게 매료되는 것을 경계해야 한다. 물론 기름 부음의 한가운데 서 있는 것은 기분 좋은 일이다.

그러나 너무 기름 부음에만 집착하게 되면 가장 강력한 기름 부음조차도 싸구려 감동이 되고 만다. 그래서 사역자가 기름 부음에 대해 무절제한 욕심을 부리면 성도들도 기름 부음 가운데 들어가고 싶은 충동을 일으켜서 사역자나 성도 모두 강한 영적 집착을 보이게 된다. 그러면 하나님과의 만남에서 비롯되는 책임을 짊어지기보다 다른 사람이 경험한 친밀감을 구경하면서 전율을 느끼고 싶어 한다. 하나님과의 책임감 있는 관계야말로 하나님과의 개인적인 친밀감을 누릴 수 있는 가장 적합한 채널이다. 주님은 그분의 손에서 우리 영과 혼과 육에 떨어지는 축복들로 인해 우리가 정신이 혼미해지기를 원치 않으신다. 주님은 우리가 그분과 깊은 사랑에 빠지기를 원하신다!

사역자들이 자신이 받은 기름 부음을 자랑스러워 하면서도 하나님을 향한 친밀함을 구하지 않고, 사람들을 하나님과의 친밀한 만남으로 인도하지 않는다면, 그들은 영적인 자기과시에 빠질 수 있다. 왜냐하면 하나님의 얼굴을 구하고 하나님을 섬기는 것보다 개인적인 기름 부음을 자랑하는 것에 만족하고 있기 때문이다. 하나님을 구하지 않고 그저 '바라만 보는' 사람들은 하나님이 원하시는 진실한 관계는 외면한 채 영적인 '구경꾼'에 머물고 말게 된다.

그러나 일단 밀착해서 하나님의 영광을 경험하는 대가를 치르면 당신은 하나님께로부터 돌아설 수 없다. 왜냐하면 그 순간부터 당신은 하나님과 '맺어졌기' 때문이다. 모든 것을 간접적으로 경험한다면 이렇게 말할 수 있을 것이다. "하나님이실 수도 있고 아니실 수도 있지. '월례 행사'인데 그걸 내가 어떻게 알겠어."

나는 전화로 한 아이를 시켜 다른 아이에게 "아빠가 말했다"고 이야기를 전달하도록 해 본 적이 있다. 하지만 아무 효과가 없었다. 내가 "가서 동생에게 아빠가 방 좀 치우고 뜰의 낙엽 좀 쓸라고 했다고 해라" 하면 그 순간 '메신저'가 된 아이는 자신이 대단한 능력을 부여받은 것처럼 좋아한다. 그래서 달려가 그 메시지를 전달하지만 아빠가 직접 가서 말하는 것과는 전혀 효과가 다르다는 것을 알게 된다. 나는 수화기 너머로 '간접 메시지'가 전달되었을 때 아이들이 서로 "네가 내 상관이라도 되는 줄 알아?"라고 말하는 것을 듣게 된다. 우리는 어른들이지만 여전히 계속해서 이런 말을(물론 어른들의 용어로) 목사와 영적 지도자와 상관에게 하고 있다. 그런 말이 멈추려면 하늘에 계신 아버지께서 직접 나타나셔서 그분의 영광을 드러내셔야 한다.

하나님을 추구하지 않는 기름 부음을 경계하라

교회에서 설교자들이 하나님의 영광을 바라보지 않는다면, 그들이야말로 '하나님의 임재'에 최대 걸림돌이 될 수 있다. 그들은 하나님의 영광이 임하시기까지 예배하기보다는 오히려 설교하려고 든다. 그러나 만약 하나님께서 우리에게 직접 말씀 한 마디만 하신다면, 그것은 어떤 최고의 설교와도 비교할 수 없을 것이다. 마찬가지로 언제부턴가 회중도 탁월한 지도자들이나 탁월한 집회에서 흘러나오는 기름 부음에 지나치게 집착하게 되었다. 그들은 기름 부음만을 사모한 나머지 정작 하나님의 얼굴을 구하기도 전에 탈진되어 버린다.

그렇다면 왜 하나님은 그런 기름 부음에만 집착하는 설교자들에게서 은사들과 기름 부음을 거둬 가지 않으시는가? 하나님은 그렇게 일하지 않으신다. 하나님의 은사와 부르심에는 후회하심이 없다(롬 11:29). 설교자가 선을 넘어서서 기름 부음에만 집착한다 해도 하나님은 그의 은사를 제거하심으로 '거둬 가지' 않으신다. 다만 하나님은 그 사람에게서 멀리 떠나신다. 하나님은 재능보다 인격에 더 마음이 있으시기 때문이다.

인격은 날로 쇠해지고 재능이나 은사들만 지속된다면 그 사람은 얇은 얼음 위를 걷는 것과 마찬가지이다. 결국에는 얼음이 깨져 버릴 것이다. 하나님의 영속적인 임재로부터 분리되는 영적 은사는 시간이 지나면 약화되기 마련이다. 그래서 교회 안에 많은 큰 교파들이, 한때는 견고한 진리와 하나님과의 진실한 체험에 기초하여 시작됐지만 오늘날처럼 쇠약해진 것이다. 그렇다면 왜 영적으로 파산된 사역자들은 첫사랑으로 돌아가지 않는가? 그것은 자신의 개인적인 삶이 회중 앞에서의 기름 부음을 따라가지 못함을 알면서도 여전히 사람들 앞에 서기 원하기 때문이다.

실체와 그림자를 혼동하지 마라

일차원적인 표현과 실제로 본체가 나타나는 것은 천지차이라는 점을 기억하라. 우리는 인위적인 것들을 하나님의 완전한 현현인 것처럼 추구해 왔다. 어떤 사람들은 영적인 얘기를 하면서 자신들이 현장에 있었던 것처럼 말하지만 실제로는 그냥 들은 얘기를 할 뿐이다. 자신은 진정 하나님을 만난 경험이 없으면서 하나님에 대해서 설명하는 것은 평면적이고 일차원적인 수준에 머무는 것이다. 이것은 당신이 사랑하는 자녀의 사진을 보는 것과 그아이의 등을 직접 토닥거리는 것의 차이와 같다.

교회는 사람들의 칭찬이 기름 부음의 진정한 목적이 아님에도 불구하고 그것을 지나치게 좇아감으로써 기름 부음을 곡해하고 변질시켰다. 하나님께서 모세에게 처음으로 기름 부음에 사용할 관유를 소개해 주실 때 하신 말씀이다.

"그것으로 거룩한 관유를 만들되 향을 제조하는 법대로 향기름을 만들지니 그것이 거룩한 관유가 될지라 너는 그것을 회막과 증거궤에 바르고 상과 그 모든 기구이며 등잔대와 그 기구이며 분향단과 및 번제단과 그 모든 기구와 물두멍과 그 받침에 발라 그것들을 지극히 거룩한 것으로 구별하라 이것에 접촉하는 것은 모두 거룩하리라 너는 아론과 그의 아들들에게 기름을 발라 그들을 거룩하게 하고 그들이 내게 제사장 직분을 행하게 하고 이스라엘 자손에게 말하여 이르기를 이것은 너희 대대로 내게 거룩한 관유니 사람의 몸에 붓지 말며 이 방법대로 이와 같은 것을 만들지 말라 이는 거룩하니 너희는 거룩히 여기라"(출 30:25-32).

한 본문에서 "기름을 바르라"는 말과 "사람의 몸에 붓지 말라"는 말은 성경 말씀이 서로 상충되는 것 같지만 그것은 구별되지 않은 몸에 붓지 말라는 뜻이다! 하나님께 헌신하여 자아를 죽인 육체는 기름 부음을 받을 준비가 되어 있다.

시편 133편에서도 관유를 어떻게 사용했는지 좋은 용례를 보여 준다. "머리에 있는 보배로운 기름이 수염 곧 아론의 수염에 흘러서 그의 옷깃까지 내림 같고"(시 133:2). 이스라엘 사람들은 관유를 만들 때 1리터 정도를 만들었다. 왜냐하면 무엇인가에 기름을 부을 때 그들은 기름을 부어서 푹 젖게 하고 때로는 뿌리기도 했기 때문이다. 대제사장 아론의 모습을 상상해 보라.

성인의 머리에(아마도 당시에는 머리가 그다지 짧지 않았을 것이다) 부은 기름이 수염에 흐르고 의복에 흘러내려서 옷자락을 타고 발까지 떨어지게 하려면 얼마나 많은 기름이 필요하겠는가? 물론 정확히는 모르겠지만 한 가지 장담할 수 있는 것은, 당신의 교회에서 하나님이 동일한 일을 재현하신다면 카펫을 다 적셔 버리실 것이다.

나는 '하나님의 개입하심'이 곳곳에서 드러나는 그런 정신없는 예배를 드리고 싶다. 하나님이 사람에게 기름을 부으실 때는 그분의 향기로 우리를 완전히 잠그셔서 하나님만이 다가서실 수 있도록 하신다.

이것이 '초대교회 예배'의 현장이었다. 사도행전 2장을 읽어 보라. 제자들이 성령에 취하여 다락방에서 비틀거리며 나왔을 때, 왜 사람들은 그들이 만취했다고 비난했는가 생각해 보라. 그 예배가 구도자에게 우호적인 예배였는가? 베드로는 논리적인 법조인이나 권위 있는 통치자처럼 사람들의 비난에 맞서서 말했다. "보십시오. 아직 대낮입니다. 술집들이 문을 연 것도 아닙니다. 우리에게 무슨 냄새가 나는지 맡아 보십시오." 구도자에게 우호적이었는지 아니었는지는 모르지만, 초대교회의 성령 충만한 120명의 성도들이 그들을 초대하자 3천 명이 그리스도께 나아왔다.

이런 사건이 우리의 예배 중에도 일어나는 것을 보아야 하지 않겠는가. 나는 하나님의 기름 부음이 우리를 난파시키고 우리 교회를 난파시키는 장면을 보고 싶다. 사람들이 온몸에 기름을 뚝뚝 흘리며 예배당에서 비틀거리며 나오는 모습을 보고 싶다. 그때 우리 모두는 제정신으로 보이거나 정상적으로 보이지 않을 것이다. 물론 '구도자에게 우호적으로' 보이지도 않을 것이다. 하지만 하나님이 등장하셨기 때문에 그런 예배가 가능할 수 있었다는 점을 기억하라. 어느 쪽을 선택하겠는가? 깨끗한 카펫인가 깨끗한 마음인가? 단정한 머리인가 기름 범벅이지만 향기로운 머리인가?

우리는 회개하는 마음 대신 평정심을 가지려고 한다

놀라지 마라. 세상은 '정상적인 교회'에 싫증이 나 있다. 그러나 이것이 우리의 있는 모습 그대로일지도 모른다. 이대로는 사명을 완수한 것이 아니다. 그렇다고 정신없는 광신자 무리가 되자는 얘기가 아니다. 다만 우리에게 가장 큰 유혹은 회개하는 마음 대신 평정심을 유지하고 싶은 마음이다.

우리는 서야 할 곳에 서지 않고 해야 할 일을 하지 않는다. 왜? 우리가 유지해야 할 명성이 있다고 생각하기 때문이다. 하나님은 당신의 명성과 아무 상관없으시다. 왕이신 주님께서 스스로 모든 명성을 버리시고 종의 형체로 오셔서 하신 일들을 묵상해 보라

(빌 2:7). 주님의 얼굴을 구하려면 당신의 체면을 포기하라. 주님의 신성을 사모하려면 당신의 명성을 내려놓으라.

솔직히 우리에게 필요한 것은 우리의 평정심을 깨뜨리는 뜻밖의 예배 가운데로 들어가는 것이다. 그래야만 하나님께서 뭔가를 열어 놓으실 수 있다. 다시 말하지만 주님의 신성을 사모하려면 당신의 명성을 내려놓으라. 하나님의 사람들이 교회나 도시에서 하늘이 열리는 것을 보기로 작정했다면 그들은 하나님의 의도를 잉태한 것이다. 하늘의 거룩한 모체가 열려 하나님의 영광을 드러내는 순간, 사람들은 필연적으로 '분만실' 장면을 연출하게 될 것이다.

당신이 한 번도 분만실에 들어가 본 적이 없다면 내가 말해 주겠다. 분만실은 평정심과는 전혀 상관없는 장소이다. 나는 직접 목격자가 되고 아내는 참가자가 되어 분만실에 들어갔었기 때문에 안다. 첫 번째 내가 배운 것은 여자는 생명을 잉태하기 위해서 죽음의 문을 통과한다는 것이다. 마찬가지로 갈보리 언덕은 평정심과는 아무 상관없는 장소이다. 갈보리는 생명을 잉태하기 위해 피 흘린 언덕이다. 그곳에서 하나님의 아들이 죽음의 문턱을 넘어서며 우리에게 새로운 생명을 허락하셨다.

우리는 십자가를 살균 처리하고 헌신의 대가를 감소시킨다

'명성 있는 교회'에서는 '구원 패키지 상품'을 팔려고 한다. 회심자들이 아주 깔끔하고 세련된 행사에서 앞으로 걸어 나와 누군가와 악수하고 들어가기만 하면 되는 행사를 마련한다. 그런 교회들은 보이지 않는 곳에서 흐르는 눈물을 닦아 주기 위해 손수건까지 제공해 줄지 모르겠다. 물론 그렇게 하려는 의도에 대해서는 이해한다. 하지만 나는 본래 우리의 구원이 어떻게 이루어졌는지에 대한 가슴 아픈 영상을 가지고 있다. 심하게 두들겨 맞은 주님이 피에 절은 옷을 입고 서 있는 장면을 지울 수가 없다. 우리는 혹시 십자가를 살균 처리하고 헌신의 대가를 감소시키려 하지 않는가? 주님은 벌거벗은 채 죽으셨다. 모든 체면을 다 포기하신 채 고통 가운데 죽어 가셨다! 주님은 자신의 체면을 포기하셨는데 우리는 여전히 우리의 체면을 유지하려고 애쓴다.

하나님은 우리에게 적극적으로 구애하시지만 우리는 상황이 그대로 가면 너무 복잡해진다고 생각한다. 그래서 부흥을 살균 처리해 깔끔하고 세련된 패키지에 간단하게 진공 포장하여 대량 생산품처럼 사람들에게 제공하려고 한다. 인간의 자존심을 건드리는 말이겠지만, 하나님께 편안한 것들 중에 사람에게는 도저히 불편해서 어쩔 수 없게 만드는 것들이 있다.

누군가 자기 어깨에 짐을 지고 말할 사람 없는가? "내게 기름을 부으사 내 머리가 온통 기름 범벅이 되고 내가 손대는 모든 것에 기름이 떨어지게 하옵소서. 당신의 임재로 나를 덮으사 내가 가는 곳마다 기름 범벅이 되게 하소서. 내 모습이 변해도 상관없습니다. 당신의 터치로 나를 무능력하게 만드사 나로 절름발이가 되게 하소서. 그러면 내 형제들이 나를 보는 방식도 달라질 것입니다. 내게 기름을 부으소서!"

"주여, 내가 다락방에서 비틀거리며 나와 길거리로 나서게 하소서." 그렇다면 '분만실'이라고 할 수 있는 저 다락방에서 흥분한 제자들이 튀어나와 온 세상을 변화시키지 않았는가!

지름길은 잊어버리라 : 중요한 것을 중요한 것으로 간직하라

부흥이나 하나님의 영광의 계시를 향한 지름길을 찾느라 고생하지 마라. 하나님을 찾고 싶다면, 제자들이 2천 년 전에 성령님을 향해 부르짖고 갈망하고 사모하고 바라보았던 것처럼 당신도 그렇게 하라. 부흥에는 새로운 방법도 새로운 길도 없다. 이제 물장난은 그만하고 본래 하나님의 처방법을 재발견하라. 우리는 너무나 오랫동안 부전공을 전공하느라 하나님만 사모하는 열심을 잃어버렸다. 나의 아버지가 내게 가르쳐 준 지혜로운 말을 당신에게 들려주고 싶다. 중요한 것은 '중요한 것을 중요한 것으로 간직하는 것'이다. 중요한 분은 주님이시다. 중심되는 그리스도이시다!

아가서는 기름 부음의 진짜 목적을 알려 주고 있다. 신랑은 신부에게 찾아가서 말한다. "네 사랑은 포도주보다 진하고 네 기름의 향기는 각양 향품보다 향기롭구나"(아 4:10하). 진정한 기름 부음이 있을 때 하나님은 신부인 교회에게 말씀하신다. "네가 나에게 발하는 향기가 나의 마음을 황홀하게 하는구나." 성도들의 기도와 찬양과 예배에는 하나님의 마음을 움직이는 향기로운 기름 부음이 있다.

우리의 기름의 향기와 찬양의 제사를 수평적으로 향하지 않고 수직적으로 하늘을 향하면, 그때 우리는 하늘이 열리는 것을 볼 것이다. "기름을 붓다"는 말이 구약에서는 131번 이상 나오며 신약에서는 18번 나온다. 신약에서 기름 부음은 몇 가지 다른 의미들을 갖고 있다.

1. 신약에서 예수님에게 기름을 붓는 것은, 예수님이 하나님의 어린양이자 거룩한 제물로 그분의 사역과 죽음과 장사를 구별하는 의미이다(막 14:8, 16:1 ; 눅 7:46).

2. 때로는 사람에게 능력을 주어 사람들 가운데 하나님의 일을 하도록 만드는 의미가 있다. 또는 왕이 하나님의 권세로 다스리도록 하는 의미이다(눅 4:18 ; 행 10:38).

3. 때로는 사람들을 향한 하나님의 인증을 의미한다(고후 1:21).

4. 기름 부음은 하나님의 능력을 드러내어 치유와 구원을 이룬

다. 하나님의 힘을 어느 정도 빌려 사용함으로써 하나님께 다시
금 영광을 돌려드리는 것이다(막 6:13 ; 약 5:14-15).

5. 좀 드문 경우이지만, 하나님께서 기름 부음 받은 사람들을
예수님처럼 하나님의 의와 사역에 전적으로 헌신할 수 있도록
구별하고 축복하는 의미이다(히 1:9).

6. 사도 요한의 서신에서는 예수님이 우리에게 주셔서 우리 안
에 거하고 모든 것을 가르치시는 은사를 의미한다(요일 2:27).

우리는 멋진 향을 내고 싶어서 기름 부음만을 우상처럼 섬긴다

구약과 신약에서 기름 부음의 주된 목적은, 사물이나 사람을
구별해서 하나님이, 때론 왕이 받으실 만하게 만드는 것이었다.
하지만 안타깝게도 우리는 다른 사람들에게 멋진 향을 내고 싶어
서 기름 부음만을 우상처럼 섬기고 있다.

에스더서 2장에 보면 바사 제국의 아하수에로 왕의 왕비가 술
에 만취한 연회장의 손님들에게 나오라는 명령을 거절한다. 그러
자 왕은 새로운 왕비를 찾기 위해 전국을 수소문하기 시작한다.
에스더라는 유대인 처녀도 왕의 후궁이 되기 위한 후보자들 중 하
나로 선발된다. 에스더와 다른 신부감들은 "왕과 하룻밤을 보내기
위해 1년을 준비한다."

에스더도 왕과의 하룻밤을 위해 자신을 예비하고 정결케 하려

고 여섯 달은 몰약 기름을 쓰고 여섯 달은 다른 향품들을 썼다. 후보자들 가운데 단 한 사람을 제외하고는 한 번 왕을 본 뒤로는 다시는 왕을 만날 수 없었다. 성경은 말한다.

> "왕이 모든 여자보다 에스더를 더욱 사랑하므로 그가 모든 처녀보다 왕 앞에 더 은총을 얻은지라 왕이 그 머리에 관을 씌우고 와스디를 대신하여 왕후로 삼은 후에"(에 2:17).

에스더는 또한 "모든 보는 자에게 사랑"을 받았다(에 2:15). 일 년 동안 향유로 몸을 적셨다면 에스더에게서 얼마나 아름다운 향이 났을지 상상해 보라. 향은 그녀의 옷과 피부와 머리에서 그윽하게 묻어나고 있었다. 그녀는 가는 곳마다 향기의 구름을 만들어냈다. 그것도 값진 몰약 향이 흘러넘쳤다. 그녀가 궁을 가로질러 갈 때 궁 안에 있는 모든 남자가 눈이 휘둥그레져 말했을 것이다. "저기 봐! 에스더야."

에스더는 왕의 인정만을 구했다

그렇다고 에스더가 그들에게 눈길 한 번이나 경박한 윙크를 보냈겠는가. 에스더는 남자들의 인정을 받고 싶어서 그렇게 오랜 기간 동안 향유를 사용했던 것이 아니다. 에스더는 왕의 인정만을 구했다. 그렇다면 그리스도의 신부인 교회도 마찬가지 아닌가? 우리는 하나님의 기름 부음을 받지만 그것으로 왕에게 환심을 사려는 것이 아니라 왕의 뜰에 있는 사람들에게 환심을 사려고 하지 않았는가? 모세 시대에 기름 부음은 하나님의 성물을 구별하고 성별하는 용도나 사람을 구별하는 용도로만 사용되었다. 다른 것에 기름을 붓는 것은 죄였다. 그런데 오늘날 너무나 많은 사람들이 사람의 환심을 사기 위해 하나님의 기름을 성별되지 않고 회개하지 않은 육체 위에 함부로 붓고 있다. 안으로는 근본적으로 회개하지 않은 교만한 마음이 썩어서 냄새가 나도, 겉으로는 깨끗한 육체 위에 기름을 부으면 좋은 냄새가 잠시 난다.

당신이 만약 설교자이거나 교사이거나 예배인도자이거나 지역 사회에서 책임 있는 자리에 있는 사람이라면 하나님의 귀한 기름을 사람들의 인정을 얻기 위해 남용하지 마라. 기름은 왕을 위해 신부를 예비하는 데만 사용하라.

기름 부음의 목적은 하나님과 사람을 거룩한 연합 가운데 만나게 하기 위함이다. 모세는 기름 부음과 영광의 차이를 알았다. 모세도 하나님께 기름 부음을 받았다. 기름 부음을 통해 기적과 이사를 행할 때의 감동을 알고 있었다. 모세는 좋은 것을 갖고 있었지만 하나님께 최고의 것을 구했다.

"원하건대 주의 영광을 내게 보이소서"(출 33:18).

고백하건대 나도(물론 내 사역을 모세의 사역과 견주는 것은 아니지만) 모세와 동일한 심정이다. 기름 부음 가운데 드러나는 하나님의 능력의 증거는 더 이상 충분하지 않다. 주님의 손에 있는 은사들과 축복들, 그리고 식량들은 감사한 것이지만 나는 그 이상을 원한다. 나는 '그분'을 원한다. 나는 그분의 손 안에 있는 축복들보다도 그분의 영광을 보기 원하며 분명한 그분의 임재 가운데 거하기를 원한다.

모세처럼 우리도 하나님의 무소부재하심과 기름 부음을 지나서 하나님의 영광으로 나아갈 기회가 있다. 우리 영혼은 구원과 동시에 새로운 피조물로 변화된다. 하지만 여전히 죄로 얼룩진 우리 몸과 헝클어진 영혼 가운데 하나님이 그분의 빛나는 영광을 보이시려면 무엇인가가 필요하다. 예수님의 보혈이 우리 죄를 덮어서 우리를 사망으로부터 보호한다. 하지만 하나님과 더 친밀한 관계로 들어가려면 상한 심령으로 예배하며 향기로운 구름을 만들어 내야 한다.

하나님의 영광은 보혈로 얼룩진 회개의 문 뒤에 머물러 있다

모세는 그의 육신이 죽기까지 하나님의 영광을 볼 수 없었다. 신약에서 죽음에 상응하는 말은 회개이다. 내키지 않는 말일지 몰라도, 하나님의 영광은 보혈로 얼룩진 회개의 문 뒤에 머물러 있다. 분명한 하나님의 임재의 영광 가운데 들어가기 원한다면 우리는 회개라는 문을 통과해야 한다.

우리는 예수님을 영접하던 날 회개는 다 끝났다고 주장하며 회개하기를 회피한다. 물론 주님은 십자가에서 주님의 역할을 감당하셨다. 하지만 당신과 나의 역할은 끝나지 않았다. 회개는 그리스도를 따르는 모든 제자의 매일의 삶에서 지속적으로 요구되는 것이다. 그래서 예수님이 말씀하셨다.

"아무든지 나를 따라오려거든 자기를 부인하고 날마다 제 십자가를 지고(날마다 회개를 통해 자신을 죽이고) 나를 따를 것이니라"(눅 9:23).

우리는 설교단 뒤에 거룩하게 서서 죄로 물든 세상을 손가락질하며 사람들에게 회개하라고 명령한다. 그러나 교회에서도 세상과 똑같은 문제들을 겪으면서 어떻게 세상을 향해 회개를 촉구할 수 있겠는가. 우리는 금세라도 가루가 되어 버릴 위선의 거짓된 강단에 서 있는 것이다. 교회는 더 이상 회개하라고 지시하면 안 된다. 우리는 회개를 삶으로 보여 주어야 한다. 우리는 우리의 몸으로 회개를 끌어안고 살아야 한다.

하나님이 그분의 기름 부음을 통해 우리를 훈련하시고 정화시키시고 치유하시고 그분의 분명한 임재를 위해 준비시키시는 것은 바사 왕의 시종이 왕을 위해 에스더를 예비했던 방식을 기억나게 한다. 결론적으로 기름 부음은 우리로 하여금 하나님의 제단에 나아가 회개하도록 이끈다. 반면 회개는 우리를 하나님의 영광으로 인도한다.

기름 부음은 우리가 받는 것이요, 영광은 그분의 것이다

당신이 기름 부음을 받았다면 당신의 설교에도 기도에도 사역에도 예배에도 탁월함과 자유함이 있을 것이다. 그러나 그것이 하나님의 최종 목표는 아니다. 기름 부음이 하나님께서 우리에게 주시는 것이라면, 영광은 전적으로 우리가 그분에게 올려드리는 것이다. 기름 부음은 주님이 주님의 뜻을 행하실 수 있도록 우리에게 부으시고 덮으시고 넘치게 하시는 것을 말한다. 때로 우리는 에스더의 경우처럼 친밀함을 위해 '향수'를 사용하는 것과 같다.[1] 하나님의 기름 부음이 당신 위에 머물 때는 무엇을 해도 '잘'하게 된다. 설교하든 찬양하든 간증하든 안내하든 기도하든 자모실에서 아기들을 돌보든지 상관없다. 기름 부음이 임하면 당신의 은사와 재능과 소명에 하나님의 능력이 임한다. 그렇지만 기름 부음은 여전히 육체 위에만 머문다.

---

1) 이와 같은 해석은 기름 부음에 대한 구약의 히브리어 '쉐멘'과 신약의 헬라어 '알레이포'의 용례에 근거한다. 영광이라는 단어(히브리어 '카보우드', '카보드')는 언제나 하나님 자신의 무거운 임재를 의미한다. 그 영광을 보거나 경험할 수 있는 유일한 방법은 하나님 자신이 그 집에 나타나시는 길밖에 없다.

그러나 영광은 다르다. 하나님의 영광이 임하면 당신은 순식간에 "아무 육체라도 하나님 앞에서 자랑하지 못하게 하려 하심이라"는 말씀을 명확히 이해하게 된다(고전 1:29). 이 구절에 대한 보다 직설적인 번역을 하면 다음과 같다. "아무 육체도 하나님의 얼굴 앞에서 영광을 누릴 수 없다."[2] 개인적인 경험에서나 성경의 증거에서 확신하는 것은, 영광이 임하면 당신의 육체는 아무것도 할 수 없다는 것이다. 당신은 사람들이 성경에서 '하나님과의 대면'을 경험할 때 보통 엎드러졌다는 사실을 발견했는가? 그들에게는 다른 동작이 불가능했기 때문이다.

하나님의 기름 부음과 하나님의 영광의 차이는 정지 상태에 있는 전기의 작은 불꽃과 머리 위에서 지나가는 440볼트짜리 전력의 차이와 같다! 우리는 하나님의 약속의 카펫 위에서 열심히 발을 부비며 서로에게 기름 부음의 작은 불꽃들을 나눠주지만, 정작 하나님은 440볼트짜리 영광으로 우리를 놀라게 하기 원하신다는 사실은 모르고 있다. 전자도 당신을 조금은 짜릿하게 해 줄 것이다. 그러나 후자를 경험하면 당신은 죽든지 아니면 영원히 인생이 변하든지 할 것이다.

---

2) 이런 확장된 해석은 고린도전서 1장 29절에서 '앞에서'라고 번역된 헬라어 '에노피온'이라는 단어를 직역할 때 가능하다. 그것은 하나님의 '면전에서'라는 뜻이다.

기름 부음 자체가 일을 성취해내는 열쇠는 아니다

나는 하나님의 기름 부음을 사랑하며 우리에게 허락하신 모든 선한 은사로 인해 감사한다. 하지만 하나님의 최선의 선택은 우리가 기름 부음을 주시는 그분의 손을 구하기 전에 은혜를 주시는 그분의 얼굴을 구하는 것임을 확신한다. 나는 어려서부터 일주일에 5일 동안 다양한 예배를 드리며 교회에서 거의 평생을 살았다. 개인적으로 기름 부음 가운데 설교하고 찬양한 것을 생각하면 인생을 두 번 산 분량 정도일 거라고 감히 말할 수 있다. 물론 그것은 좋고 감동적이었지만 고백할 것이 있다. 기름 부음 자체가 일을 성취해내는 열쇠는 아니다. 우리는 분명한 하나님의 임재를 세상 가운데 보여 주어야 한다.

하나님은 하나님 자신만을 바라보는 교회를 원하신다

좋은 것과 최선의 것을 구분하지 못하면 거래에서 손해를 본다. 에스더는 왕의 뜰에 있는 사람들의 칭찬을 포기하고 왕의 은혜를 구했다. 결과적으로 왕은 에스더의 적 앞에서 그녀에게 말했다. "그대의 소청이 무엇이뇨 곧 허락하겠노라 그대의 요구가 무엇이뇨 나라의 절반이라 할지라도 시행하겠노라"(에 5:6하). 하나님은 하나님 자신만을 바라보는 교회, 그런 신부를 찾고 계신다. 그런 신부를 찾으시면 하나님은 기꺼이 그 도시의 열쇠를 주시고 그

나라의 생사를 허락하실 것이다.

사람들을 모아 교회를 성장시키기 위해 거룩한 기름 부음을 값 싸게 전락시키는 실수를 저지르지 마라. 이렇게 기도하라. "나는 당신의 선물들보다 당신의 임재를 더욱 원합니다. 나는 성장보다 '영광'을 갈망합니다." 이것은 이단이 아니다. 성경 어디를 봐도 하나님께서 교회의 규모에 대해 걱정해서 뭔가를 하셨다는 기록은 한 구절도 없다. 모든 것이 제대로 돌아가면 교회가 성장하는 것에 대해 걱정할 필요가 없다. 오직 진실하게 그분을 사모하라. 기름 부음으로 당신 자신을 향기롭게 하고 주님을 향한 열정적인 예배 가운데로 들어가라. 누가 왔는지 안 왔는지 신경 쓸 필요가 없는 그런 예배 가운데로 들어가라.[3]

눈을 들어 사모하라. 하늘 문을 활짝 열어서 주님의 영광이 당신의 도시와 나라 위에 임하게 될 것을 바라보라. 기름 부음을 사람들을 향해 수평적으로 사용하는 교회와 하나님의 은혜를 구하기 위해 수직적으로 사용하고 있는 교회는 쉽게 구분된다.

영광으로 가득한 하나님의 발자국이 문턱을 넘어 들어오는 것을 바라보라. 그 교회들은 이미 하나님의 방문을 경험하고 있다.

---

3) 이 말은 당신이 하나님을 섬기는데 초점을 맞추고 있을 때 해당되는 말임을 기억하라. 그렇다고 해서 사람들에게 무정하거나 무심하거나 '더 깊은 예배'를 빙자하여 지도자들에게 불순종하는 것을 옹호하는 것은 결코 아니다. 나는 소위 '마리아와 마르다'의 균형을 말하는 것이다. 두 여인은 모두 바른 일을 하고 있었다. 다만 마르다는 주님이 집에 들어오셨을 때 모든 것을 내려놓고 주님을 바라봐야 했다. 반면 집에서 섬기고 예비하는 실제적인 일들도 반드시 필요하고 합당한 일이다.

08

CHAPTER

그날 천상에서는 음악이 멈췄다

음악이 회복될 날이 올 것이다

내 어린 시절 친애하는 B자매는 이해할 수 없는 인물이었다. 할아버지와 아버지는 루이지애나 주에 있는 한 교회에서 공동 목회를 하셨다. 예배 중에 영적인 기상도가 좀 힘들어질 때면 그들은 잠시 상의한 뒤 언제나 B자매에게 찬양을 불러 달라고 요청하곤 했다.

나는 도무지 그런 결정이 이해가 되지 않았다. 왜냐하면 B자매의 목소리는 불협화음을 내는 피리소리 같았기 때문이다. 나를 비롯해서 다른 아이들도 그녀의 노래를 참을 수 없었다. 그래서 늘 뒤에서 그녀를 놀리곤 했다. 그것은 지혜롭지 못한 행동이었다. 하나님의 임재로 인해 농부가 왕자가 될 수 있다면 하나님은 세상에서 B자매 같은 사람들도 사용하실 수 있다는 것을 그때는 몰랐기 때문이다.

복음 사역자로서 '언약궤'가 없이 드려지는 수많은 집회에 갈 때마다 얼마나 마음속으로 'B자매가 있었으면' 했는지 모른다. 아버지와 할아버지는 자신들이 무엇을 하는지 아셨다. 그들이 그 자매에게 도움을 요청한 이유는, 그 자매가 노래를 부르기 시작하면 사람들의 눈에 눈물이 흐르고 얼어붙은 예배가 녹아내리기 시작했기 때문이다. 무슨 이유에서인가 B자매가 일어나 하나님께 찬양하기 시작하면 하나님의 임재가 갑자기 강하게 임했다.

우리는 그녀의 노래를 싫어할지 몰라도 하나님은 분명히 그녀의 선율을 좋아하셨다. 그래서 그녀의 높은 음조가 육신의 귀에는 거슬릴지라도 아무 상관이 없었다. 변화를 일으키는 것은 그녀의 부족한 음악 실력이 아니라 그녀의 가슴으로부터 뿜어져 나오는 흠없이 아름다운 선율이었다.

그녀가 일어서서 노래를 부를 때면 언제나 하나님의 임재를 느낄 수 있었다. 그녀의 목소리와 하나님의 임재 사이에는 아무런 눈에 띄는 연관성이 없었다. 육신의 눈과 귀로는 도저히 감지할 수 있는 연관성이 없었다. 하나님을 세상과 동떨어진 우리의 작은 교회당에 끌어당기는 아름다운 선율은 세상 사람의 귀로는 들을 수 없지만 오직 속사람의 '귀'로만 들을 수 있다. 그것은 마음의 영적인 청취 기관이다. 이것이 바로 예수님께서 말씀하신 것이다. "귀 있는 자는 성령이 교회들에게 하시는 말씀을 들을지어다"(계

2:7). 예수님은 우리의 이성으로 감지할 수 있는 신체상의 부속 기관에 대해 말씀하신 것이 아니다. 하나님께서 말씀하시고 속삭이실 수 있는 영적인 청취 기관을 언급하신 것이다.

하나님은 그녀의 자장가를 한 소절도 놓치고 싶어 하지 않으셨다

B자매의 기름 부음의 열쇠는 그녀가 예배자였다는 사실이다. 일어서서 노래를 부를 때 그녀는 낄낄거리는 아이들이나 좌석에 앉아 있는 다른 사람들을 완전히 잊어버렸다. 그녀는 하나님께만 기쁨을 올려 드리기 위해 순전한 예배로서 찬송을 불렀다. 그것이 전부였다. 그 결과 하나님은 자신을 향한 그녀의 자장가를 한 소절도 놓치고 싶어 하지 않으셨다. 그녀가 주님을 예배하기 시작할 때마다 주님은 그녀를 향해 자리를 더 가까이 당겨 앉으셨다.

깨어 있지 않으면 우리는 '교회에 다니는' 기계적인 신앙에 빠져서 예배의 목적을 잊어버리고 그저 좋은 시간을 보내는 것으로 만족한다. 예배에 대한 사람들의 일반적인 생각은 이런 말로 표현될 수 있을 것이다. "글쎄, 오늘 교회에 좀 늦겠는 걸. 앞부분 예배는 놓치겠고 그래도 말씀은 듣겠는 걸."

우리가 간과하는 점은 하나님 입장에서 볼 때 예배는 그분의 영역이고 말씀은 우리의 영역이라는 사실이다. 다시 말해 우리가 예배를 놓친다면 우리는 하나님께 드릴 수 있는 최선의 영역을 놓치는 것이다. 하나님께 드릴 영역은 이기적으로 쏙 빼먹고 내 가려운 귀를 즐겁게 해 줄 영역에만 나타나는 것이다.

"하여간 하나님, 말씀 감사합니다." 그렇게 말할 것이다. 당신에게 심각한 질문 하나를 던지겠다. 하나님께서 우리의 설교를 통해서 뭔가를 얻으신다고 생각하는가? 우리의 기름 부음 있는 설교를 통해 하나님께서 자신에 대한 뭔가를 배우신다고 생각하는가? 대답은 '예'일 수 있다. 하지만 발견하실 만한 게 있다면 그것은 잘못된 부분이다. 우리의 설교를 들으시고 이렇게 말씀하시지 않을까? "내가 그런 말을 했나? 그것을 그렇게 말했다고 기억하지 않는데…."

하나님은 우리의 설교로부터 무엇을 얻으시는 분이 아니시다. 그렇다고 하나님의 말씀을 선포하는 것이 중요하지 않다는 말이 아니다. 하나님께는 설교보다 예배가 더 중요하다는 말이다. 왜냐하면 예배는 하늘의 신선한 빵을 담을 수 있는 광주리나 그릇을 만들기 때문이다. 은혜의 보좌를 세우고 나면 당신은 하나님의 영광이 임하는 것을 경험할 수 있다. 바로 그 하나님의 보좌를 세우는 것이 예배이다. 스스로에게 질문해 보라. "하늘의 우선순위는 무엇인가?" 하나님께 말하는 것인가 하나님에 대해서 말하는 것인가?

우리의 찬송가 18번은
"내게 주소서, 내게 주소서, 내게 주소서"인가?

우리는 '교회'가 도대체 무엇인지에 대한 엉뚱한 평가를 내리고 있다. 우리가 하나님께 드리는 것이 아니라 교회가 우리에게 주는 것을 가지고 교회를 평가한다. 그 결과 우리는 '교회'를 이기적인 기업으로 전락시켜 버렸다. 이런 말을 하면 많은 사람들이 화를 낼지 모르겠다. 우리는 교회를 영광스러운 '복 주소서' 클럽으로 전락시켰다. 일단 클럽에 들어서면 두 손을 내밀고 원하는 물품 목록을 줄줄이 제시한다. 아마 우리의 18번 찬송가인 "내게 주소서, 내게 주소서, 내게 주소서"로 시작할지 모르겠다.

그러나 이것은 심각한 문제와 갈등을 야기한다. 왜냐하면 하나님은 교회에 임하실 때 배고픈 마음으로 오시기 때문이다. 그러면 하나님은 배고프실 때 무엇을 드실까? 대답을 들으면 놀랄 것이다. 요한복음 4장에 나오는 예수님과 사마리아 여인의 만남 속에 그 대답이 있다.

예수님은 사마리아에 있는 야곱의 우물에서 한 사마리아 여인과 약속을 잡으셨다. 그곳은 수가 성이었는데 수가는 '황홀하게 하는 음료'라는 뜻이다. 제자들은 너무나 배가 고파서 정신이 없었기 때문에 기다려 줄 분위기가 아니었다. 예수님은 야곱의 우물가에 기대 앉으셔서 영원이라는 손목시계를 보시며 말씀하시고 있었다. "이제 곧 그녀가 오겠군." 성자 예수님이 이 세상의 한 여인과 약속을 잡으셨던 것이다. 그녀는 하나님과의 데이트 시간이 잡혀 있었지만 그 사실을 전혀 모르고 있었다.

아마 당신도 하나님을 마주쳤던 날과 시간이 있을 것이다. 그리고 하나님과 대면하기 직전까지 당신은 눈치채지 못했을 것이다. 왜냐하면 하나님이 약속을 잡으신 것이지 당신이 잡은 것이 아니기 때문이다. 예수님이 그 사마리아 여인이 나타나기를 기다리시는 동안 제자들은 배를 쓸어내리고 있었다. 그때만 해도 그들은 '참을성'이 없는 사람들이었다. 오늘날 우리도 별반 다를 게 없지만 제자들은 이렇게 말했을 것이다. "예수님, 여기 오는 중에 버거킹이 있는 걸 봤는데요. 뭐 좀 먹고 올게요. 주님이 드실 것도 좀 가져올게요. 좋으시죠?" 예수님은 제자들에게 말씀하셨다. "가거라. 나는 여기서 기다리고 있겠다."

거절감에 사로잡혀 있는 여인은 완전함을 가진 주님과 약속이 있었다

아마도 예수님은 제자들이 먹을 것을 사러 가면서 그 사마리아 여인을 지나치는 것을 보셨는지도 모른다. 이처럼 제자들은 중요한 순간들을 놓치곤 하는 것 같다. 야곱의 우물에 다가오는 여인은 거절감에 사로잡혀 인생을 살고 있었다. 이처럼 성경의 증거에 따르면 그녀는 제 6시, 즉 정오에 나왔다. 보통 여자들은 아침에 음식 만들 물을 길러 나왔고 저녁에 목욕하고 씻을 물을 길러 나왔다. 그녀는 동네 여자들의 비난의 말과 조롱의 눈빛을 피하고 싶었던 것 같다.

예수님은 이 여인에게 남편이 여럿 있었던 것도 아셨고 마음의 필요도 아셨다. 남편이 여럿 있었다는 것은 인정했지만 자녀에 대해서는 언급이 없는 것으로 보아 아마도 그녀는 자녀가 없는 여자였던 것 같다. 혹시 자기에게 자녀를 낳아 줄 사람을 찾느라 이 남자 저 남자 찾아다닌 것은 아닐까? 그러나 결국 자기 자신이 불임이라는 것을 깨닫고 고통 가운데 살고 있는 여자는 아니었을까?

이 여인은 야곱의 우물을 향해 걸어오면서 동네 여자들의 비난보다 더 원치 않는 자를 만나게 되었다고 생각했을 것이다. 왜냐하면 거기 한 유대인 랍비가 앉아 있었기 때문이다. 그녀의 생각이 들리는 것만 같다. '아마 저 사람은 그 옛날 모세의 율법을 일점일획까지 다 지키고 있는 바리새인일 거야. 사마리아인들과는 상종하지 말라는 조항을 포함해서 말이지.' 그때 상상할 수 없는 일이 벌어졌다. 그 거룩한 유대인 남자가 말을 걸은 것이다. "물을 좀 주시오."

그녀는 유대인 남자가 자신을 거절할 것이라고 생각했기 때문에 갑작스런 요구에 어쩔 줄 몰랐다. "당신은 유대인으로서 어찌하여 사마리아 여자인 나에게 물을 달라 하나이까? 유대인은 사마리아인과 상종하지 않는 거 아닙니까?"(요 4:9). 그 순간 예수님은 한 영혼의 목마름을 일깨워주시는 여정에 오르셨다. 여러 가지 질문과 난해한 말씀을 하시면서 그녀를 대화 속으로 깊이 이끌어 가셨다.

"네가 만일 하나님의 선물과 또 네게 물 좀 달라 하는 이가 누구인 줄 알았더라면 네가 그에게 구하였을 것이요 그가 생수를 네게 주었으리라 여자가 이르되 주여 물 길을 그릇도 없고 이 우물은 깊은데 어디서 당신이 그 생수를 얻겠사옵나이까"(요 4:10-11).

예수님은 생수와 예배에 대해 말씀하셨다

마침내 예수님은 야곱의 우물에서 마시는 그런 종류의 물을 말하는 게 아님을 여인이 이해하도록 도와주셨다. 예수님은 생수와 예배에 대해 말씀하고 계셨다. 예수님은 이 거룩한 만남의 목적을 드러내기 시작하셨다.

"여자여 내 말을 믿으라 이 산에서도 말고 예루살렘에서도 말고 너희가 아버지께 예배할 때가 이르리라 … 아버지께 참되게 예배하는 자들은 영과 진리로 예배할 때가 오나니 곧 이 때라 아버지께서는 자기에게 이렇게 예배하는 자들을 찾으시느니라 하나님은 영이시니 예배하는 자가 영과 진리로 예배할지니라"(요 4:21, 23-24).

그 사마리아 여인은 목이 말라 우물물을 먹으러 야곱의 우물로 나왔지만 생명의 우물이신 주님을 만나게 되었고, 자신이 정말 목마른 것은 생수라는 것을 알게 되었다. 예수님은 그녀에게 말씀하셨다. "아버지께서는 자기에게 이렇게 예배하는 자들을 찾으시느니라." 아버지께서 발 벗고 나서서 찾으시는 유일한 대상은 예배자들이다!

천국에는 목사들이 없을 것이다

주님이 우물가에서 여인을 만나신 장면은 예배자들을 찾으시는 하나님의 끊임없는 노력을 잘 보여 준다. 천국에는 목사들이 없을 것이라는 사실을 아는가? 천국에는 사도도 설교자도 복음 증거자도 주일학교 부장도 당회 위원도 장로도 집사도 없을 것이다. 왜냐하면 천국의 '업무 지침'에는 예배자의 것밖에 없기 때문이다. 지상에서는 목사이면서 예배자일 수도 있고, 주일학교 교사이면서 예배자일 수도 있다. 하지만 어쨌든간에 당신의 근원적인 부르심은 영과 진리로 아버지께 예배하는 것임을 기억하라. 당신이 포도원에서 무슨 일을 하든지 진짜 자식이라면 누구나 아버지를 열정적으로 사랑할 것이다.

하나님은 모든 것을 아신다. 하나님은 모든 것이 어디에 감추어졌는지도 아신다. 금이나 보물이 필요하신 분은 아니지만 하나님은 모든 금 조각이 어디에 숨겨져 있는지 아시며 지반에 묻혀 있는 보물들을 하나하나 다 손가락으로 짚으실 수 있다. 그러나 하나님이 끊임없이 찾으신다는 이유 때문에 이 모든 보물을 합친 것보다 더 소중한 한 가지가 있다. 그것은 바로 예배자이다. 영과 진리로 그분께 사랑과 찬송과 예배와 경배를 즐거이 드리는 예배자 한 사람을 찾고 계신다. 자신의 형상대로 지음 받은 자녀들이 순전한 예배를 드릴 때 그것은 너무나 희귀하고 값진 것이다. 왜냐하면 예배는 모든 창조 세계 가운데 단 한 가지 출처에서만 나오기 때문이다. 그 출처는 바로 우리 자신이다. 우리의 예배는 사람의 의지라는 암반 밑에 숨겨져 있다. 하나님은 우리의 의지를 깨뜨리시고 그 암반을 옮기시는 분이 아니다.

하나님이 천국을 예배자들로 가득 채우시는 게 당연하지 않은가! 루시퍼가 영광에서 추락했을 때 천상의 예배에서 중대한 부분이 루시퍼와 함께 추락했다. 4중창으로 노래하는 것을 자주 들어보았다면 그 중에 한 파트가 빠질 때 금세 문제가 생긴다는 것을 알 것이다. 빠진 파트가 어떤 선율인지, 그리고 어떤 선율이어야 하는지 알기 때문이다. 4중창에서 한 파트가 빠지는 순간 당신은 말할 것이다. "그럭저럭 괜찮아. 하지만 뭔가 빠졌잖아."

하나님은 가슴으로부터 나오는 노랫소리를 그리워하신다

하나님은 루시퍼와 그를 따른 천사들이 천상의 아름다움과 힘으로 하나님을 찬양하던 때를 기억하고 계신다. 하나님은 이런 말씀을 하실 것이다. "언제나 그런 찬양이 회복될까?" 물론 여전히 여섯 날개 가진 스랍들이 둘러서서 하나님의 영광을 끊임없이 선포하고 있지만, 하나님은 가슴으로부터 나오는 노랫소리를 그리워하신다.

수년 동안 연구해 보았지만 나는 성경에서 사탄의 타락 이후 천국을 묘사하는 장면에서 음악이 언급되는 구절을 하나도 발견하지 못했다.[1] 나는 많은 신학자들에게 이 질문을 던졌다. 대부분 내게 해 준 대답은 다음과 같다. "글쎄 토미, 하지만 그리스도께서 베들레헴에서 탄생하셨을 때, 천사들이 '지극히 높은 곳에서는 하나님께 영광이요 땅에서는 하나님이 기뻐하신 사람들 중에 평화로다'라고 찬송하지 않았는가."

그러면 언제나 나는 그들에게 복음서의 그 구절들을 펴서 찬찬히 설명해 준다. "아닙니다. 본문을 주의 깊게 읽어 보시면 성경은 천사들이 노래했다고 말하지 않습니다. 물론 멋진 성탄 연극과 노래들을 망치고 싶지는 않습니다. 또한 어린아이들이 작은 천사들로 분장하고 나와서 크리스마스 칸타타를 부르는 것도 방해하고

---

1) 천국을 가득 메운 구원받은 성도들이 어린양 앞에서 '구원의 노래'를 부를 때 음악이 회복될 것이라고 믿는다(계 14:3). 그러기까지 하나님은 지상에서 우리의 찬송과 구원의 노래 가운데 좌정하기를 원하신다.

싶지 않습니다. 그런 의도는 아닙니다만 성경이 실제로 말하는 것은 알아야 하지 않겠습니까?"

> "홀연히 수많은 천군이 그 천사들과 함께 하나님을 찬송하여 이르되("찬송하여"와 "이르되"가 분리되어 있다는 주장) 지극히 높은 곳에서는 하나님께 영광이요 땅에서는 하나님이 기뻐하신 사람들 중에 평화로다 하니라"(눅 2:13-14).

욥기 38장 7절은 이렇게 기록한다. "그 때에 새벽 별들이 기뻐 노래하며 하나님의 아들들이 다 기뻐 소리를 질렀느니라." 문맥상으로 볼 때 이 사건은 우주의 창조, 즉 루시퍼의 타락 직전으로 추정된다(사 14:12-15 참고). 나는 루시퍼의 타락 이후 천국에 노래나 음악이 있었다는 성경 구절을 어디서도 찾아보지 못했다. 물론 이렇게 말하는 사람들도 있을지 모르겠다. "환상을 보았는데 천사들이 노래하고 있었습니다." 내가 하고 싶은 말은 사탄이 천국에서 추방된 이후로 성경 상에 그런 언급이 전혀 없다는 사실이다.

사탄이 추락할 때 음악도 추락했다면 왜 이 땅에 특별히 음악의 영역에서 사탄의 영향력이 강하게 드러나는지 이해할 수 있을 것이다. 음악이 사탄의 관할구역이라면, 많은 교회들에게 문제가 발생하는 곳이 대부분 음악과 예배 부분이라는 것은 놀랄 만한 일이 아니다. 물론 모든 음악이 '사탄에게서 유래'한다는 것은 아니다. 하지만 사탄은 음악을 통해 강한 영향력을 행사한다. 이것을 통해 알 수 있는 것이 또 하나 있다.

교회는 설교를 만들어 내고 음악을 준비하고 성가대와 찬양팀 연습을 하는데 막대한 시간을 할애한다. 모든 것이 제대로 돌아가도록 해야 하기 때문이다. 그러나 이런 영역에서 아무리 많은 노력을 기울여 탁월함을 추구할지라도 세상 음악과는 비교가 안 된다. MTV나 VH1 같은 채널에서 나오는 세계적인 교향악단, 밴드나 예술가들의 음악을 들어보라. 물론 우리가 예술 분야에서 세상과 경쟁하려는 것은 아니다.

이 책을 다 읽고 덮기 전에 한 가지만 기억하기를 바란다.

우리의 음악이 세상의 음악처럼 탁월하지 않은 것은
우리의 가치 체계가 세상의 것과 다르기 때문이다.
우리는 완벽을 추구하는 것이 아니라
임재를 추구하는 것이다.

교회가 탁월한 음악을 준비하고 멋진 설교를 쓰고 예배순서를 짜임새 있게 진행하는 것에 완벽하게 하려고 지나치게 애쓰면, 우리는 자신도 모르게 불필요한 경기장에서 경기를 치르는 것이다. 우리는 누구도 경쟁자가 될 수 없는 단 하나의 경기장에만 머물러야 한다. 그것은 분명한 하나님의 임재를 구하는 마음과 기술이다. 기술적인 완벽함으로 사람들의 칭찬 정도는 끌어낼 수 있을 것이다. 그러나 사람들의 굳은 심령을 녹일 수 있는 것은 오직 하나님의 기름 부음과 영광뿐이다.

어느 지점에 이르면 사람의 볼륨은 줄이고 하나님의 볼륨은 키워야 한다. 다메섹 도상에서와 같은 만남을 경험하면 30초 만에 살인자 사울이 순교자 바울로 바뀌게 된다. 그런 일은 완벽한 음악으로도 할 수 없다. 그러나 완벽한 찬양은 하나님을 기쁘게 해드릴 수 있고 그러면 하나님께서 그런 일을 행하실 것이다!

왜 하나님은 우리의 보잘것없는 찬양에 끌리실까?

무엇보다도 사탄이 추락할 때 음악이 함께 추락했기 때문이라고 생각한다. 그렇다면 하나님께서는 그런 찬양을 듣고 싶으실 때 이 땅에 내려오셔야 한다는 뜻인가? 나는 아무도 기분 상하게 할 마음이 없지만 가는 곳마다 이런 질문을 던진다. "왜 하나님이 우리의 보잘것없는 찬양에 끌리는지 아시나요?"

내 주님은 막내딸을 통해서 이 질문에 답해 주셨다. 나는 어디를 가든 가방에 소중한 작품 하나를 가지고 다닌다. 때로는 공항에서 그것을 꺼내 만지작거리곤 한다. 그것은 유화도 파스텔화도 목탄화도 아니다. 나는 이 작품을 '노란 메모지 묶음 위에 남긴

연필 낙서'라고 명명한다. 딸이 종이 위에 휘갈겨 쓴 글을 대부분의 사람들은 읽기 어려워한다. 하지만 나는 아버지이기 때문에 그것을 해석할 수 있는 은사가 있다! 솔직히 말해서 글씨는 정말 알아보기 힘든 정도이다.

"하나님 사랑해요.
하나님께 안드레아 테니가 더림"

"I Love god.
To god
fum
Andrea Tenney."

어른들이 보기에는 정말 보잘것없는 것이지만 내게는 너무나 값진 것이다. 언젠가는 이 작품도 집에 있는 많은 낙서들과 함께 박스에 담겨 있을 것이다. 그래도 그 모든 낙서 하나하나가 다 내게는 특별한 의미가 있다. 그 낙서들이 내게 소중한 이유는 무엇인가? 그것은 예술적으로 만들어졌기 때문도 아니요, '글씨'의 수준이 탁월하기 때문도 아니다. 다만 그 낙서를 쓴 사람 때문이다! 내 자녀와 나와의 관계 때문이다.

우리 아이들이 크레용으로 그린 그림들이 당신에게 아무 의미 없듯, 당신 자녀들이 그린 그림들도 내게는 아무 의미가 없다. 마찬가지로 하나님의 보좌 둘레에 서 있는 천사들은 끊임없이 찬양하며 아름답게 예배를 드리다가, 갑자기 하나님께서 몸을 앞으로 기울이시며 "쉬!"라고 말씀하시면 머리를 긁적이게 된다. 천사들이 침묵하라는 하나님의 명령에 순종하고 나면 하나님은 말씀하신다. "뭔가 들리는 것 같은데…."

전능하신 하나님이 우리의 보잘것없는 노래를 들으실 때는 모든 소리가 멈춘다

여섯 날개 달린 스랍들은 자신들이 창조된 목적에 따라 노래하고 있었다. 그들은 겸손하게 두 날개로는 얼굴을 가리고 두 날개로는 발을 가리고 두 날개로는 박자를 맞춰 날면서 완벽하게 하나님을 찬양하고 있었다. 그런데 "거룩 거룩하다" 하는 보잘것없는 찬송 소리가 저 아래 지구의 혼돈을 뚫고 어렴풋이 들려오기 시작한다. 그러자 전능하신 하나님이 귀를 기울이시고, 순간 모든 소리가 멈춘다. 하나님은 모든 천사에게 즉각 명령을 내리신다. "조용히 해라." 그때 뒷줄에 있는 천사들이 서로 수군거리며 이렇게 말하지 않겠는가? "하나님이 또 시작이시네요."

천사장 미가엘과 가브리엘은 이런 말을 하지 않겠는가? "하나님이 무슨 마음이신지 모르겠습니다. 저 소리만 들으시면 이러시는군요. 저런 보잘것없는 찬송 소리에…." 우리는 명작을 그릴 때, 4중창을 최고로 멋진 하모니로 마무리 지을 때, 회중이 성가대의 찬양에 감동하여 기립할 때, 멋지게 해냈다고 생각한다. 하지만 한때 천사장 루시퍼가 천둥같이 웅장한 예배와 숨 막히게 아름다운 천상의 음악으로 온 천상을 진동시키는 것을 들었던 천군 천사들은 다음과 같이 말했을 지도 모른다.

"사람이 무엇이관대 주께서 저를 생각하시며 인자가 무엇이기에 주께서 그를 돌보시나이까?"(시 8:4).

하나님은 모든 수군거리는 소리에 하나도 대답하지 않으시고 천사들을 침묵시키신 후 미가엘과 가브리엘에게 말씀하신다.
"이보게들, 여기는 그대들에게 맡기겠네."
"네? 무슨 말씀입니까, 주님?"
"그대들도 알다시피 내가 무시할 수 없는 것을 들었잖은가. 구원의 노래를 다시 들었단 말일세."

전능자께서는 하늘 보좌를 뒤로 하고
엎드려 경배하는 예배자들 가운데 임하신다

눈 깜빡할 사이 분명한 하나님의 임재가 천상에서부터 내려와 엎드려 경배하는 예배자들의 무리 가운데로 임한다. "거룩 거룩 거룩 전능하신 주여" 눈물로 고백하며 찬양하는 예배자들 가운데 임한다. 하나님은 천상의 화려한 보좌를 떠나 이 땅에 내려오

서서 그분의 백성들의 보잘것없는 찬송 가운데 좌정하신다. 우리의 찬송과 예배가 우리 보기에는 훌륭할지 몰라도 천상의 천사들은 말할 것이다. "이해가 안 되는군. 천상에서 우리가 하는 것과 비교하면 볼품없는 낙서에 불과한데." 하나님은 우리 예배의 수준이나 음악적인 재능에 매료되시는 것이 아니다. 우리 때문에 매료되시는 것이다. 예배자들과의 관계 때문에 매료되시는 것이다. 우리가 그분의 자녀이기 때문이다!

미가엘과 가브리엘에게 주님은 설명하실 것이다. "그래, 나는 저들이 예전에 루시퍼가 불렀던 천상의 노래나 음악을 할 수 없다는 것을 안다. 너희들의 언어와도 같지 않다는 사실도 안다. 하지만 저들은 내 아들이요 딸이다." 예수님도 바리새인들에게 똑같은 말씀을 하셨다.

"어린 아기와 젖먹이들의 입에서 나오는 찬미를 온전하게 하셨나이다 함을 너희가 읽어 본 일이 없느냐"(마 21:16).

두 살짜리 아이가 짧은 말솜씨로 "아빠 사랑해"라고 할 때 어떤 부모가 가만히 있을 수 있겠는가? 부모의 가슴을 녹이는 것은 완벽한 말솜씨가 아니다. 그 말에 높은 수준의 웅변적 기술이 있어서 감동을 받는 것도 아니다. 순수한 열정으로 가득한 아이의 마음 때문에 우리는 그 아이를 끌어안고 감격에 겨워하는 것이다.

그렇기 때문에 우리가 "하나님 사랑해요, 토미 테니 더림"이라고 쓴 우스운 낙서를 하늘로 들어올릴 때, 하나님은 천상의 보좌를 떠나 말 그대로 보잘것없는 우리의 찬송 가운데 좌정하신다. 하나님은 말씀하신다. "그들이 얼마나 잘 했는가가 아니다. 그들이 내 자녀이기 때문이다." 여섯 날개를 가진 스랍들이 하나님 주위에서 완벽한 천상의 화음으로 "거룩하다" 노래할지라도 하나님은 당신이 불협화음을 내며 엉성하게 노래 부르는 것을 더 듣고 싶어 하신다.

우리는 천사들이 부를 수 없는 노래를 부르게 될 것이다

천상의 예배인도자가 반역으로 추방될 때 음악도 함께 천상에서 추락했을 것이다. 그러나 하나님은 인간 구원의 계획을 통해 천상의 음악을 회복하실 계획을 세우셨다. 지존자에게 찬양할 수 있도록 예비되고 기름 부음 받은 존재가 사탄만 있는 것은 아니다. 우리의 찬양과 예배가 천사들이 듣기에는 보잘것없을지라도 성경은 말한다. 거룩한 도성에 들어갈 때 우리는 천사들이 부를 수 없는 노래를 부르게 될 것이다(계 15:2-3). 모세의 노래와 구원받은 자의 노래를 부르며 들어갈 때 천군 천사들은 아마도 놀라서 입을 다물지 못할 것이다. "이런 노래는 처음 들어봤어"라는 표정을 지으면서 말이다.

루시퍼는 불법적으로 하나님의 수준에 오르려 했고 하나님의 보좌에 앉으려 했기 때문에 하늘에서 쫓겨났다. 하나님은 구원받은 성도들을 어린양과 함께 그 보좌에 앉히도록 명령을 내리실 것이다. 루시퍼가 앉아 보고 싶었지만 오르지 못했던 그 보좌에 말이다. 하나님은 말 그대로 불완전한 찬양대를 들어서 타락한 계명성인 루시퍼를 부끄럽게 하시려는 것이다. 사람을 천사들보다 조금 못하게 하시더니 모든 천사보다 높이셔서 주님과 함께 주님의 보좌에 앉도록 하실 것이다(시 8:4-5 ; 엡 2:6 ; 딤후 2:12).

예수님은 "한 사람 찾았구나"라고 말씀하셨다

하나님은 배고프실 때 무엇을 드실까? 예배를 드신다. 우물가의 여인을 기억하는가? 예수님이 그녀에게 생수에 대해 말씀하시고 아버지께서 참된 예배자를 찾으신다고 말씀하셨을 때, 여인은 주님이 기다리던 대답을 했다. "그 물을 내가 원하나이다." 그 순간 예수님은 잠시 생각에 잠겨 '한 사람 찾았구나'라고 생각하셨을 것이다. 이 사람 때문에 주님이 기다리고 계셨다.

제자들이 돌아와서 말했다. "주님 버거킹에서 먹을 것 좀 가져왔습니다." 아니면 "맥도날드 빅맥입니다, 선생님." 하지만 그들은 주님의 말씀을 듣고 놀랐다. "나는 배고프지 않다. 내게는 너희가 알지 못하는 먹을 양식이 있느니라." 주님은 생각하셨을 것이다. '너희는 이해하지 못할 것이다. 하지만 나는 여기 우물가에서 거절감에 사로잡힌 여인의 예배를 이미 받았다. 나는 내 아버지의 뜻을 행하였고 예배자 한 사람을 찾았다. 예배의 만찬이 있었으니 이제 너희가 주는 양식은 필요치 않구나'(요 4:31-34).

하나님이 이 땅에 오시는 것은 예배를 향한 그분의 배고픔이 심하시기 때문이다. 그래서 "사랑해요 아빠"라고 말하는 자녀들의 불완전한 찬양에 끌리시는 것이다. 하나님은 세련된 찬양이나 호화스러운 건물에 감동을 받지 않으신다. 우리의 찬양이 천상의 기준으로는 보잘것없지만, 우리를 사랑하시는 하나님께는 더 없이 소중하다.

> "빨강도 노랑도 검정도 하양도
> 주님이 보실 땐 모두가 소중해.
> 예수님 온 세상 어린이를 사랑해."

주님이 임하시는 이유는 우리가 유치하고 불완전하지만 사랑에 가득 찬 심령으로 찬양을 부르기 때문이다. 어린아이가 팔을 내밀면 아빠가 잡아 주는 것과 같다.

예배자들은 루시퍼가 추락한 이후 천국에 계속해서 빠져 있던 부분을 다시 채울 사람들이다. 그래서 하나님은 예배자들로 하늘을 채우시려 하신다. 예수님은 우물가에서 이 여인이 솔직함과 순수함이라는 '높은 음정'을 낼 수 있는지 오디션을 보셨다. 주님은 이미 답을 알고 계셨지만 그녀에게 대답할 수 있는 기회를 주셨다. "이 음정을 낼 수 있겠니?" 주님은 '인간의 의지라는 암반'밑에서 예배자의 마음을 찾으시며 기다리셨다. 그러고는 여인에게 말씀하셨다. "가서 네 남편을 불러 오라."

그녀는 자신의 죄를 감추고 거짓말이라는 무화과 잎으로 자신의 무너진 인생을 가릴 수도 있었지만 인생에서 처음으로 이런 생각을 했다. '그래 별로 깔끔한 인생은 아닌 걸 알아. 하지만 이분께 진실을 말하고 싶어.' 그녀는 말했다. "나는 남편이 없나이다." 예수님은 더 이상 흥분을 참을 수 없어서 그녀의 말을 가로막으며 말씀하셨다.

"네가 남편이 없다 하는 말이 옳도다 너에게 남편 다섯이 있었고 지금 있는 자도 네 남편이 아니니 네 말이 참되도다"(요 4:17-18).

이것이 바로 예수님이 찾으시던 솔직함과 순수함이라는 높은 음정이었다. 이제 주님이 일하실 수 있는 근거가 생긴 것이다. 주님은 여인에게 생수에 대해서 말씀하시기 시작했다. 주님께서 말씀을 다 마치자 여인은 우물가에 물동이를 내던졌다. 그리고 피해 다니던 마을 사람들에게로 가서 우물가에서 만난 놀라운 분을 소개하기 시작했다. 그녀의 변화가 너무나 뚜렷했기 때문에 마을 전체가 거부하던 바로 그 여인이 그들 전부를 야곱의 우물로 인도하여 생수의 근원이신 주님께로 데려올 수 있었다. 주님과 단 한 번 대화했을 뿐인데 그녀는 신뢰할 만한 사람이 되었다. 주님을 예배하며 단 한 번 대면했을 뿐인데 그녀는 온 마을 사람들이 귀를 기울이는 사람이 되었다.

하나님은 천상의 성가대를 만들기 위해 마음의 오디션을 보신다

하나님은 이 땅 곳곳을 다니시며 천상의 성가대에 세울 참된 예배자를 찾으시려고 마음의 오디션을 보신다. 하나님은 우리 목소리의 음색을 들으시거나 음역을 측정하시지 않는다. 그런 것이 주님께 무의미한 것은 주님의 일차적인 관심사는 마음의 노래이기 때문이다. 아마 당신도 하나님과의 만남을 너무나 갈망하기 때문에 내면의 무엇인가가 터져 나와 마음으로부터 열정과 갈망의 찬양을 부르는 사람들 중 하나일 것이다. 그렇다면 한 가지 말해 줄 것이 있다. 하나님은 지금 바로 당신 앞에 서서 말씀하신다. "계속 노래하여라. 그 노래 때문에 내가 여기 있잖니."

하나님께서 얼마나 당신에게 밀착해 계신지 안다면 당신은 충격을 받을 것이다. 하나님은 당신이 속삭이는 모든 아멘 소리와 상한 심령의 깨어지는 모든 소리에 얼마나 주의 깊게 귀를 기울이고 계신지 모른다. 아버지께서 발 벗고 나서서 찾으시는 유일한 대상은 예배자들이다. 하나님은 우리들이 보통 '중요하다'고 생각하는 사람들, 가령 설교자나 예배인도자나 연주자들을 사랑하시고 그들에게 기름을 부으신다. 하지만 정말 하나님이 필요로 하는 대상은 예배자들이다. 그래서 나는 외치고 싶다. "B자매님, 와서 노래를 불러 주세요!" 아무 걱정하지 마라. 하나님은 당신이 그 높은 음정을 낼 수 있는지 보시기 위해 당신의 마음에 귀를 기울이고 계신다. 그 음정을 낼 수 있겠는가?

"아버지, 우리는 당신과의 진정한 만남을 원합니다. 우리로 하여금 인위적인 종교의 물동이를 내던질 수 있게 하소서. 당신과의 강력한 만남이 감당하기 힘든 것일지라도 우리는 그것을 원합니다. 거절감에 사로잡힌 우리를 받아주시고, 우리의 더럽고 메마른 우물을 내면의 맑은 샘물로 바꿔주소서. 당신께 우리가 드릴 수 있는 최고의 것을 드리기 원하나이다. 우리의 예배와 찬양과 경배와 감사를 받으소서. 예수님의 이름으로 기도합니다. 아멘."

계속하라, 예배자여! 예배하기를 계속하라! 하나님이 경청하고 계신다! 지금 이 순간에도 하나님은 예배자들을 찾고 계신다. 예배만이 하나님을 천상에서 지상으로 모실 수 있는 유일한 것이다. 예배야말로 하나님이 기뻐하시는 집을 세우기 위한 건축 자재이다. 예배는 하나님을 위한 것임을 기억하라. 예배는 하나님이 선호하시고 최선으로 여기시는 부분이다. 이제 사랑하는 주님 주위에 둘러서서 끊임없는 예배와 경배를 드려야 하지 않겠는가?

09

CHAPTER

보좌의 영역을 확대하라
하늘에서처럼 땅에서도

전국 각지의 목사님들이 전화로 나를 초빙할 때, 그들은 종종 '부흥 설교'를 해 달라고 요청한다. 그것은 내가 사람들을 도전해서 몇 명이라도 예수님을 영접하게 하고 싶은 마음일 것이다. 그러나 이 모든 일은 막을 내렸다. 야곱이 얍복 강가에서 만난 하나님을 내가 만난 날부터 나는 화려했던 설교 경력에 마침표를 찍었기 때문이다.

그들이 한때 유명한 부흥사로 알던 사람은 영원한 절름발이가 되어 끊임없는 갈급함으로 살아가는 사람으로 변했다. 깨어진 마음으로 눈물을 흘리는 '하나님 추적자'가 되었다. 물론 여전히 잃어버린 자들이 예수님께 돌아오는 것을 간절히 원하지만, 그냥 한 사람이 설교하는 것을 들으러 사람들이 모이는 그런 부흥에는 더 이상 관심이 없다. 나는 '부흥을 주시는 분'을 좇고 있다. 그분이 한 지역에 임하시면 부흥은 그분을 따라 자연스럽게 오게 된다!

하나님과의 만남으로 인해 교파 자격증이 무기력해지고 설교 은사에 대한 의존증이 완전히 무너진 후, 하나님은 나의 '이름'을 바꾸셨다. 그래서 이제 내가 할 수 있는 모든 것은 그저 회중 앞에 서서 눈물로 하나님의 임재를 사모하는 것뿐이다. 지금 내가 누구라고 규정하기가 어렵기 때문에 나는 기본적으로 '하나님 추적자'라는 용어를 사용한다. 그러나 내가 무엇을 좇고 있는지는 확실히 말할 수 있다. 나는 불타는 떨기나무 체험을 좇고 있다. 모세의 그 체험 때문에 하나님의 '보좌의 영역'(throne zone) 안에 있던 모든 사람이 노예에서 해방될 수 있었다.

'보좌의 영역'이라는 용어는 하나님의 보좌 주위에서 일어나는 예배를 묘사하기 위해 내 친구가 사용한 말이다. 어쨌든 우리의 교회와 모임에 하늘에서처럼 땅에서도 보좌의 영역을 재현할 수 있다면 우리의 예배는 매우 강력해질 것이다. 그리하여 분명한 하나님의 임재가 우리 가운데 드러나기 시작하고, 마침내 우리는 하나님의 영광이 우리 지역 전체에 흘러가는 것을 보게 될 것이다. 이런 일이 일어날 때 비로소 잃어버린 자들이 주님께로 돌아올 것이다. 그것도 이전에 보지 못한 대규모로 돌아올 것이다. 주님은 말씀하셨다. "내가 땅에서 들리면 모든 사람을 내게로 이끌겠노라"(요

12:32). 우리는 '들리는 것' 대신 '이끄는 것'에 초점을 맞춰 왔다!

이 말은 그저 은유적인 표현이나 기억할 만한 설교의 명구 정도가 아니다. 수천 년 전 에스겔 선지자의 환상 속에서 드러난 영적인 진실이다. 에스겔은 하나님의 영광을 상징하는 강물이 하늘의 성소 문지방 밑에서부터 세상으로 흘러가며 가는 곳마다 생명을 일으키는 것을 보았다. 강물의 깊이는 성소 문에서 가장 낮았으나 더 흘러갈수록 깊어져 갔다. 자연적인 강들도 수원에서는 낮지만 바다 쪽으로 흘러갈수록 빨라지고 깊어지고 넓어진다. 이것이 바로 '하나님이 일으키시는 부흥'의 청사진이다.

하나님의 영광이 도시 위에 임할 때 무슨 일이 일어나는가?

하나님은 "우리가 구하거나 생각하는 모든 것에 더 넘치도록 능히 하실" 분이다(엡 3:20). 하나님은 어떤 일을 행하실 때, 그것이 너무나 커서 우리가 그 규모나 차원을 감지할 수 없을 정도의 일을 하기 원하신다. 하나님은 과거에도 사람들에게 다가오셨고 오늘날 우리 세대에게도 어느 정도 다가오셨다. 감사한 것은 주님이 온타리오 주의 토론토, 플로리다 주의 펜사콜라, 텍사스 주의 휴스턴, 메릴랜드 주의 볼티모어, 영국의 런던 등지에 찾아오셨다는 것이다. 물론 남미, 아프리카, 호주, 유럽, 아시아 지역의 수많은 지역에도 찾아오셨다. 그러나 우리는 하나님의 영광이 한 도시 위에 임할 때 무슨 일이 일어나는지 아직 보지 못했다. 우리는 하나님이 교회에 임하실 때 어떤 일이 일어나는지 안다. 하지만 하나님이 도시에 임하실 때 어떻게 되는지는 아직 본 적이 없다!

에스겔의 환상에서 영광의 물결이 예루살렘과 열방에 영향을 준 것처럼 진정한 부흥은 도시에 영향을 미친다. 진정한 부흥은 먼저 교회에서 일어나야 한다. 왜냐하면 우리가 도시 안에서 일어나는 일의 기준과 속도를 정하기 때문이다. 그러나 우리 모임에서 일어나는 일과 분명한 하나님의 능력이 도시의 거리마다 나타나는 일은 비교할 수 없다! 주님, 다시금 사도행전 2장을 쓰게 해 주옵소서!

부흥과 기름 부음에 대한 잘못된 전제들이 오해를 일으킨다

때로 우리는 부흥에 대해 오해하고 있으며 하나님이 부흥에 사용하시는 사람들에 대해서도 잘못된 전제를 갖고 있다. 부흥과 기름 부음에 대한 잘못된 전제들은 상당한 오해를 일으킬 수 있다. 누군가 던컨 캠벨에게 부흥을 정의해 달라고 요청했다. 그러자 그는 다음과 같이 대답했다.

"먼저 소위 부흥이라는 것에 대해 말해 봅시다. 전도 캠페인이나 특별 집회가 부흥은 아닙니다. 성공적인 전도 캠페인이나 각성 운동을 통해서 수백 수천의 사람들이 예수 그리스도를 영접하기로 결정했을지라도 그 지역에는 아무 변화가 없을 것이고, 교회들은 그런 전도활동 이전과 별다를 바 없는 모습으로 돌아갈 것입니다.

그러나 부흥이 일어나면 하나님이 그 지역에 임하십니다. 갑자기 지역 전체가 하나님을 의식하게 되고, 하나님의 영에 사로잡힌 사람들은 하나님께 나아가려고 일까지 내려놓게 됩니다. 루이스 대각성 운동, 소위 헤브리디스 부흥 운동 중에 교구 목사들은 이런 글들을 남겼습니다. '주의 영이 이 지역 다른 마을들에도 강하게 임하고 계십니다. 그분의 임재가 사람들의 가정에도 농장에도 황무지에도 사람이 많은 거리에도 있습니다.'

이와 같은 하나님의 임재는 하나님이 직접 일으키시는 부흥의 가장 중요한 특징입니다. 이때 예수 그리스도를 만난 수백 명의 사람들 중 4분의 3은 모임에 오기도 전에 구원을 받았습니다. 그들은 나나 교구의 다른 목사에게나 설교 한 번 들어본 적 없는 사람들이었습니다. 하나님의 능력이 역사하기 시작하자, 모임에 오기도 전에 하나님을 경외하는 마음이 사람들의 영혼을 사로잡았던 것입니다."

나는 하나님의 영광이 교회의 아름다운 카펫 바닥을 적시는 것으로 결코 만족할 수 없다. 나는 하나님의 영광이 제어할 수도 막을 수도 없는 거대한 흐름이 되어 도시 한복판에 흘러가며 길 위의 모든 것을 휩쓰는 것을 보고 싶다. 나는 하나님의 영광이 도시 안의 모든 쇼핑센터와 상점가와 헬스클럽과 술집들에 침투해 들어가기를 원한다. 나는 교회 다니지 않는 사람들이 고급 레스토랑에 가기 위해 구입한 비싼 식사권을 포기하고, 하나님의 영광의 물줄기를 따라 어디든 교회로 찾아와 우리가 뭘 해야 하는지 누군가 얘기 좀 해 달라!고 요청하는 모습을 보고 싶다.

괜찮은 설교나 노래들로 세상을 구원할 수 있었다면 이미 세상은 다 구원받았을 것이다. 한 가지 부족한 요소가 있는데 그것이 바로 '하나님 요소'이다. 하나님께서 지금 문을 두드리고 계시다. 헤브리디스 부흥은 영광이 분출되었을 때 어떤 일이 일어나는지를 명쾌하게 보여 주는 예이다. 헤브리디스제도에서 부흥 운동이 일어나던 초기에 있었던 일이다. 한번은 던컨 캠벨이 사람들이 가득 찬 교회당에서 예배를 마쳤는데 아무도 집으로 돌아갈 기미가 없어 보였다. 많은 사람들이 교회 건물 밖에서 깊은 침묵 가운데 우두커니 서 있었다.

"그때 갑자기 교회당 안에서 부르짖는 소리가 들렸습니다. 한 젊은이가 친구들의 영혼을 위해 마음을 쏟아 중보기도하고 있었죠." 캠벨은 그 젊은이가 기도하다가 주저앉더니 결국에는 교회당 바닥에 엎드러졌다고 했다. "사람들은 저항할 수 없는 어떤 힘에 이끌려 다시 교회당 안으로 들어왔습니다. 그러자 모인 사람들 가운데 깊은 회개의 물결이 일어나서 완고하던 남자들도 눈물을 흘리며 하나님의 은혜를 구했습니다."

"하나님, 약속하지 않으셨습니까!"

나는 한 영국인 친구에게 그 사건에 대해 물어보았는데, 마침 그는 던컨 캠벨에게 직접 그 이야기를 들었다고 했다. "캠벨 목사는 이렇게 말했어요. '우체부 노인이 서서 기도하고 있었고 그 젊은이가 남아 있었습니다. 그때 갑자기 젊은이가 소리를 질렀죠. "오 하나님, 약속하지 않으셨습니까!" 저는 그 외침을 잊을 수가 없습니다. 그 외침은 마치 마차 바퀴가 교회당 지붕 위를 지나가는 것처럼 강하게 울렸습니다. 이후 갑자기 사람들이 다시 교회 안으로 들어와 자리를 가득 채웠습니다!'"

그들이 나중에 알게 된 바에 의하면, 많은 사람들이 집으로 가다가 갑자기 발걸음을 돌려 교회당으로 가서 기도해야겠다는 부름을 받았다고 했다. 캠벨은 말했다. "헤브리디스 부흥 기간 중 많은 사람들(회심자들)이 교회에 온 것은 그들이 회심했다는 사실을 우리에게 알려 주기 위해서였습니다. 왜냐하면 하나님은 그들이 집에서 베를 짜고 밭에서 농사를 지을 때 갑자기 그들을 회심시키셨기 때문입니다. 그들은 그저 다가와서 말했습니다. '뭘 하면 되죠? 어떤 모임에 참석하면 되죠?'"

나는 사람들의 조작이 하나님의 영광을 대신하는 것에 너무나 질렸다. 자신이 외치는 우스운 설교가, 자신이 부르는 노래가 뭔가를 일으킬 것이라고 생각하고 있기 때문이다! 근본적인 역사는 하나님이 일으키신다! 하나님이 주권적으로 임재하지 않으시면

09. 보좌의 영역을 확대하라 223

우리는 어려움에 처할 것이다. 더 이상 사람을 바라보아서는 안 된다. 우리 한가운데 서서 "하나님, 약속하지 않으셨습니까!"라고 외칠 젊은이들은 어디에 있는가? 그런 어른들과 여인들은 어디에 있는가?

우리는 하나님의 종들에게 엄청난 압박감을 주어서 하나님으로부터만 올 수 있는 것들을 그들이 조작해 만들어 내도록 유도했다. 하지만 이제는 오로지 강대상만 바라보며 하나님의 능력을 사모하는 행위를 멈춰야 한다. 우리는 하나님을 기다리고 하나님을 구해야 한다. 마침내 하늘에서 무엇인가가 터져 나올 때까지!

기도 소리가 회개하는 신음소리와 뒤섞여 들려왔다

던컨 캠벨에 의하면 하나님의 임재는 계속되었다고 한다. 그들은 그 지역 전체를 뒤흔드는 하나님의 임재를 체험했다. "어느 날 저녁, 회중이 교회당을 나가 시내 한복판으로 갔는데 하나님의 영이 오순절 강림 때처럼 강력하게 임했습니다. 어떤 다른 말로도 표현할 수가 없군요. 지극히 높으신 하나님의 임재가 너무나 강렬하고 놀라워서 옛 야곱처럼 '여호와께서 과연 여기 계시도다'(창 28:16)라고 외칠 수밖에 없었습니다. 그 열린 하늘 아래, 길가에서 기도하는 소리가 회개하는 신음소리와 뒤섞여 들려왔습니다. 하나님의 값없는 은혜가 보좌로부터 빛줄기처럼 사람들의 어두운 눈을 밝힌 것입니다.

그러자 갑자기 섬 전체가 성령의 강한 움직임에 사로잡혀 죄를 통회 자복하고 하나님을 갈망하기 시작했습니다. 이런 움직임은 다른 섬에서와는 달랐습니다. 루이스 섬에서는 주님의 현현을 눈으로 보고 사람들이 엎드려 회개 자복하는 일들이 있었지만 여기서는 그런 사건도 없었습니다. 하지만 성령의 일하심은 더 강력했고 그 결과는 더 지속적이었습니다." 이것이야말로 오늘날 교회를 향한 하나님의 의지를 보여 주는 그림이요 전조가 된다.

이 시대가 하나님의 목적을 잉태하는가 아닌가는 교회에게 달려 있다. 전에 어떤 교회에서 목회할 때, 나는 첫 출산을 앞둔 부부들에게 이런 말을 해 주곤 했다. "한 가지 꼭 말해 줄 것이 있어요. 아이가 태어나면 당신들의 인생은 완전히 바뀔 것입니다." 그러면 보통 고개를 끄떡이며 웃으면서 말한다. "네, 네, 저희도 알아요." 그럴 때면 어깨라도 붙잡고 눈을 똑바로 쳐다보며 다시금 말해 주고 싶었다. "아니, 여러분은 이해하지 못하고 있어요! 사실 여러분은 아직 감도 못 잡고 있어요. 감 잡고 있다고 생각하지만 아닙니다."

우리는 감도 못 잡고 있다

우리 중 너무나 많은 사람들이 "부흥" 집회에 모여서 고개를 끄떡이며 웃으면서 말한다. "네, 우리는 부흥이 무엇인지 압니다. 우리는 준비가 다 되었습니다." 하지만 사실 우리는 감도 못 잡고 있다. 교회의 근본 목적은 하나님과 사람 사이의 만남의 장소가 되는 것이었다. 그저 "날 축복해 주시오" 하는 모임이 되는 게 아니다. 그런 모임에서는 사람들이 그저 하나님께 뭔가를 받기 위해 나아올 뿐이다. 교회의 목적은 영적으로 나를 축복해 주는 그릇이 되는 것이 아니다. 교회는 당신이 하나님께 당신 자신을 드리기 위해 세워진 곳이다.

교회를 본래의 능력으로 회복시키기 원한다면 우리는 역대하 7장 14절에 나오는 부흥에 대한 하나님의 근본 대책으로 돌아가야 한다. "내 이름으로 일컫는 내 백성이 그들의 악한 길에서 떠나 스스로 낮추고 기도하여…." 그 다음 말씀은 기도를 넘어서는 차원을 말하고 있다. 하나님은 "내 얼굴을 구하면"이라고 말씀하신다. 우리는 기도에 대해서 알만큼 안다고 생각한다. 우리는 기도가 무엇인지 이해하고 기도문을 암송하고 심지어는 기도에 통달할 수도 있다. 하지만 우리 중 얼마나 많은 사람들이 역대하에서 말한 대로 "내 얼굴을 구하라"는 하나님의 명령을 온전히 이해하고 있을까? 우리는 하나님의 얼굴을 구해야 한다. 그분의 손이 아니다. 기도는 도움을 청하는 방 안에 들어가는 것이라면 '그분의 얼굴을 구하는 것'은 보좌 앞에 엎드리는 것이다.

우리는 우리의 귀를 즐겁게 하는 오락적인 예배를 내려놓아야 한다. 계속해서 나를 즐겁게 해 줄 만한 뭔가를 들어야 하고 뭔가를 느껴야 하고 뭔가를 해야만 하는 자기 욕구를 채우는 예배를 포기하라. 당신도 그 이상을 원하지 않는가? 언젠가 어디선가 우리는 모여서 하나님의 얼굴을 구할 것이며 하나님의 영광이 우리 가운데 좌정하실 것이다. 그러면 하나님의 기름 부음을 잠시 경험하는 정도로는 자리를 뜨지 않을 것이다. 주님의 영광을 보는 모든 사람은 이전과는 완전히 달라지게 될 것이다.

전 도시를 사로잡는 하나님의 영광을 바라보라

우리에게는 집단적인 다메섹 도상 체험이 필요하다. 하나님의 영광이 갑자기 모든 사람의 무리에 드러나는 체험이 필요하다. 한순간에 분명한 하나님의 임재는 다소 출신의 박해자 사울을 복음의 증거자로 변화시켰다. 이제 전 도시를 회개로 사로잡는 하나님의 영광을 바라보라. 하나님이 영광의 빛으로 그들을 사로잡으실 것이다!

이것이 잃어버린 자들을 구원하는 길이다. 예배가 바르게 드려지면 영혼 구원과 구원으로의 초대에는 그다지 많은 말이 필요치 않다. 그냥 "오라"고 말하라. 그러면 그들은 올 것이다. 왜? 예배는 하나님의 임재를 부르며, 하나님의 임재는 다른 모든 것을 몰아내기 때문이다. 다시 말해서 보좌의 영역에 있는 사람들은 하나님의 임재 가운데 처음으로 자유로운 결정을 할 수 있는 기회를 얻기 때문이다.

다가오는 부흥은 설교와 정보에 대한 것이 아니다. 그것은 '예배와 전달'에 대한 것이다. 말씀에 대한 설교는 그치지 않겠지만 오순절날 베드로가 즉석에서 했던 설교와 같은 목적의 설교도 있을 것이다. 설교자들은 사람들에게 예상했던 반응을 얻어내려고 하지 않을 것이다. 현재 우리는 사실에 앞서 믿음으로 설교하고 사실이 일어나기를 희망하고 있다. 그러나 오히려 '하나님이 임하신 후' 일어난 사실들을 설명하면 사람들은 그대로 따를 것이다. 예배는 하나님의 임재가 내려오도록 한다.

'하나님의 갑자기'는 '사람의 기다림'을 요구한다

마가의 다락방 사건 때 '갑자기' 하나님께서 하늘 문을 여시고 아래로 임하셨다. 이것이 우리가 원하는 바, '하나님의 돌진하심'이요 '하나님의 갑자기'이다. 그러나 '사람의 기다림' 없이 '하나님의 갑자기'를 기대할 수는 없다. 우리는 하나님의 얼굴을 구해야 한다. 우리는 더 이상 하나님께서 휘장 사이로 손을 내밀어 복음의 사탕을 나눠 주시는 정도로 만족할 수 없다. 우리는 휘장이 열리기 원한다. 우리는 지성소에까지 나아가 인생을 뒤바꿔놓는 하나님과의 대면을 원한다. 그러면 우리는 다윗의 열정으로 휘장을 젖히고 예배할 것이며, 마침내 하나님의 영광이 모든 거리에 분명하게 나타날 것이다.

교회는 하나님의 목적을 잉태하고 있다. 우리 몸이 불어나고 우리 배도 불러온다. 우리는 언제 어디서 아기가 태어날지 모른다. 하지만 아기가 태어날 것을 알기 때문에 초조하게 기다린다. 솔직히 나는 여러분에게 거룩한 좌절감이 강하게 임하여 오늘 밤 잠을 이루지 못하게 되길 바란다. 기도하기는 하나님의 임재를 향한 타는 목마름이 당신의 가슴속에 일어나 돌이킬 수 없는 변화를 만들어 내기를 바란다. 하나님의 목적 외에 다른 것들에 대해서는 다 '망하게' 되기를 바란다.

교회가 하늘의 방식에 따라 은혜의 보좌를 세우는 날, 하나님은 미가엘과 가브리엘에게 작별을 고하고 말 그대로 우리 가운데 보좌의 영역을 세우실 것이다! 확언컨대 하나님의 영광이 그렇게 나타날 때 우리는 무슨 광고나 선전을 할 필요가 없다. 하늘의 양식이신 주님이 우리 가운데 좌정하시면 굶주림이 일어날 것이다.

"아버지, 굶주림의 불길을 지펴 올립니다.
우리를 완전히 변화시켜 주소서.
우리 가슴을 불로 태워주소서."

이 땅에 보좌의 영역을 세우기 위해 당신과 내가 순종의 값을

치를 수 있는 유일한 방법이 있다. 그것은 주님 앞에서 우리의 심령을 완전히 깨뜨리는 것이다. 주님의 마음을 아프게 하는 것들이 동일하게 우리의 마음을 아프게 하기 때문이다.

손을 가슴에 얹고 용기를 내어 다음과 같이 기도하라.

> "주님, 내 심령을 깨뜨리소서.
> 내가 완전히 변화되기를 원하오니
> 주 예수여, 내 마음을 만지시사
> 당신의 임재 가운데 머물게 하소서."

하늘 문을 열 때 결코 실패할 수 없는 길이 있다

하늘 문을 열고 당신 지역에 드리운 어둠의 권세와 악한 영들을 향해 지옥 문을 닫을 때, 절대 실패할 수 없는 유일한 길이 있다. 기도하고 회개하고 중보하고 하나님을 예배하라. 하늘에 작은 구멍이 나고 하나님께서 영광의 빛의 스위치를 켜시기까지 그렇게 하라. 그러면 사탄의 세력은 사방으로 도망갈 것이다!

우리가 아무리 '영적 전쟁'을 잘 치르고 귀신의 세력에게 크게 소리를 친다 해도, 그것은 하나님께서 그분의 영광의 빛을 드러내실 때 임하는 능력과 비교할 수 없다. 현재 우리가 하는 방식으로는 안 된다. 우리는 세상을 교회 건물 안으로 불러들일 수 없다.

크리스천들의 삶의 방식은 이미 사람들에게 우리는 여러분에게 줄 게 없어요!라고 말해 왔다. 이제 우리는 '교회의 머리되신 예수님'을 그들에게 전해 주어야 한다.

우리에게 달려 있다. 일 년에 한두 번 '좋은' 예배를 곁들였을 뿐 아무 능력도 없는 김빠진 음식 같은 예배들에 더 이상 만족할 수 없다. 이제 우리는 어떤 대가를 치르더라도 하나님을 찾아야 한다. 누구나 변화에 대해서는 불편해 한다. 하지만 변화는 하나님께서 하시는 일의 한 요소이다. 하나님은 교회를 재규정하시고 우리의 종교적인 의식들을 완전히 구닥다리로 만드신다. 내가 하는 말은 이것이다. 분명한 하나님의 임재가 최우선이 될 것이라는 말이다. 다시 말해 그 수많은 예배 시간에 누가 설교하고 누가 노래하고 누가 기도하고 누가 뭘 하느냐는 중요하지 않게 되리라는 것이다. 하나님이 임하시기만 하면.

하나님의 임재의 홍수에 사로잡혀

사람들은 분명한 하나님의 임재의 홍수에 사로잡히는 것이 무엇인지 모르고 있다. 던컨 캠벨은 아직도 기억이 생생한 헤브리디스제도에서의 한 사건을 이야기했다.

"제 요청으로 교구에 있는 서너 명의 교역자들이 그 섬을 방문했습니다. 그들은 갓 구원을 받은 한 청년을 데리고 왔더군요.

오두막에서 함께 이야기하고 기도하다가 우리는 교회로 향했습니다. 교회는 이미 사람들로 가득했죠. 그때 저는 너무나도 강하게 성령께서 입을 막으시는 것을 경험했습니다. 더 이상 설교하기가 힘들었습니다. 반쯤 했을까요? 저는 설교를 멈추고 말았습니다.

바로 그때 제 눈에 그 청년이 사로잡혔습니다. 분명 청년은 영적인 감동과 깊은 참회 가운데 있었습니다. 저는 강대상에서 고개를 숙여 말했죠. '도널드 군, 자네가 기도 인도를 해 주겠나?' 그는 즉시 순종했고 그 순간 하늘의 홍수 문이 열렸습니다. 회중은 마치 폭풍우를 만난 것 같았죠. 많은 사람들이 통곡하며 하나님의 자비를 구했습니다.

하지만 그때 그들의 방문이 특이할 만한 것은, 그날 교회에서 있었던 사건 때문이 아니라 섬 전체에 미친 영적인 충격 때문입니다. 그때까지만 해도 하나님을 구하려는 생각이 전혀 없던 사람들이 갑자기 선 채로 앉은 채로 누운 채로 하나님께 사로 잡혀서 자신의 영혼에 대해 깊이 근심하게 되었죠. 그리고 결국 자신들도 이것은 주님이 하신 일이라고 고백했습니다."

나는 하늘의 수문이 모든 도시 위에 열리길 원한다

나는 프로그램화된 부흥 집회의 메뉴판을 읽는데 질렸다. 나는 하늘의 수문이 모든 도시 위에 열리길 원한다. 하지만 교회들은 이런 유형의 전도에 대해 아는 바가 거의 없다. 다만 전문적으로 아는 것이 있다면 '프로그램 전도'일 것이다. 우리는 사람들을 구원시키기 위해서 어떻게 조직적으로 전화하고 편지를 보내고 가가호호 방문하는지에 대해 잘 알고 있다. 물론 이런 방법들을 통해서 주께로 나아오는 영혼들이 있음에 감사한다.

우리는 또한 '능력 전도'에 대해서도 안다. 이것은 약 20년 전 고(故) 존윔버 목사에 의해 미국 교회에 소개된 전도 방법이다. 이 또한 프로그램이지만 치유의 기름 부음을 조직적인 전도 방법과 결합시킨 것이다.

우리는 하나님을 교회에 모시는 길을 하나님께서 그분의 영광을 자유로이 드러내실 수 있는 방법으로 깨우쳐야 한다. 하나님께서 그렇게만 하시면 우리는 사람을 모으는데 걱정할 필요가 없다. 사람을 모으는 것은 하나님이 하시기 때문이다. '임재 전도'는 예수님이 모든 영광 중에 높임을 받으실 때 시작된다. 주님은 모든 사람을 내게로 이끌겠다고 약속하셨다(요 12:32). 사람들을 교회로 끌어들이는 일을 우리가 책임지게 되면 남는 것은 무리들뿐이다.

우리는 사람을 끌어들이려고 한다.
그것이 우리가 할 일이라고 생각하기 때문이다.
우리는 어느 때쯤에나 알게 될까?

교회의 최우선 목표는 주님을 모시는 것이다!

마지노선은 이것이다. 우리는 하나님이 더 필요할 뿐 사람들은 덜 필요하다. 우리에게 필요한 사람들은 "하나님, 약속하지 않으셨습니까!"라고 기도하며 외치는 사람들이다. 그러면 이내 하늘의 수문이 터질 것이기 때문이다.

지금 이 순간 당신은 보좌의 영역에 이르는 문 앞에 서 있을 것이다. 하나님은 당신이 서 있는 곳에서 당신을 만나기 원하신다. 당신은 이 거룩한 만남에서 하나님의 희소식을 들을 것이다. 하나님께서 당신의 교회와 도시에 부흥을 주시고 당신 가정에 탕자들을 돌려보내 주신다는 소식이다. 그러나 다른 누가 당신 대신 만나 줄 수는 없다. 당신 자신이 회개라고 하는 죽음의 문을 걸어들어가야 한다. 문 반대편에는 하나님의 영광이 기다리고 있다. 오직 회개를 통해 죽은 자만이 그분의 얼굴을 볼 수 있다. 오직 깨어진 예배자들만이 그들의 상하고 정화되고 회개하는 예배를 통해 은혜의 보좌를 세울 수 있다. 당신은 한 나라의 운명을 바꾸는 '바로 그 사람'이 될 수 있다.

사람들이 존 웨슬리에게 어떻게 그 많은 무리들을 주님께로 인도했는지를 묻자, 그는 이렇게 대답했다. "나는 그저 하나님을 위해 나 자신을 불태울 뿐입니다. 그리고 사람들은 불에 타는 나를 보러 오는 것이죠." 누군가가 불을 지펴야 한다. 당신이 아니면 누가 하겠는가? 지금 여기가 아니면 언제 어디서겠는가? 다만 당신이 하나님의 연료가 될 맘이 없다면 하나님의 불을 구할 자격이 없다!

더 이상 도망갈 수 없었어요!

하나님의 영광이 어느 한 장소에 거주하기 시작하면 기적적인 일들이 일어난다. 내가 아는 조지아 주의 한 교회에서 하나님의 임재가 나타나 그 지역 전체에 스며들기 시작했다. 한 여인의 간증은 거센 물살을 간구하는 내게 그 물살의 시작을 알려 주는 것이었다. 그녀는 내게 말했다.

"3주 전 저는 우리 집 거실에 앉아 있었어요. 우리 집은 이 교회에서 800미터 떨어져 있답니다. 그런데 뭔지 모르지만 한 영이, 하나님의 임재가 거실로 들어왔어요. 저는 말보로 담배를 피우며 버드와이저를 마시면서 텔레비전 채널을 돌리고 있었죠. 바로 그 때 하나님의 임재가 거실로 들어왔어요. 처음에는 그것을 피해 도망쳤죠. 자리에서 일어나 부엌으로 갔으니까요.

첫 주에 나는 부엌에서 거실로 갈 수 있었어요. 거실에는 여전히 그 임재가 느껴졌지만 부엌은 괜찮았어요. 그러나 지난주에는 거실에 있던 그 임재가 부엌으로 쳐들어 왔어요. 그래서 저는 침실로 도망갔죠.

오늘 아침 자리에서 일어났더니 그 임재가 제 침실까지 밀고 들어왔더군요. 나는 더 이상 도망갈 수 없었어요! 나는 그것이 여기 교회로부터 오는 것임을 깨달았죠. 그래서 여기로 올 수밖에 없었던 거예요."

그 여인은 그날 밤 구원을 받았다. 그녀의 간증은 '임재 전도'가 한 도시에 침투해 들어가는 방식을 아주 잘 설명해 주고 있다. 그녀의 간증처럼 그것을 수백 수천 수백만의 사람들에게 배가시키라. 우리가 도시 전체를 휩쓸 하나님의 보좌의 영역을 세우기만 한다면, 하나님께서 이 세대 가운데 어떤 일을 예비하셨는지 알 수 있다. 이런 일이 일어나면 사람들은 더 이상 도망갈 수 없다. 왜냐하면 자비와 은혜가 도시의 거리 곳곳마다 흘러넘칠 것이기 때문이다. 영광의 강물은 흘러가면 흘러갈수록 더 넓어지고 깊어진다. 하나님, 이 일을 행하소서!

"아버지, 당신의 마음이 깨어진 것처럼 우리에게도 깨어진 심령을 주소서. 깨어진 심령으로 예배하는 자들이 하나님의 거처를 세우게 하소서. 이제 우리는 좋은 것을 등지고 최선의 것을 구하겠습니다. 하나님, 우리는 당신의 무게, 당신의 영광을 원합니다. 아버지, 기름 부음과 그로 인해 일어나는 것들에 감사를 드립니다. 그러나 여전히 인간적인 잔재가 남아 있습니다. 간구하옵기는 '사람은 죽고 하나님의 영광만이 임하게 하소서.'"

누군가 모세의 기도를 드려야 한다. "내게 당신의 영광을 보여주소서!" 우리 교회와 가정과 학교에 하나님의 영광이 필요하다. 어느 날 학교 식당에서 머리를 조아리고 기도하는 젊은이들이 일어나기를! 그날 갑자기 하나님의 영광이 전 학교 위에 임하는 것을 보기 원한다! 지금 학생들의 피가 학교 복도에 흐르고 있지 않은가. 이제 예수의 보혈이 학교 안에 흘러야 할 때가 되었다!

주님은 우리의 깨어진 틈새를 통해 임하실 것이다

우리 가운데 하나님이 필요하다. 우리가 은혜의 보좌를 세운다면, 하나님은 오실 것이다. 하나님이 우리 교회에 나타나기 원하신다면, 하나님은 우리의 잘남과 교만함을 통해서가 아니라 오직 우리의 깨어진 틈새를 통해 임하실 것이다. 지상의 깨어진 그릇만이 천상의 영광을 담을 수 있다. 말이 안 되는 얘기지만 진리이다.

나는 굶주림을 무시하고 어떤 기도도 할 수 없다. 나는 하나님께 굶주려 있다. 하나님은 우리의 필요를 채워주시겠다고 약속하셨다. "… 주리고 목마른 자는 복이 있나니 그들이 배부를 것임이요"(마 5:6). 영광은 배부른 그릇에 임할 수 없다. 우리는 주님을 더욱 구하고 자신을 덜 구해야 한다. 우리는 '자아'라는 컵을 깨끗이 비워야 한다. 그래야만 주님으로 가득 채울 수 있다. 그것이야말로 하늘 문을 열고 하나님의 영광이 전 도시 위에 임하도록 하는 유일한 방법이다.

우리 자신을 비우고 분명한 하나님의 임재가 나타날 때 어떤 일이 일어날지 상상할 수 있겠는가? 분명한 하나님의 임재가 한 도시, 한 교회 위에 임할 때 무슨 일이 벌어지겠는가? 우리는 보좌의 영역을 세우고 분명한 하나님의 임재의 범위를 확장시켜야 한다. 그 임재 가운데 모든 사람이 휘장도 장벽도 관문도 없이 하나님의 영광에 나아갈 수 있도록 해야 한다.

하나님과 사람 사이에 장벽이 없어지면, 당신은 하나님이 속삭이실 때 그 음성을 들을 수 있게 된다. 당신을 움직이는 것은 하나님의 폭풍우가 아니다. 오히려 하나님의 가슴에서 나오는 가장 고요한 바람, 가장 작은 미풍, 가장 부드러운 속삭임일 것이다. 만일 우리가 회개와 깨어짐의 예배를 통해 그런 자리를 마련할 수 있다면 하나님은 오실 것이다. 다윗의 장막이 하나님이 '기뻐하시는 집'이 된 것은 휘장이 없는 친밀함의 예배 때문이었다. 하나님의 거주지, 하나님이 기뻐하시는 집을 세우는 것은 바로 이 친밀함이다. 그때 하늘에서처럼 땅에서도 '보좌의 영역'이 세워진다.

예수님, 당신의 영광이 흐르게 하소서.
흐르게 하소서.
당신의 얼굴을 구하나이다.

10

CHAPTER

문지기의 감춰진 힘을 발견하라

제자리에 서라

신(新) 헤브리디스 부흥 운동에서 한 젊은이가 여섯 명의 고령의 중보기도자들과 인터뷰를 했다. "그분 중 한 분이 말씀하시는데 옛 부흥을 사모하는 눈빛이 간절하더군요. 그는 심한 사투리를 섞어가며 말했죠. '주님을 발견한다면 절대 절대 절대 절대 놓치지 말게!'" 그들은 이 젊은이에게 전한 경험과 통찰력을 후대 사람들에게 전하기 위해 오디오 테이프에 녹음을 해 두었다. 나는 결코 그 말을 잊을 수 없다. '주님을 발견한다면 절대 절대 절대 절대 놓치지 말게!'"

이 말은 무슨 말인가? 당신이 하늘 문을 간신히 열게 되었다면 다시 닫히지 않도록 하라는 말이다. 그렇지 않으면 과거에 있었던 향기나 지키며 허망하게 문 앞에 서게 될 것이다. 그러면 솔로몬의 신부처럼 거리로 뛰쳐나가 사람들에게 필사적으로 묻게 된다. "그분을 보셨나요? 그분의 머리카락은 양털처럼 하얗답니다. 처음엔 그분인 줄 몰랐어요. 그분이 문을 두드릴 때는 너무 피곤했거든요."

필사적으로 하나님을 좇는 사람들은 하나님이 방문하실 때 '하나님을 붙잡는' 은혜를 그 어느 때보다 강력하게 경험하고 있다. 그 안에 하나님의 뜻이 다 있기 때문이다. 매일같이 나는 곳곳에서 사람들이 무릎을 꿇고 엎드려 기도하던 중, 문을 통과하여 영원의 세계를 보게 되었다는 소식들을 접하고 있다. 야곱에게도 이런 일이 일어났었다. 그는 하늘 문 가까이에서 잠이 들었다가 꿈에서 열린 하늘을 분명하게 보았다. 그때부터 그의 인생은 완전히 변하기 시작했다.

하나님이 방문하시는 곳에 있다 보면 마치 우리 앞에 시간의 틈새가 벌어져 있는 것처럼 보인다. 영원한 그분이 우리의 작은 시공간의 놀이터에 들어오실 때 지상에서 중요한 모든 것은 사라지게 된다. 왜? 하나님이 집 안에 계시기 때문이다. 영원이 우리의 작은 시간 세계 속에 방문하면 하나님의 영광은 우리의 비좁은 공간을 가득 채우게 된다. 그래서 3시간이 마치 3분처럼 느껴지고 우리는 그분을 예배하며 그분의 임재 가운데 빠지는 것이다. 그 순간 우리는 문에 더 가까이 다가선다. 그리고 시간의 딱딱한 결박을 뚫고 시간을 초월한 영원의 세계 속으로 들어가게 된다.

야곱이 하늘 문 앞에 엎드러진 날 그는 그 장소를 표시하기 위해 돌을 세우며 말했다. "저는 이 일을 잊고 싶지 않습니다." 그러나 우리가 주의하지 않으면 지상의 표식을 사용할 수 있다. 그것은 영적 세계에서의 표식과는 맞지 않는 것이다.

대부분의 사람들이 자신의 영적 체험의 '위치'를 표시하려고 일시적이고 가변적인 표식을 사용한다. 그들은 예배인도자에게 이렇게 말한다. "3주 전에 불렀던 그 노래를 부르죠. 그 노래를 부를 때 하나님이 임하셨어요." 불행하게도 일시적인 표식들로는 영원의 장소를 결코 표시할 수 없다. 그래서 예배인도자들에게 돌아와서 말하는 것이다. "음, 좋긴 한데요. 그때와 똑같지는 않네요." 문제는 잘못된 표식을 사용했다는 것이다. 노래가 아니라 자신의 마음의 위치와 갈급함을 표시해야 한다.

한번은 할아버지께서 나를 데리고 본인이 즐겨가는 낚시터에 데리고 가셨다. 할아버지는 조심스레 배를 몰아 바른 지점에 갖다 대시며 말씀하셨다. "자, 애야, 바로 여기 이 좁은 지점에서 낚시질을 하면 언제나 엄청난 물고기를 낚을 게다. 여기서 하면 배가 잠길 정도로 잡을 수 있어."

나는 나중에 혼자 그곳에 간 적이 있다. 혼자 배를 몰고 그 지점에 가서 낚시를 했지만 한 마리도 잡지 못했다. 그래서 집에 돌아와 할아버지에게 "할아버지, 물고기가 한 마리도 없던데요"라고 말했다.

"그럴 리가. 거기에는 항상 물고기가 있어. 네가 바른 지점에 가지 않은 거겠지."

"음, 그다지 틀리지는 않았을 텐데…."

"이해를 못하고 있구나. 그 자리를 1미터만 벗어나도 물고기를 잡을 수 없단다. 바로 그 지점 위에 있어야 하는 거야. 자, 그럼 이번에는 나랑 같이 가자."

나는 할아버지와 함께 다시 한 번 갔다. "네가 한 번 배를 몰아 그 위치를 찾아보렴." 그래서 나는 배를 몰고 내 생각에 맞는 지점에 가서 멈춘 뒤 할아버지를 바라보았다. 그러자 할아버지는 웃으시며 말씀하셨다. "얘야, 여기가 아니라 저기란다."

이것들은 잘못된 표식이다

낚시하는 사람들은 좋은 '낚시터'를 발견하기만 하면 나중에 다시 오려고 그 자리를 표시해 두고 싶은 충동이 생긴다. 하지만 문제는 물 속에 있는 위치를 표시하기가 어렵다는 점이다. 어떤 사람들은 우유병 뚜껑을 달아서 추 하나를 달아 위치를 표시하려고 한다. 하지만 시간이 지나고 바람이 불고 물이 흐르면 이런 일시적인 표식들은 제 위치에서 벗어나게 된다. 아니면 보트들이 지나가면서 엉망을 만들어 놓는다. 이것들은 잘못된 표식이다. 할아버지는 자신만의 특별한 낚시터에 되돌아 가는 법을 아셨다. 왜냐하면 바람이 불어도 변하지 않을 영원한 지표(地表)를 활용하셨기 때문이다. 할아버지는 내게 말씀하셨다. "눈을 들어 지평선을 바라보아야 해 저기 저 나무 보이지?" 정확한 지표를 일단 알고 나자 나는 정확하게 배의 위치를 잡을 수가 있었다. "자, 내 특별한 낚시터는 바로 여기다." 너무도 정확하게 그 위치는 맞았다.

일시적이고 임시적인 지상의 표식으로 천상의 접근 장소를 표시하려 하지 마라. 그러면 언제나 틀릴 것이다. 야곱은 한밤중에 일어난 하나님의 만남을 표시하기 위해 돌을 쌓았다. 오랜 세월 뒤 이스라엘 백성들이 마침내 요단 강을 건너 약속의 땅에 들어갈 때, 그들도 돌을 세워 도하 지점을 표시했다. 그들은 요단강 한가운데 있는 돌들을 표식으로 취하여 강둑에 세워 두었다. 그 돌들은 훌륭한 표식이 되었다. 왜냐하면 강바닥에서 주운 돌들은 물살 때문에 모가 없이 둥근 모양이었지만 땅에 있는 돌들은 거칠고 모가 나 있었기 때문이다.

이스라엘 자손들은 그 돌무더기를 지날 때마다 그것이 강바닥에서 주워온 것임을 확신했다. 그들은 시간의 휘장 사이로 영원의 틈새를 표시했기 때문이다. 아이들이 "이 돌들은 육지에서 주운게 아닌데요"라고 말할 때마다 부모들은 알려 주었다. "얘들아, 맞다. 이 돌들은 주님이 임하셨을 때 세운 것이란다." 이 표식은 이스라엘 사람들에게 대대로 하늘이 열리고 강물이 갈라지던 날을 기억하게 해 주었다.

나는 차라리 문지기가 되겠습니다

하늘이 열렸던 장소를 표시하기 위해 하나님을 좇는 사람들에게는 다른 종류의 표식이 필요하다. 그럼 우리는 무엇을 사용할 수 있을까? 즐겨 부르는 부흥 찬송 목록이나 특수 제작한 부흥 의상일까? 아니, 이런 것으로는 안 된다.

> "주의 궁정에서의 한 날이 다른 곳에서의 천 날보다 나은즉 악인의 장막에 사는 것보다 내 하나님의 성전 문지기로 있는 것이 좋사오니"(시 84:10).

다윗 역시 하나님의 성전 문지기로 살기를 원했을 것이다. 다윗은 "당신은 왕입니다. 왕위는 진정 영향력이 있는 위치입니다. 왜 당신은 문지기가 되기를 원합니까?"라는 말에 이렇게 대답했을 것만 같다. "나는 중요한 것을 깨달았소. 제자리에 서 있는 문지기가 보좌에 앉아 있는 왕보다 더 강한 영향력을 세상에 준다는 사실을 말이오! 하나님의 집 문지기는 하늘 문 앞에 서 있는 문지기랍니다. 하늘 문이 열리기만 하면…."

홍수로 불어난 물이 댐 뒤에 갇혀 있는 것처럼 하나님의 영광이 하늘에 가득하다. 하나님은 그분의 영광을 아는 지식으로 온 세상이 범람하도록 하실 것임을 공개적으로 선포하셨다. 대부분의 경우 우리는 문이 어디에 있는지, 어떻게 그 문을 통과하는지 잘 모른다. 한 번 그 문 앞에 엎드렸던 경험이 있을지라도 말이다.

이런 문제를 해결하는 쉬운 방법은 '좋은 것'을 잊어버리는 것이다. 최선이란 하나님의 영광의 홍수를 말한다. 그런데 우리는 인내하며 주님을 기다리는 대신 하나님이 허락하신 '좋은 것'(기름 부음)이 마치 '최선의 것'(분명한 하나님의 영광)인 양 제시한다. 하나님의 영광이 실제로 임하지 않았는데도 임했다고, "하나님이 여기 계십니다!"라고 외치고 있다.

바울은 우리에게 말한다. "우리가 지금은 거울로 보는 것같이 희미하나"(고전 13:12). 어쩌면 이 말씀이 우리의 주제 성구인지 모른다. 우리는 차선의 것에서 생명의 길을 만들어 왔다. 사람들을 한 사람씩 불러다가 '기름 부음의 구멍' 사이로 들여다보며 건너편에 진짜 뭔가가 있다고 말해 준다. 그러고는 세상 모든 사람을 좌절시키는 말을 덧붙인다. "그런데 이 문을 열 수 있는 열쇠를 잃어버렸습니다."

우리는 사람들이 목사의 안수기도에 만족하도록 가르쳐 오느라 바빴다. 내 말을 들어보라. 하나님이 나타나시면 나도, 그 누구도 당신에게 손을 얹을 필요가 없다. 기름 부음 받은 사람이나 기름 부음을 구하지 말고 '기름 부으시는 분'을 구하라. 당신 머리에 내 손을 얹는 것과 당신의 마음속에 하나님의 손가락이 말씀을 새기는 것은 어마어마한 차이가 있다.

하나님의 손 안에서 짤랑거리던
그 옛날의 열쇠를 누가 발견할 것인가?

하나님이 약속하신 사건은 반드시 일어날 것이며 하나님의 영광의 홍수 역시 반드시 임할 것이다. 어디선가 누군가로부터 시작될 것이다. 그렇다면 어디서이겠는가? 누가 하나님의 손 안에서 짤랑거리던 그 옛날의 열쇠를 발견할 것인가? 주님은 베드로에게 말씀하셨다. "내가 천국 열쇠를 네게 주리니 네가 땅에서 무엇이든지 매면 하늘에서도 매일 것이요 네가 땅에서 무엇이든지 풀면 하늘에서도 풀리리라"(마 16:19). 누가 반대편의 노크 소리를 듣고 그 옛날의 열쇠를 꽂아 하늘 문을 열 것인가? 어디서 문이 열리든, 누가 그 문을 열든 그 다음에는 하나님의 영광이 막을 수 없고 측량할 수 없는 거대한 홍수로 임할 것이다. 하나님의 영광이 지구를 덮는다면 어디에선가는 시작해야 한다. 그렇다면 왜 여기가 아닌가? 왜 당신은 아닌가?

하나님 나라의 열쇠가 어딘가에 놓여 있다. 누군가는 그 열쇠를 찾아서 문을 열어 젖혀야 한다. 하나님은 말씀하셨다. "이 땅을 위하여 성을 쌓으며 성 무너진 데를 막아 서서 나로 하여금 멸하지 못하게 할 사람을 내가 그 가운데에서 찾다가 찾지 못하였으므로"(겔 22:30). 하나님이 말씀하시는 것을 진정으로 이해하기 원한다면, 사물을 바라보는 지나친 종교적인 관점들을 벗어 버려야 한다. 하나님께서 말씀하신, 우리가 채우기 원하시는 '무너진 간격'은 어디에 있으며 무엇인가?

한번은 가족 전체를 데리고 조지아 주의 애틀랜타에 간 적이 있다. 그곳 어느 교회에서 말씀을 전하는 동안 가족을 동반했다. 출발 시간이 되었을 때 모두 호텔 방에서 나와 엘리베이터로 향했다. 다들 손에는 작은 가방과 여행용 가방, 꾸러미들이 가득했다. 그런데 막내딸을 보니 '비니 베이비'라고 불리는 동물 인형 가족 세트를 통째로 가져오는 바람에 가방이 터질 지경이었다.

문이 닫히기 시작했다…

어린아이가 자기가 들 수 있는 것보다 많은 것을 들고 가려고 애쓰는 것을 본 적이 있는가? 막내딸 안드레아는 복도에서 가방을 질질 끌고 오느라 일행보다 조금 뒤쳐져 있었다. 그 호텔 엘리베이터는 아주 빨리 닫히는 편이었기 때문에 안드레아가 엘리베이터에 발을 디디려는 순간 이미 문이 닫히기 시작했다. 다른 식구들은 모두 엘리베이터 안에 있었다.

안드레아는 본능적으로 갑자기 엘리베이터에서 물러섰다. 그 순간 나는 딸의 얼굴에 공포가 밀려오는 것을 볼 수 있었다. 그때 딸이 무슨 생각을 했을지 상상이 간다. '사랑하는 하나님, 다들 날 여기 두고 가려고 해요! 나 혼자 이 호텔에 갇혀 있는 동안 나만 빼고 모두들 차를 타고 가버릴 거예요.'

문이 닫히기 시작할 때 부성애가 본능처럼 움직이기 시작했다. 나는 재빨리 엘리베이터 문 사이에 손을 집어넣었다. 문을 다시 열 수 있기를 소망하면서. 마침내 나는 문을 열어젖혔다. 말 그대로 손을 넣어서 억지로 문을 열었다. 문을 간신히 열어젖힌 후 나는 문 사이에 버티고 섰다. 그 순간 안드레아의 안도감을 느끼고 있었다. "우리 아빠가 날 위해 문을 잡고 있는 거야." 딸은 수줍게 웃더니 이내 킥킥거리면서 열린 문 안으로 들어왔다. 이제 안전했다.

하나님은 우리가 우리의 18번 찬송가나 예배 음악을 사용해서 하나님과의 대면을 표시하거나 하늘 문을 열라고 의도하신 적이 없으시다. 설교로도 할 수 없고 화려한 인물로도 할 수 없고 강력한 치유 사역으로도 할 수 없다. 하나님은 더 좋은 생각을 갖고 계시다. 당신 자신의 생명으로 그 문을 열어 젖히라! 문지기가 되어 문을 열라. 하늘의 빛이 당신의 교회와 도시 위에 비칠 수 있도록.

살아 있는 헌신적인 문지기만 한 것은 없다

때로는 전국적인 레스토랑 체인점이 교회들보다 더 민감하다는 생각을 한다! 나는 이탈리아 음식을 전문으로 하는 어떤 레스토랑 체인점을 즐겨 간다. 이유는 음식 때문이기도 하지만 친절한 서비스 때문이다. 이 음식점은 손님을 무척 배려한다. 더욱이 문에 문지기가 한 명 서 있어서 모든 손님이 들어올 때마다 개별적으로 다 환영해 준다. 손님을 맞이하고 그들의 필요를 채우는 데 있어서 살아 있는 헌신적인 문지기는 최고이다.

이런 질문을 해 보자. 교회의 목적이 무엇인가? 그것은 당신이나 나를 섬기려는 것이 아니다. 교회는 모든 것 위에 계신 주님을 위해 존재한다. 이제 우리가 주님과 대면하면, 즉 우리 손을 휘장 사이로 찔러 넣어 하늘 문을 열면, 우리 뒤에 따라오는 사람들의 유익을 위해 하늘 문을 계속 열고 있어야 하는 것은 바로 우리의 책임이다.

당신이 회개하는 정화된 예배 가운데 그 문을 비틀거리며 들어서게 된다면, 문간에 위치하고 서서 그 문을 열어젖히라. 그 간격 한가운데 서라. 하나님은 그분이 기뻐하시는 집을 재건하는 일을 돕겠다고 약속하셨다. 우리는 그 문을 열고 있기만 하면 된다. 머리 위로 펼쳐진 거대한 문을 두 손으로 열고 서 있는 모습을 상상해 본다면, 당신은 문지기가 제 위치에 서 있는 그림을 보는 것이다. 두 손을 높이 든 자세로 찬양과 경배의 위치에서 하나님의 임재로 들어가는 문을 열어젖히고 서 있는 것이다.

다윗은 36년 동안 끊임없이 하나님을 즐겁게 해 드렸다

다윗이 발견한 열쇠를 우리 시대가 되찾아야 한다. 다윗은 하나님의 임재를 예루살렘에 되찾아 오는 것 그 이상을 했다. 다윗은 하나님의 영광을 분리하는 장벽이나 휘장도 없는 열린 장막 안에 하나님의 영광을 펼쳐 놓는 것 그 이상을 했다. 어쨌든지 간에 다윗은 거의 36년 동안 그 초라한 장막에서 하나님을 즐겁게 해 드리고, 모든 이스라엘 가운데 하늘이 열려 있도록 만들었다! 다윗의 시대는 다윗의 예배로부터 유익을 얻었다.

예배를 통해 천국의 창들을 열 때, 그 창들을 계속 열어 두려면 그 예배 가운데 지킴이를 세워야 한다. 지킴이는 바로 문지기이다. 다윗 시대에 레위인 예배자들은 끊임없는 예배와 찬양으로 언약궤 주위를 둘러싸고 있었다. 그들이 지속적으로 열려 있는 하늘의 유익을 누릴 수 있었던 것은 누군가가 그 문에 서서 문을 열고 있었기 때문이다. 당신이 목사나 교회 지도자라면 당신의 최우선 과제는 당신 도시의 문지기가 되는 것이다. 이제 당신에게 주어진 임무와 기회에서 성공할 수도 실패 할 수도 있다.

천국의 창들을 도시 위에 열어 두는 책임을 지는 사람이면 누구나 문지기가 될 수 있다. 교회 지도자나 중보기도자나 예배자들일 수 있다. 열린 하늘이란, 사람에게 하나님의 임재가 자유로이 접근하는 것과 사람의 세계에 하나님의 영광이 자유로이 흐르는 것을 의미한다. 그것도 사탄의 방해가 거의 존재하지 않는 차원에서 말이다.

롯은 소돔과 고모라의 문지기였다. 그것은 그가 "소돔 성문에 앉아 있다가"(창 19:1)라는 말씀에서 알 수 있다. 롯은 거주할 도성을 잘못 선택했지만 분명히 천사를 만났을 때 '의'를 인식했다. 그는 특별히 의에 이르는 '문을 열었고' 거룩한 나그네들을 자기 집으로 모셨다. 롯은 불의가 무엇인지 알았지만 그 도성 전체를 불태우고 있는 죄악에 이르는 '문을 닫는 것'에는 실패했다. 롯은 바른 곳에 서 있지 않았고 그 도성에 영향을 미치지 못했다. 오히려 소돔과 고모라가 그에게 영향을 주었다. 마침내 소돔이 불로 멸망한 것은 하나님의 문지기가 제 일을 하지 않았기 때문이다.

다윗 또한 문지기였다. 그는 자기 직무의 중요성을 잘 알았다. 시편 84편 10절 말씀을 쓸 때 그의 마음은 이랬을 것이다. "나는 바로 그 문 앞에 서 있는 문지기가 되고 싶어. 그곳이야말로 진정한 영향력이 있는 자리니까." 하나님의 임재의 능력을 결코 과소평가하지 마라. 당신이 문지기가 되어 교회와 지역사회 앞에 하나님의 임재의 문을 열어 놓는다면, 당신은 전 세계에서 가장 영향력 있는 자리에 위치하고 있는 것이다. 옛 레위인들처럼 우리는 문을 지키는 족속으로, 하나님의 임재의 사람들로 부름을 받았다. 당신은 하나님의 임재에 이르는, 말 그대로 걸어 다니는 통로가 될 수 있다. 사람들은 영광의 빛이 문 밑에서 번쩍이는 것을 감지할 것이다.

오벧에돔은 바로 그 자리에서 문지기가 되는 것의 중요성을 깨달은 사람이었다. 많은 사람들이 그가 레위인 반차에 속했을 것이라고 생각하지만, 우리도 그에 대해서 다음과 같은 사실을 알고 있다. 그는 하나님이 자기 집을 방문하는 정도가 아니라, 자기 집에 거주하시는 것이 무엇인지 아는 사람이었다.

그는 방문(visitation)이 거주(habitation)가 될 때
무엇을 해야 할지 알았다

오벧에돔은 하나님의 방문이 거주가 될 때 무엇을 해야 할지 알았다. 그리고 그 일을 할 때 부수적인 유익이 있다는 것도 발견했다. 그의 작물은 더 잘 자랐고 그 집 개는 더 이상 사람을 물지 않았다. 지붕도 물이 새지 않았고 아이들은 건강해졌으며 그의 모든 것이 놀랍도록 복을 받았다. 뭔가 좋은 일들이 생기고 농사가 잘 되었다. 이렇게 세 달만 지나면 모든 사람이 그 사실을 알게 되지 않겠는가. 마침내 소문이 예루살렘에 있는 다윗 왕에게까지 들렸다. "다윗 왕이시여, 믿기 어려우시겠지만, 오벧에돔이 세 달 만에 백만장자가 되었다 하옵니다."

다윗은 말했다. "내가 옳았다는 걸 알았지. 이제 궤를 예루살렘에 모셔와야겠네.[1] 오벧에돔이 그 집에서 그렇게 복을 받았다면 내가 궤를 제자리로 옮길 때 우리 국민 모두가 복을 받지 않겠는가."

다윗이 오랜 기간 동안 그 장막을 지켰을 때 이스라엘이 얼마나 많은 복을 받았던가! 우리가 아직 그만큼 예배하고 섬기지 않았을지라도, 교회와 예배가 세상에서 후퇴한다면 상황은 급속도로 악화될 것이다. 반면 하나님의 사람들이 하나님의 영광을 교회 안 제자리에 돌려놓는다면 온 국민이 복을 받을 것이다.

궤가 가는 곳이면 그를 발견할 수 있다

다윗이 왕으로 다스리던 시절, 궤가 어디로 가든지 그 궤를 따라다니는 한 사람이 있었다. 그의 이름은 역대상 15장과 16장에 여섯 번이나 언급된다. 나는 다음과 같이 그 장면을 재구성해 보았다.

똑똑똑.

다윗 왕 : "오벧, 나 다윗 왕일세. 자네도 알다시피 3개월 전에

---

1) '예루살렘'은 언제나 교회의 유형으로 인식되었다. 영광이 교회 안에 들어올 수 있다면 하나님께서 열방 가운데 들어가실 수 있는 것이다.

궤를 이곳에 두고 가지 않았는가? 오늘 궤를 다시 가지러 왔네.
그런데 여기 모든 것이 좋아 보이는구먼."

오벧에돔 : "다윗 왕이시여, 얘기를 정리해 보자면, 궤를 제게
서 가져가시겠다는 말씀인가요?"

다윗 왕 : "그렇네. 내 기억에 궤를 여기 두고 갈 때 자네는 좀
근심 어린 기색이었는데."

오벧에돔 : "그때는 그랬죠. 하지만 이제는 궤가 가는 곳마다
복이 있다는 것을 알게 되었답니다."

다윗 왕 : "하여간 이제 궤를 가져가야겠네. 예루살렘에 궤를
모실 특별한 장소를 마련했거든. 목적지까지 가려면 좀 시간이
걸리겠지만 일단 그렇게만 하면 모든 백성이 복을 받을 거야."

오벧에돔 : "다윗 왕이시여, 잠시만 기다려 주실 수 있습니까?
… 어머니, 당신, 그리고 얘들아, 빨리 짐 챙겨! 그래, 당신 짐
하고 옷가지하고 다 챙기라고."

오벧에돔의 아들 : "아빠, 우리 어디 가는데?"

오벧에돔 : "우리는 궤가 가는 곳이면 어디든지 그곳에 갈 거야."

성경의 그 다음 장면에서 오벧에돔이 무엇을 하고 있는 줄 아
는가? 성경은 그가 궤 앞에서 문을 지키는 문지기였다고 말한다
(대상 15:24). 궤가 이사하자 오벧에돔도 이사했다. 아마도 그는 주님
의 임재 가까이 있을 수만 있다면 무슨 일이라도 닥치는 대로 했

을 것이다. 한 구절에서는 오벧에돔이 운반자로 등장한다. 말하자면 그는 "제가 궤 옮기는 것을 돕겠습니다"라고 나선 것 같다(대상 15:18). 그들이 그에게 왜 그러냐고 묻자 오벧에돔은 이렇게 대답했을 것이다. "왜냐하면 저는 궤가 있는 곳이면 어디든지 그곳에 함께 있고 싶기 때문입니다. 저는 문을 지키는 문지기가 되고 싶습니다. 솔직히 문을 열고 서 있고 싶습니다. 그 축복이 무엇인지 아니까요."

한번은 열대 지역의 극도로 더운 장소에서 설교를 한 적이 있었다. 건물 안에는 냉방 장치도 없었다. 나는 진행자들에게 요청했다. "저 문 앞에 받침대 하나만 세워주시겠습니까? 문 쪽에서 강한 바람이 불어오고 있거든요. 이제 설교를 해야 하는데 시원하게 할 수 있으면 좋겠네요."

나는 설교하는 동안 내내 시원한 바람이 다리와 팔 사이로 휘익 소리를 내며 끊임없이 불어오는 것을 느낄 수 있었다. 나는 바로 그 자리에 있었기 때문에 열대의 더위를 이길 수 있었다. 이처럼 천국에 이르는 통로에 서 있는 것을 유익이 있다고 말하고 싶다. 당신이 문지기가 되어 천국 문을 열어젖히면, 성령의 강한 바람이 불어 모임 장소를 영광으로 가득 채우는 것을 느끼게 될 것이다.

120명의 성도는 오순절날 취할 수밖에 없었다. 그들이 하늘을 열어 놓고 통로에 서 있었기 때문이다. 그래서 하나님의 강한 바람이 천국으로부터 터져 나와 온 집 안을 채웠다. 그리고 주님의 영광은 거리로 흘러들어 갔다. 그 다음 성경을 읽어 보면 이런 말씀이 나온다. "너희 가르침을 예루살렘에 가득하게 하니"(행 5:28). 그리고 이런 말씀도 나온다.

"아시아에 사는 자는 유대인이나 헬라인이나 다 주의 말씀을 들더라"(행 19:10).

무슨 일이 일어났는가? 누군가가 문을 발견했고 자신의 목숨을 걸고 그 문을 열어젖힌 것이다. 문지기들이 얻는 부수적인 유익은 하나님의 임재가 각 나라로 흘러들어 갈 때 문지기 자신들도 하나님과 대면하게 된다는 것이다. 이것이 바로 그 자리에 서 있는 문지기들의 축복이요 유업이다.

우리에게는 왕이나 대통령보다 문지기들이 필요하다

문지기들은 어디에 있는가? 하나님은 우리에게 왕이나 대통령보다 문지기들이 필요하다는 것을 아신다. 우리에게는 하나님의 임재에 접근하여 하나님의 영광의 문을 열 줄 아는 사람들이 필요하다. 그래야 하나님의 영광이 우리 가정과 교회와 도시와 나라 가운데 들어오게 되기 때문이다. 다윗은 다시금 이 환상을 기술하고 있다.

"문들아 너희 머리를 들지어다 영원한 문들아 들릴지어다 영광의
왕이 들어가시리로다"(시 24:7).

문에는 머리가 없다. 이 시편에서 문이란 우리를 말하고 있음
이 명백하다. 우리가 머리를 들면 무슨 일이 일어나는가? 이 구
절에 대한 히브리어 원문을 직역하면 이렇다. "너희 영원한 문들
아 열릴지어다." 우리가 이 명령에 순종하면 영광의 왕이신 그분
이 들어오실 것이다. 이게 다 무슨 말인가? 바로 교회가 하나님과
온 세상이 대면할 수 있도록 해 주는 통로라는 것이다. 당신이 예
배의 자리에 설 때, 당신은 말 그대로 영적인 문, 즉 부활하신 주
님을 향한 통로를 활짝 열어젖히는 것이다. 오늘날의 다윗이라고
할 만한 마틴 스미스는 옛 역사의 주제를 기초로 새 노래를 만들
었다.

"천상의 문을 활짝 열어라.
부활하신 주님의 길을 예비하라…."

예배를 향한 이 부르심이야말로 교회의 주제곡이 되어야 할 것
이다.

우리는 우리의 위대한 대제사장 옆에 자리를 잡고 깨어 있는 사람들과 깨어 있지 못한 사람들 가운데 서 있도록 부름을 받았다. 우리는 사람들을 천국으로 이끌고 가는 '엘리베이터', 그러나 상당히 빨리 문이 닫히는 엘리베이터 문을 손으로 열고 서 있다. 때로 나는 설교를 하다가 하늘에 틈새가 생기는 것을 느낄 때가 있다. 그럴 때면 마치 하늘이 막 열릴 것만 같아 이런 생각을 하게 된다. '그 틈새로 내 손을 넣어서 열어젖힐 수만 있다면 아마도 하나님의 영광은 오늘 밤 임하게 될 것이다.'

하나님의 경제 관점에서 볼 때 문지기들은 희소성의 가치를 지닌, 값을 매길 수 없는 존재들이다. 아마도 다윗은 어느 날 밤 칠흑 같은 어둠 사이로 밤 시간대의 예배팀이 하나님의 임재 가운데 춤추며 손을 들고 예배하는 것을 보았던 것 같다. 그는 그 모습에서 영감을 얻어 이런 시를 썼다.

"보라 밤에 여호와의 성전에 서 있는 여호와의 모든 종들아 여호와를 송축하라 성소를 향하여 너희 손을 들고 여호와를 송축하라"(시 134:1-2).

하나님의 방문(visitation)에서 하나님의 거주(habitation)로 이동하기 원한다면, 누군가는 천상의 문을 열고 서 있는 법을 알아야 한다. 그러나 우리는 휘장 안에 들어가고 나면 등 뒤로 문을 쾅 닫아 버리는 경향이 있는 것 같다. 미안하지만 아무래도 거친 남부 문화에서 자라서 그런 것 같다. 하지만 나는 신사답게 행동하도록 배웠다. 당신도 문을 통과하면서 그냥 닫아 버리지는 않을 것이다. 다른 사람들을 위해서 문을 잡아 줄 것이다. 이제 교회는 영적인 에티켓을 갖고 이렇게 말해야 한다. "천국의 문을 열고 서 있도록 합시다." 그러면 멀리서 우리를 바라보는 사람들이 말할 것이다. "밤에 (하늘 문을 열어젖히고) 여호와의 성전에 서 있는 여호와의 모든 종들아 여호와를 송축하라."

당신은 교회와 지역 가운데 하늘이 열리기를 얼마나 오랫동안 기도해 왔는가? 장담하건대 주님이 문 저편에서 문이 열리기만을 기다리신 만큼 기다리지는 않았을 것이다. 우리는 아가서에서 주님이 사랑에 빠진 신랑으로 묘사됨을 본다. 신랑은 사랑하는 여인을 보기 위해 격자 문 틈새로 들여다본다. 주님은 문 저편에서 기다리시며 말씀하신다. "내 교회를 제 위치에 세울 수만 있다면, 그리고 천국의 창들과 문들을 활짝 열어서 부어 줄 수만 있다면…."

우리의 게으름이 지옥을 열고 천국을 닫을 수 있다

제 위치에 서야 할 사람들은 누구인가? 문지기들이다. 하나님은 천국 열쇠를 가지고 그것을 사용할 줄 아는 사람들을 찾고 계신다. 그것은 바로 당신과 나다! 그러나 안타까운 것은 찬송과 예배 가운데 우리가 드리는 순종이 천국을 열고 지옥을 닫을 수도 있지만, 우리의 게으름이 정반대 현상으로 지옥을 열고 천국을 닫을 수도 있다는 것이다. 예수님은 당대의 종교 지도자들을 책망하시며 바리새인들에게 말씀하셨다.

> "화 있을진저 너희 율법교사여 너희가 지식의 열쇠를 가져가서 너희도 들어가지 않고 또 들어가고자 하는 자도 막았느니라 하시니라"(눅 11:52).

이 경고가 너무나 엄중하므로 우리 각자는 스스로에게 질문해 보아야 한다. "나는 하나님이 한 번도 말씀하시거나 명령하신 적이 없는 일에 몰두하느라 하나님의 나라에 방해꾼이나 장애물이 되지는 않았는가?" 아마도 오늘날 하늘이 열리지 않도록 만드는 교회의 가장 큰 문제점은 사람에 대한 두려움일 것이다. 그 두려움이 목회자들을 사로잡고 있다. 그래서 어떤 지도자는 자신이 내리는 결정의 90퍼센트가 사람이 두려워 내리는 것이라고 고백했다. 사람 지향적이고 사람을 기쁘게 하는 결정들은 교회를 영적 파산으로 몰아가고 있으며 천국의 창들을 닫아버리고 있다. 우리는 단 한 가지만을 좇겠다고 작정해야 한다. 우리는 하나님만을 원해야 한다. 우리는 천국의 창들을 열어 주님의 영광이 교회와 도시와 우리 모두의 삶 속에 흘러넘치기를 원해야 한다.

사탄이 지상에 세운 문들을 하나님께서 무너뜨리시는 유일한 때는 예수님이 재림하시는 때이다. 그날이 오면 예루살렘 성 동문이 주님 앞에 열릴 것이다. 그날이 오기 전까지 주님이 우리 도시에 임하실지 아닐지는 우리에게 달려 있다. 예수님이 예루살렘을 위해 우신 것처럼 당신도 당신 도시를 위해 울 마음이 있는가?

문을 열어젖혀서 영광의 왕이 들어오시도록 하라

당신의 손 안에 열쇠가 있다. 예수님이 열쇠를 베드로의 손에 넘겨주신 이래로 그 열쇠는 성령에 의해 교회의 지도자들에게 전해 내려오고 있다. 당신은 천국의 창들을 잠그고 지옥의 문들을 열 것인가? 아니면 당신이 열어젖힌 문으로 영광의 왕이 친히 들어오셔서 그분이 기뻐하시는 집, 예배로 지어진 집을 재건하시도록 하겠는가?

그러는 동안 하나님은 천국의 커튼 사이로 내려다보시며 말씀하실 것이다. "나는 창문을 활짝 열고 싶단다. 휘장을 뜯어내고 싶단다. 나는 처음부터 휘장이 맘에 들지 않았기 때문에 기회만 있으면 뜯어내고 싶었단다. 만약 교회가 보좌 주위를 둘러선 회개하는 예배자들로 자리를 잡는다면, 나는 천국의 창들을 활짝 열 것이다. 예배자들에게 심판을 멈추고 교회를 바라보는 이방인과 이교도들에게 내 은혜를 베풀 것이다." 세상 사람들은 예배자들의 얼굴을 볼 수 없다. 그 이유는 예배자들이 세상과 등지고 있기 때문이다. 그들이 볼 수 있는 것은 하나님의 현현의 영광 가운데 타오르는 파란 불꽃이다. 잃어버린 영혼들은 외칠 것이다. "이것이 은혜군요." 실제로 은혜의 보좌이기 때문이다.

하나님은 여전히 세상에 감춰져 계신다. 왜냐하면 교회가 제자리에 서서 하나님의 영광을 드러내기까지는 거리 곳곳에 나타나실 수 없기 때문이다. 그래서 하나님의 눈은 지금도 이곳저곳을 찾아 헤매며 말씀하신다. "깨어 있는 사람과 깨어 있지 않은 사람 사이에 설 사람은 어디에 있는가? 무너진 데를 막아서서 성을 쌓을 사람은 어디에 있는가? 성이 무너지지 않도록 하라. 다른 곳 다른 사람들을 위해 성을 높이 세우라. 나는 눈물 지대에서 천국의 창을 열어젖힐 수 있는 누군가를 찾고 있다."

우리는 우리 안에 옛사가 죽고 영광이 회복되도록 해야 한다

이것을 알게 된 사람에게는 책임이 따른다. 이제 교회가 어디에 서야 하는지 알게 된 만큼 평상시처럼 지낼 생각은 하지 마라. 구도자에게 우호적인 것도 좋지만 우리의 첫 번째 부르심은 성령님께 우호적인 것이다. 그래야만 불이 임한다! 우리는 우리 안에 옛사가 죽고 하나님의 영광이 회복되도록 해야 한다. 마침내 한 손으로는 천국에 이르고 또 다른 손으로는 지상에 이르도록 하는 것이다.

다리 사이로 성령의 바람과 미풍이 불어오는 것을 느끼는가? 당신의 예배 가운데 하나님이 나타나시면, 그것은 시내 곳곳에 홍보 포스터를 붙이는 것보다 백배 낫다. 하나님이 임하시는 예배는 그 자체로 텔레비전 광고보다 훨씬 강력하다. 왜? 예배는 사람을 끌어들이는 것이 아니라 하나님을 모셔 들이는 것이기 때문이다. 하나님이 계시면, 당신은 사람들에 대해 걱정할 필요가 없다. 굶주린 자들이 모일 것이기 때문이다.

그런 곳에 서게 되면 당신은 그분의 임재에 사로잡히는 것을 느끼게 될 것이다. 당신이 그 안에 걸어 들어가기 시작하면 당신의 인생은 하나님의 임재의 걸어 다니는 창이 될 것이다. 영혼이 갈급한 사람들에 의해 언제나 열려지게 되는 창이 될 것이다. 다시 말하자면 당신이 슈퍼마켓이나 편의점에 들어갈 때마다 하나님의 영광이 분출할 수 있다는 뜻이다.

무언가가 교회를 흔들고 있다. 우리는 충돌을 경험했고 새 수레는 흔들렸으며 우리의 웃사는 죽어 가고 있거나 이미 죽었다. 우리는 주님을 원한다. 그러나 먼저 우리는 주님의 임재를 환영하고 경외하는 바른 방법을 배워야 한다. 우리가 흔드는 손은 휘장 사이로 틈새를 발견해 냈다. 우리는 천국의 문을 발견했고 하나님은 거주지를 찾고 계신다. 휘장을 활짝 젖히고 문을 열어 두라. 한 번의 좋은 예배로는 부족하다.

사람들이 징징거리며 불평하는 소리에 초점을 맞추지 마라

문지기들이여, 이제 일어나서 바른 문 앞에 자리를 잡고 서겠는가? 회개하는 상한 심령의 예배자들이여, 만왕의 왕을 모시기 위해 향기로운 찬양의 제사를 드려야 할 때, 사람들이 징징거리며 불평하는 소리에 초점을 맞추지 마라. 우리가 그렇게 한다면, 그분은 오실 것이다. 그리고 주님은 구원받은 사람들 가운데 다윗의 장막을, 휘장도 없고 마침도 없는 예배로 세워지는 주님의 집을 재건하실 것이다. 그때 천국의 문들이 열리고 교회와 도시와 온 땅을 그분의 영광의 지식으로 가득 채울 것이며 모든 사람을 주께로 이끌어 오실 것이다. 지금 주님께서는 주님이 기뻐하시는 집을 재건하기 위해 필요한 재료들을 모으고 계신다.

예배자들.

이 세상에서 깨어졌으나 저 세상을 위해 예비된 자들.

당신도 그런 사람인가?

저를 도와주세요. 네 좋습니다. 바로 거기 서십시오.

당신의 손을 드십시오. 이제 시작합니다.

예배하십시오.

다윗의 장막을 세우기 위한 ————

스터디 가이드

Chapter 01
하나님이 기뻐하시는 집

"이 후에 내가 돌아와서 다윗의 무너진 장막을 다시 지으며 또 그
허물어진 것을 다시 지어 일으키리니"(행 15:16).

→»> «←

나는 생각했다. 하나님은 왜 그 집을 재건하고 싶으신 것일까? 왜
모세의 장막을 원형대로 복원하고 싶다고 하지 않으셨을까? 사실 모
세의 장막이야말로 지상에 세워진 천상의 처소 중 최초의 작품이 아
닌가. 아니, 그보다 더 웅장한 것으로 치자면, 하나님은 왜 솔로몬 성
전을 그 웅장함 대로 복원하고 싶다고 하지 않으셨을까? 하나님은 왜
다윗의 장막을 재건하고 싶다고 말씀하셨을까?

그 순간 나는 주님의 음성을 듣는 것 같았다. "왜냐하면 그것이 내
가 가장 기뻐하는 집이기 때문이란다." 35-36쪽

✤ 당신의 집을 재건하기 위한 독서

1장을 읽으면서 하나님께서 다윗의 장막을 가장 선호하신 이유를 말해 주는 중요 구절들을 찾아 밑줄을 치라. 그러면 하나님을 감동시키는 것이 무엇인지 깨닫게 될 것이다. 또한 개인적으로 마음에 와 닿은 구절들에도 밑줄을 치라.

✤ 집의 기둥을 접합하기 위한 질문

1. 당신이 주님을 향해 가장 열정적이던 때를 기억해 보라. 그때 당신의 삶에 나타난 가장 큰 특징은 무엇이었는가? 지금도 동일한 열정을 갖고 있는가 아니면 그 열정이 식었는가? 이유는 무엇인가?

_____

_____

_____

2. 저자가 교회 예배의 방식에 대해서 언급한 것을 잘 생각해 보라. 혹 당신의 예배 생활이 '사건'에서 일상으로 변해 가고 있지는 않은가? 당신의 예배 생활을 하나님의 '집'에서 하나님의 '가정'으로 변화시킬 수 있는 것은 무엇이겠는가?

_____

_____

_____

3. 당신이 생각하기에 예배의 영역에서 하나님을 감동시키는 것과 사람을 감동시키는 것의 목록을 적어 보라. 그러고 나서 '하나님이 감동하시는 것'에서 가장 하기 어려운 것을 찾아 별표(*)를 하라.

하나님이 감동하시는 것	사람이 감동하는 것
•	•
•	•
•	•

4. 당신은 어떤 환경에서 가장 편안하게 예배에 몰입하는가? 하나님이 선호하시는 예배가 '궁정이 아닌 열정'이라면, 우리는 왜 환경에 따라 예배에 집중하는 것일까?

_____

_____

_____

5. "친밀함은 '축복'을 가져오지만 '축복'을 구한다고 언제나 친밀해지는 것은 아니다." 당신이 하나님께 복에 복을 구하기만 하는 경우, 얼마나 빨리 하나님의 임재 안에 들어가는가?

_____

_____

_____

6. 예배에 관한 한 당신의 비문에는 무엇이 쓰여지겠는가? 다윗처럼 "내 마음에 맞는 사람" 혹은 "하나님의 임재를 향한 열정이 있었다"라고 기록되겠는가? 자신의 비문에 기록되기 원하는 것을 써 보라. 당신이 기록한 대로 되려면 당신의 삶은 어떻게 변화되어야 하는가?

_____

_____

_____

7. 공예배 때, 하나님께 열정적으로 예배의 표현을 드리다가 부끄러워진 적이 있는가? 어떻게 하면 이런 느낌을 극복할 수 있다고 생각하는가? 이번 주일 좀 더 적극적으로 예배의 표현을 드리게 해 달라고 하나님께 기도하라.

_____

_____

_____

_____

🌿 당신의 집을 하나님으로 가득 채우라

"인간인 우리는 하나님과의 만남을 원하고 하나님은 인간과의 만남을 원하신다"(40쪽). 하나님께서 당신과 대면하시도록 하라. 초라하고 열악한 곳일지라도 하나님께서 그곳에 다시금 장막을 세우시도록 내어드리라. 하나님의 선하심을 묵상하는 가운데 당신이 해야 할 다음 조치들이 무엇인지 하나님이 알려 주실 것이다. 주님이 계시해 주시는 대로 기록을 하거나 실천 목록을 써 보라.

🌿 강한 기초를 세우라

다음의 성경 구절들을 찾아보라. 명령이나 말씀들을 당신과 연관시켜서 다시 써 보라. 당신의 이름을 문장 안에 넣어서 써 보라.

행 15:16 _____

_____

_____

왕상 9:6-8 _____

_____

행 13:22하 _____

시 134:1-2 _____

사 43:21 _____

❧ 마무리

당신이 위에서 답한 것들 중에 성령님이 당신의 마음에 강조하신 것들이 있다면 밑줄을 긋고 묵상한 뒤 당신의 삶에 실천하라.

❧ 기도의 벽을 세우라

3번 질문으로 다시 가서 '하나님이 감동하시는 것'의 목록을 다시 읽어 보라. 우리도 하나님이 가치 있게 여기시는 것에 가치를 둔 다윗 같아야 한다. 이제 다음과 같이 옆에 당신 이름을 적어 넣으라. '하나님과 (당신의 이름)이 감동하는 것.' 나도 하나님이 가치 있게 여기시는 것에 가치를 둘 수 있도록 마음을 변화시켜 달라고 기도하라. 진리로 인도하시고 교훈하시는 성령님께 이런 하나님의 가치들을 경험하게 해 달라고 기도하라.

→≫ ≪←

우리는 하나님의 주목을 받기 원한다. 그러나 일단 그분이 우리를 찾아오시거나 그분의 임재가 우리 가운데 있다는 것을 감지하기만 하면 우리는 말한다. "오! 주님이 오셔서 기쁩니다. 가셔야 하겠지만…." 그러고는 우리가 가 버린다. 우리는 예배드리면서 하나님의 임재를 그저 흥분하는 정도나 소름이 끼치는 정도로 만족한다. 그러고는 말한다. "오! 주님이 오셨군요." 여기서 한 가지 질문을 하겠다. "주님이 그곳에 머무시겠는가?" 우리 말고 주님이 과연 그곳에 머무실까? 49쪽

>>> <<<

❧ 하나님께서 이 집에 계십니다

이제 이야기는 다 끝났다. 함께 예배하자! 당신이 잘 아는 곡 중에서 하나님께, 하나님에 대해서 노래하는 찬양이 있다면 그 노래를 불러 보라. 믿음으로 휘장을 지나 그분의 임재 가운데 들어가라. 그 곡을 충분히 부르면서 성령님이 당신을 정결하게 하시도록 하라. 하나님의 얼굴을 주목하라. 살아 계신 하나님과의 진실한 대면 가운데 들어가라.

❧ 살아 있는 돌이 되라

당신 내면의 불을 지펴 뜨거운 가슴으로 나아가라. 오늘 하루를 지내면서 '쉬는 시간'이 생기면 오늘 당신이 개인 예배 시간에 불렀던 곡을 다시 부르라. 가사 중에 키워드를 적어서 책상이나 자주 보는 곳에 붙여 놓으라. 그러면 당신이 가는 곳마다 당신과 함께 하기 원하시는 하나님의 임재를 기억할 수 있을 것이다. 하루 종일 성령님을 모시고 살아라.

Chapter 02

잘못된 결승선과 향기로운 손잡이

"볼지어다 내가 문 밖에 서서 두드리노니 누구든지 내 음성을 듣고
문을 열면 내가 그에게로 들어가…"(계 3:20).

→≫≫ ≪≪←

불경건하다고 말하는 사람들도 있겠지만, 나는 한 사람이 평생 갈
분량만큼 '좋은 교회 예배들'에 이미 충분히 가 보았다. '좋다'는 것으로
는 더 이상 충분치 않다. 나는 더 이상 '좋은' 찬양을 듣고 싶지도 않고
'좋은' 설교를 듣고 싶지도 않다. 사실 나는 내 자신에게도 질렸다! 만
약 당신 부엌에 '최고'의 음식이 준비되어 있는 것을 안다면 당신은 그
저 '좋은' 음식을 먹는 것으로 만족할 수 있겠는가? 53쪽

❧ 당신의 집을 재건하기 위한 독서

2장을 읽으면서 특별히 개인적인 의문이 많이 생긴 부분에 밑줄을 치라. 그리고 질문이 생길 때마다 멈춰서 그 질문에 먼저 답을 해 보라.

❧ 집의 기둥을 점검하기 위한 질문

1. 예배드릴 때 당신은 지루함을 느끼는가?

_____

_____

_____

_____

2. 저자가 말한 대로 예배의 '주식'은 하나님의 임재이며 다른 것들은 모두 '전식'에 해당한다. 식사에 있어서 주식과 전식의 특징은 무엇인가? 준비 찬양과 하나님과의 진실한 교제가 갖는 특징을 비교해 볼 때, 어떤 영적인 유사점들을 발견할 수 있겠는가? 다음의 목록을 이용해서 답해 보라.

전식의 특징	준비 찬양의 특징
•	•
•	•
•	•

주식의 특징	하나님의 임재의 특징
•	•
•	•
•	•

3. 2번 질문에 기초해 볼 때, 어떻게 하면 당신은 영적인 전식에 만족하지 않고 주식을 더 갈망하게 되겠는가?

4. '하나님의 임재'가 올바른 결승선이라면 당신이 잘못된 결승선에 멈추도록 딴죽을 거는 것은 무엇인가? 그런 함정을 피할 수 있는 방법은 무엇인가?

5. 하나님과의 '미지근한' 만남을 만들어 내는 것들은 무엇인가? 예배 시간만 되면 졸리고 집중하기 어려운가? 당신 마음에 새롭게 불을 지피려면 어떤 변화가 필요한가?

6. 주님은 그분이 기뻐하시는 집의 문을 두드리고 계신다. 아가서 5장 1-6절을 읽어 보라. 왜 하나님의 집이 잠겨 있는가? 어떻게

하면 당신 마음의 빗장을 풀고, 하나님이 문을 두드리실 때마다 들어오시도록 할 수 있는가?

---

7. 당신에게 '친밀하다'는 어떤 의미인가? 사전에서 찾아보고 핵심의미를 적어 보라. 주님과의 친밀함을 위해 지불해야 할 값은 무엇인가? 우리가 하나님과의 친밀함을 경험하지 못한다면 치뤄야 할 대가는 무엇인가?(삼하 6:12-23 참고) 영적인 불임의 징조는 무엇인가? 이런 징조가 당신에게도 있는가?

---

8. 저자는 소경 바디매오의 예를 들면서(63쪽) 우리가 삶의 근심과 걱정에 눈이 멀어 하나님께서 가까이 오시는 것을 감지하지 못한다고 말했다. 당신이 하나님의 임재를 알아보지 못하도록 눈을 멀게 하는 것은 무엇인가? 당신이 눈을 뜨려면 무엇을 해야 하는가?

❧ 당신의 집을 하나님으로 가득 채우라

"당신의 배고픔을 알려야 할 때가 되었다"(69쪽). 주님께 당신이 주님의 임재에 얼마나 굶주려 있는지 알리라. 음식을 줄 때까지 엄마의 치마에 매달리는 아이처럼 그렇게 알리라. 하나님의 시선을 주목시키라. 당신이 공예배를 드리는 방식은 개인적인 예배의 방식에서 나오는 것이다. 당신은 사람들의 시선을 무시하면서 당신의 굶주림을 똑바로 표현할 수 있는가? 바로 지금 하나님께 부르짖으라. 침묵하면 안 된다! 당신의 외침은 당신 내면의 외침과 비례해야 한다. 하나님의 시선을 받기까지 하나님께 부르짖으라.

❧ 강한 기초를 세우라

다음의 성경 구절들을 찾아보라. 이 사람들이 어떻게 하나님의 임재에 이르는 문을 열었는지, 이들이 또 하나님이 기뻐하시는 집에 임했을 때 어떤 경험을 했는지 적어 보라.

눅 19:28-40 _____

_____

_____

대하 5:11-14 _____

_____

출 14:31-15:21 _____

_____

_____

행 2:1-4

_____

_____

_____

계 4:8-11

_____

_____

_____

❧ 마무리

위 성경 구절들에서 어떤 패턴을 발견했는가? 이런 체험을 한다면 어떤 느낌이 들겠는가? 이들 각자가 진정한 예배로 들어가는 올바른 결승선을 넘어설 수 있도록 해 준 것은 무엇인가? 이것이 당신의 예배 생활에 주는 의미는 무엇인가?

❧ 기도의 벽을 세우라

"오만의 겉옷을 벗어 버리고 우리의 소경됨을 고백하며 목소리 높여 주님을 부르게 하소서"(67쪽). 당신은 위의 질문들을 풀면서 예배 가운데 들어가지 못하도록 방해하는 것들을 발견했을 것이다. 지금 그것들을 주님 앞에 내려놓고 회개하라. 그리하여 하나님께서 당신의 집 문 안에 들어오시도록, 당신이 하나님의 임재를 목도하도록, 전심으로 주님 앞에 나아가도록, 이 체험을 결코 싫증내지 않도록 하라. 당신이 회개할 때 하나님의 은혜가 당신 위에 흘러넘칠 것이다. 믿음으로 목소리를 높이고 손을 들고 주님께 부르짖으라. "주님, 나를 지나치지 마소서." 당신의 체면과 자존심을 버리고 담대히 찬양하며 나아가라. 하나님과의 친밀함을 간절히 추구하라. 성령이 임하시는 것을 감지할 때까지 계속해서 나아가라.

▶▶▶ ◀◀◀

"저는 이렇게 주님께 다가가서 물러설 수 없습니다. 저는 더 이상 잘못된 결승선에 관심이 없습니다. 저는 더 이상 하나님께서 오셨던 '지난날 추억'의 스러져 가는 향기에 만족하며 또 하루를 보낼 수 없습니다. 안 될지 몰라도 해 보렵니다. 주님의 시선을 끌 수 있을지 모르겠지만 시도도 안 해 보고 돌아서지는 않겠습니다." 70쪽

▶▶▶ ◀◀◀

🌿 하나님께서 이 집에 계십니다

이런 시간을 가질 때 방해를 받지 마라. 전화도 받지 말고 사람도 만나지 말라. 또한 서두르지 말기를 바란다. 시계를 보고 시간을 적어 두라. 하나님의 임재를 느낄 때 멈추지 마라. 뭔가 불편하고 감각이 둔해져도 결승선까지 밀고 나가라. 이전에 경험하지 못했던 하나님을 체험하라. 결승선을 통과했다는 생각이 들면 그때 다시 시간을 체크하라. 하나님의 임재 안에서 전혀 다른 차원의 시간을 체험하게 되었을 것이다.

🌿 살아 있는 돌이 되라

당신 내면의 굶주림으로 제단을 세우라. 그러기 위해 다음의 성경 구절을 기억하고 하루 종일 고백하라. 시계를 볼 때마다 이 말씀을 기억하고 고백하라. "내가 나의 목소리로 여호와께 부르짖으니 그 성산에서 응답하시는도다"(시 3:4). 고백할 때마다 이 말씀이 당신의 가슴에 더 깊이 침잠하도록 하라. 그렇게 하면 하나님께서 응답하실 것이다!

천국 문을 열라

"이는 물이 바다를 덮음 같이 여호와의 영광을 인정하는 것이 세상에 가득함이니"(합 2:14).

>>> <<<

당신 머리 위의 하늘을 여는 길은 하나님이 지금 어디 계신지에 대한 새로운 계시를 구하는 것이다. 우리가 하나님의 최고의 은혜 가운데 머무르지 못하는 것은, 하나님이 과거에 계셨던 곳에만 초점을 맞추는 경향이 있기 때문이다. 새로운 계시를 구하라! 하나님은 식욕 없는 사람까지 먹이시지 않는다. 하나님은 주린 자들을 먹이신다. 하나님이 그분 자신을 당신이나 내게 계시하실 때, 그 계시는 과거의 진리들을 축소시키는 것이 아니라 그 위에 더해지는 것이다. 91-92쪽

당신의 집을 재건하기 위한 독서

3장에서 컬러로 인쇄된 문장들을 주목하여 읽어 보라. 그 문장들은 중요하게 묵상해야 할 부분이기 때문이다. 각 문장을 읽을 때마다 멈춰 서서 성령 안에서 호흡하며 주님의 살아 있는 말씀을 듣도록 하라.

집의 기둥을 접겹하기 위한 질문

1. "하나님이 임하셨습니다"(77쪽)라는 말이 무슨 뜻이라고 생각하는가? 회개의 눈물과 간절한 열망으로 하나님을 구할 때, 하나님의 임재를 느낀 적 있는가? 그때 무슨 일이 일어났는가?

2. 저자는 "지연이 거절을 의미하는 것은 아니다"는 말로 우리를 격려해 주고 있다. 인내는 하늘 문을 여는 강력한 역할을 한다. 기도와 예배에 있어서 당신의 인내력을 1-10 사이의 숫자로 표현해 보라. 10이 가장 높은 것이다. 당신은 인내력을 높이기 위해 무엇을 해야 하겠는가?

3. "예수님은 사탄에게서 사망과 음부의 열쇠도 가져오셨다(계 1:18). 사탄은 자기 자신의 '집'에 대한 열쇠마저도 잃어버렸다! 하지만 그 '집'은 여전히 사탄이 갖고 있다. 마지막 심판의 날 하나님은 한 걸음 더 나아가 '그 집을 되찾으실' 것이다"(80-81쪽) 하나님이 그 집을 되찾으실 일을 할 때, 당신은 하나님과 어떤 협력을 해야 하는가?

4. "우리는 하나님의 성물들을 사람이 만든 새 수레에 밀어 넣고는 하나님이 기뻐하실 거라고 생각한다"(82쪽). 당신에게 이 말은 무엇을 의미하는가? 당신 삶에서도 이런 경험을 한 적 있는가?

5. 저자는 부흥에 이르는 길 위에 '과속방지턱'이 있다고 말했다. 이것은 우리로 하여금 '땀'을 흘리게 하시는 하나님의 손길일 수 있다. 우리는 왜 부흥으로 가는 여정에서 땀을 흘려야 하는가? 당신은 땀을 흘리는 과정을 통해서 어떤 교훈들을 배웠는가?

6. "실제로 예배(worship)는 '가치'(worth)있는 것을 하나님께 올려 드리는 것이다"(87쪽). 하나님께 가치를 올려 드릴 수 있는 방법들을 이야기해 보라. 당신 삶의 영역에서 가장 취약한 부분은 무엇인가? 하나님의 어떠한 성품이 당신의 연약함 가운데 하나님의 강함으로 드러나는가?

----

7. "항상 기억하라! 하나님의 진리는 우리를 진리의 하나님께로 인도한다. 하나님이 어떤 분이신지 알게 하기 위함이다"(93쪽). 예배의 삶을 살면서 하나님에 대해서 발견하게 된 진리들이 있다면 써 보라. 그 진리들을 생각해 보고 가치를 하나님께 올려 드리라. 당신 삶의 그런 진리들 가운데 하나님께서 자신을 계시하시도록 기다리라.

----

8. 다음 예배의 다섯 가지 요소들을 보고 각 요소가 어떻게 명백한 예배의 행위인지 자신의 말로 정의해 보라. 그리고 각 요소에 대해 자신이 어느 정도 예배하고 있는지 자문해 보라.

십일조 _____

고난 _____

인내 ....
....

연합 ....
....

예배 ....
....

🌿 당신의 집을 하나님으로 가득 채우라

저자는 "이 땅에서 깨어져야 하늘에서 열린다!"고 말했다(79쪽). 당신 삶에서 깨어져야 할 영역이 무엇인지 성령님께 짚어 달라고 요청하라. 아마도 그것은 죄악의 습관이거나 태도일 것이다. 그것이 무엇인지 알게 되면, 내면의 부흥의 물결로 그 죄악이 자취를 감추도록 하라. 그때 비로소 '열린 하늘'을 경험할 것이요, 하나님께 이르는 가장 가까운 장소를 알게 될 것이다.

🌿 강한 기초를 세우라

1. 시편 51편에서 나오는 "나는", "내가", "나의", "나를"이라는 표현에 자신의 이름을 넣어 읽어 보라. 이 시편을 나 자신의 내면의 기도로 살아 계신 하나님께 올려 드리라. 열정으로 기도하며 '연기'를 지피도록 하라.

....
....
....

2. 다음의 범주들과 관계 있는 단어나 구절들을 적어 보라.

나를 정결하게 하는 과정	정결하게 된 이후
•	•
•	•
•	•

🌿 마무리

주님을 위해 희생하는 것을 두려워하지 마라. 그것만이 하늘을 여는 유일한 길이다. 고통스럽고 괴롭더라도 그것은 우리 안에 있는 선과 악을 평가함으로써 하나님이 기뻐하시는 집의 문을 여는 큰 걸음을 내딛는 것이 된다.

🌿 기도의 벽을 세우라

당신은 '순종으로 세워진 집'인가? 하나님이 말씀하신 것을 들었음에도 불구하고 순종하지 못했던 자기 삶의 불순종들을 자백하라. 은혜의 보좌 앞에 불순종의 행동들을 낱낱이 고백하고 용서를 구하라. 정결케 된 이후에는 주님께 당신이 해야 할 일들을 여쭈어 보라. 주님은 당신의 '예배 처소'가 주님을 위해 어떤 준비를 해야 한다고 말씀하시는가?

🌿 하나님께서 이 집에 계십니다!

당신의 인생에 하나님의 만지심이 두드러졌던 사건들을 기억해 보라. 하나님과의 친밀한 만남을 경험했을 때 설교자가 어떤 설교를 했는지, 무슨 찬양을 했는지 기억나는가? 아마도 그런 세밀한 부분을 기억할 수 있는 사람은 거의 없을 것이다. 다만 그 만남의 순간에 하나님의 임재가 어떻게 느껴졌는지는 명확하게 기억할 것이다. 위의 질문들에 대해 종이 위에나 기도 일기장에 답을 적어 보라. 가능한 한 자세히 기록하되, 가장 중요한 것은 하나님의 임재가 어떻게 느껴졌는지를 적는 것이다.

✻ 살아 있는 돌이 되라

하루 종일 개인 예배 시간의 '연기'를 몰고 다녀라. 시편 51편 10절을 기억하라. "하나님이여 내 속에 정한 마음을 창조하시고 내 안에 정직한 영을 새롭게 하소서." 오늘 종이나 카드 위에 이 구절을 써서 어디를 가든 갖고 다니라. 카드를 볼 때마다 이 구절을 가슴에 새기라. 그러면 하나님의 임재를 맞이하는 준비를 하는데 있어서 좀 더 성숙하게 될 것이다.

은혜의 보좌를 세우라

"속죄소를 궤 위에 얹고 내가 네게 줄 증거판을 궤 속에 넣으라 거기서 내가 너와 만나고…"(출 25:21-22상).

—>>> <<<—

하나님께서 하늘 보좌를 떠나 찬송과 예배로 이뤄진 은혜의 보좌에 좌정하사 우리와 함께 거하신다면 어떤 일이 일어날까? 세상이 하나님을 있는 모습 그대로 볼 수 없는 이유가 있다. 그것은 우리가 그분을 위한 자리를 한 번도 마련하지 않았기 때문이다 … 왜냐하면 주님이 "두세 사람이 내 이름으로 모인 곳에는 나도 그들 중에 있느니라"(마 18:20)고 말씀하셨기 때문이다. 즉, 하나님은 예배 가운데 거하신다. 124-125쪽

❧ 당신의 집을 재건하기 위한 독서

4장을 읽으면서 묵상의 소재가 될 만한 문장을 선택해 밑줄을 치라. 하나님께 그 의미를 실감나게 해 달라고 간구하라. 하나님이 거주하실 장소를 그분께서 만드실 수 있도록 자리를 내어 드리라.

❧ 집의 기둥을 접겁하기 위한 질문

이번 장에서는 예배의 세 가지 영역에 대해 공부할 것이다. 각 영역에서 가능한 한 많은 수확을 얻길 바란다. 생각나는 것들을 메모하라. 기록해 둘 만한 내면의 질문들도 적어 보라. 그리고 여유를 갖고 각 문제를 놓고 기도하라.

1. 구약에 등장하는 속죄소(시은좌)(출 25:18-22)가 어떻게 생겼는지 묘사해 보라.

_____

_____

_____

_____

2. 저자는 그룹들이 연합이라는 바른 위치에 세워져야 한다고 역설했다. 이것은 새 언약 안에서 드려지는 예배의 중요한 요소 중 하나이다. 이것이 당신에게는 어떤 의미인가?

_____

_____

_____

_____

3. 다시 한 번 예배의 3요소를 보라. 그것은 순결과 상한 심령과 연합이다. 하나님은 각 요소에 대해서 당신에게 무엇을 요구하시는가?

....

....

....

....

4. 언약궤의 시은좌와 하나님의 보좌를 비교하라(112쪽 참고).

언약궤의 시은좌	하나님의 보좌
•	•
•	•
•	•

5. 요한계시록 4장 1-11절, 5장 8-14절, 15장 3-4절, 19장 1-10절 말씀에서 하나님의 보좌 주위에서 드려진 찬양 부분만 읽어 보라. 이 예배의 장면에서 종교적인 것이 있는가? 네 개의 본문에서 공통적으로 나오는 요소들은 무엇인가? 이런 천상의 예배를 목격할 수 있는 장소를 마련하려면 우리는 어떤 마음을 가져야 하는가?

....

....

....

....

6. "거하시는(좌정하시는)"(시 22:3)이라는 말이 당신에게는 어떤 의미인가? 우리는 어떻게 하면 찬송 가운데 하나님을 보좌에 '좌정'하시게 할 수 있는가? 당신은 개인적인 경건의 시간에 주님의 좌정하심을 경험하는가? 다른 성도들과 함께 예배할 때도 경험하는가? 당신은

눈에 띄는 사역에만 의존하는가 아니면 홀로 예배하는 의무를 다하고 있는가?

_____
_____
_____

7. 우리의 예배에는 단 한 분의 청중만이 있다는 것을 기억하라. 그분이 바로 전능하신 하나님이시다. 당신은 예배를 드리러 갈 때마다 하나님의 얼굴을 구하는가? 당신은 하나님을 섬길 준비를 하고 가는가?

_____
_____
_____

❧ 당신의 집을 하나님으로 가득 채우라

저자는 우리가 사람의 입구와 하나님의 제단 사이에서 '눈물 지대'를 만들어 내야 한다고 말한다. "눈물 지대는 하나님의 보좌 앞에서 중보기도하는 자리이다. 그곳에서 당신은 다른 사람들을 위해 기도하며 무너진 데를 막아서는 것이다"(120쪽). 바로 지금 공예배를 드리는 장소를 위해 중보기도하는 시간을 가지라. 성전 뜰만 밟고 가는 자들을 위해 기도하라. 주님께 교역자들과 예배인도자들과 찬양팀을 올려 드리라. 다음 예배를 드리기 전에 회중 가운데 당신이 기도해야 할 사람은 누구인지 하나님께 이름을 알려 달라고 기도하라.

❦ 강한 기초를 세우라

1. 최선의 예배를 준비할 수 있는 모든 자원이 당신에게 주어진다면 당신은 어떤 자원들을 선택하겠는가? 그 이유는 무엇인가?

2. 사도행전 16장 22-34절을 읽어 보라. 이 예배가 드려진 환경은 어떠했는가? 어떤 예배 장비들이 갖춰져 있었는가? 그 찬송 소리를 들었던 사람들, 회중들은 누구였는가? 하나님의 임재를 알려 주는 사건은 무엇이었는가?

❦ 마무리

"인생살이의 망치질은, 우리가 그 인생의 도전들에 바르게 반응하기만 하면, 우리를 하나님 쪽으로 휘어지게 할 것이다"(110-111쪽). 지금 당신의 인생을 두들기고 있는 '망치질'은 무엇인가? 이때 당신은 예배하기를 멀리하는가, 아니면 바울과 실라처럼 행동을 하게 되는가? 지금 이 시간 당신에게 망치질을 하는 것들에 대해서 하나님께 감사하라. 이것들은 당신을 무너지게 하는 것이 아닌 합력하여 선을 이루기 위함임을 고백하며 하나님을 찬양하라.

🌿 기도의 벽을 세우라

"물론 언제든 당신이 원하면 하나님께 임하여 달라고 간청할 수 있다. 하지만 그분의 무거운 영광이 안전히 거하실 처소가 마련되기까지 방문은 하셔도 머무르실 수는 없다"(117쪽). 하나님의 처소를 마련하기 위해 기도를 사용하라. 당신의 마음을 보라. 크신 하나님을 위해 '큰 보좌'가 예비되어 있는가? 당신으로 하여금 주저하게 만드는 것들이 있다면 다 회개하라. 내일까지 기다리지 마라. 당신에게는 오늘 하나님이 필요하다!

➤➤➤ ⫷⫷⫷

정말 부흥을 원하는가? 그렇다면 하나님을 위해 은혜의 보좌를 세우라. 하나님께서 기뻐하시고 즐거워하실 만한 것을 예비하여 하나님이 당신과 함께 하지 않을 수 없게끔 만들어라. 하나님께 다윗의 장막을 다시금 만들어 주시도록 요청하라. 정말 하나님께서 임하셔서 당신과 함께 머물기를 원한다면 예배와 경배로 그분을 둘러싸라. 124쪽

➤➤➤ ⫷⫷⫷

🌿 하나님께서 이 집에 계십니다

한 손으로 하나님의 은혜를 부여잡고 다른 한 손으로는 하나님의 진리를 부여잡으라. 두 가지 모두 우리에게 필요하다! 진리가 없는 은혜는 존재하지 않는다. 지금 이 순간 당신이 알아야 할 진리가 무엇인지 말씀해 달라고 요청하라. '가슴이 아플지라도' 그 진리가 당신의 삶

속에 역사하도록 힘을 주시는 하나님의 은혜가 있음을 기억하라. 이제 당신이 움직여야 할 차례이다.

✽ 살아 있는 돌이 되라

오늘 하루 종일 '무너진 데를 막아서는' 사람이 되라. 당신의 중보기도가 필요한 사람의 이름을 한 명씩 올려 드리며 기도하라. 오늘 밤 자기 전에 다시 한 번 그들을 은혜의 보좌 앞에서 축복하라. 그들이 하나님을 영과 진리로 예배할 수 있도록 중보기도하라.

주의 영광의 빛을 켜라

"흑암에 행하던 백성이 큰 빛을 보고 사망의 그늘진 땅에 주거하던 자에게 빛이 비치도다"(사 9:2).

→≫ ≪←

　　하나님의 영광의 빛은 곧 모든 것을 의미한다! 그 영광의 빛을 켜기만 하면, 순식간에 모든 사람이 진리와 오류의 차이점을 눈으로 보고 알게 될 것이다. 대부분의 사람들은 기회가 주어졌을 때에만 진리를 선택하려 한다. 왜냐하면 그들은 유일한 길을 발견할 만큼 충분한 빛을 본 적이 한 번도 없기 때문이다. 하나님의 영광의 빛은 태양보다 달보다 먼저 존재했다. 그리고 태양빛과 달빛이 스러져도 존재할 것이다. 어쨌거나 그 빛은 분명하게 드러나야 한다. 128쪽

당신의 집을 재건하기 위한 독서

5장을 읽으면서 각 페이지 위에 핵심 개념을 이야기해 주는 한두 단어를 적어 보라. 5장을 다 읽은 뒤 각 페이지를 넘겨 가며 그 위에 적은 단어들을 크게 읽어 보라. 이 장 전체에 걸쳐 하나님이 당신에게 말씀하신 핵심을 요약하면 무엇인가? 그것을 5장 첫 번째 페이지 위에 참고로 적어 두라.

집의 기둥을 접겁하기 위한 질문

1. 5장의 첫 번째 문장을 다시 읽어 보라. 이것이 무슨 의미라고 생각하는가? 당신은 어떻게 하나님의 영광의 빛을 켤 수 있겠는가?

_____

_____

_____

2. 저자는, 대적은 언제나 진짜 영적 군사와 그렇게 되기를 '희망'하는 자들 사이의 차이점을 간파하고 있다고 말한다. 현재 당신은 예배 생활에서 진정한 군사라기보다 그렇게 되기를 '희망'만 하는 사람은 아닌가? 당신이 전진해 나아가기 위해서는 어떤 변화가 있어야 한다고 생각하는가?

_____

_____

_____

3. "실제로 세상이 하나님을 두려워하지 않는 이유는, 교회에 있는 우리들 대부분이 하나님을 두려워하지 않기 때문일지도 모른다"(133쪽). 당신은 이 말에 대해 어떻게 생각하는가? 당신은 하나님을 어느 정도 경외하고 있는가?

_____

_____

_____

4. 당신은 하나님께 '전기 충격'을 받은 적이 있는가? 그때의 상황과 하나님과의 만남이 어떠했는지 설명해 보라. 그때 하나님의 임재가 당신의 뇌리에 지워지지 않을 정도로 각인된 이유는 무엇인가?

_____

_____

_____

5. 천상에서 뭔가를 묶어야 한다고 느낄 때마다 우리는 왜 뭔가를 풀어야 하는가? 바로 지금 당신의 인생에서 묶어야 할 것들과 풀어야 할 것들은 무엇인가?

_____

_____

_____

_____

6. "어떤 것이 생각에서 의도가 되면 이미 그것은 당신이 실제 행동을 취하기 전에 죄가 된다"(137쪽). 이 문장을 읽을 때 마음에 자책이 생기는가? 죄라고 생각해 본 적 없었는데 실제로는 죄였던 의도들이 있다면 무엇인가? 어떻게 하면 이런 의도들을 내버리고 하나님의 임재 가운데 자유로이 예배할 수 있겠는가?

_____

_____

_____

7. "빛이신 하나님은 즉각 그 어둠을 내쫓으셨다. 당신이 전등 스위치를 올리면 방안에서 어둠이 사라지는데 얼마나 걸리는가"(138쪽). 그가 말하는 '전등 스위치'는 무엇을 의미하는가? 당신은 예수님이 들어오시자마자 어둠이 순식간에 사라지는 것을 경험해 본 적 있는가? 그때 무슨 일이 일어났는가?

🌿 당신의 집을 하나님으로 가득 채우라

이사야 60장 1-3절을 쓰되 "네"라는 말에 모두 당신의 이름을 넣어 써 보라. 이제 그 말씀을 크게 읽어 이사야의 예언이 오늘날 당신에게 어떻게 성취되었는가를 힘차게 선포하라.

🌿 강한 기초를 세우라

다음의 성경 구절들을 찾아보라. 각 구절에 해당하는 질문들에 답하고, 또한 성령님이 보여 주시는 것들이 있다면 추가로 적어 보라. 이사야 59장 19절 말씀의 전체적인 초점은 무엇인가? 그 초점이 당신과 무슨 상관이 있는가?

[창 1:3-5] 이 창조의 기사는 몇째 날 이야기인가? 하나님의 영광이 어떻게 빛을 창조하였는가?

[사 14:12-15] 루시퍼는 쫓겨나기 전과 후에 어떠했는가? 그의 문제점은 무엇이었는가?

_____

_____

[요일 1:5하] 이 말씀은 왜 중요한가? 빛은 어떤 효과를 갖고 있는가?

_____

_____

[마 16:18] 교회는 어떤 반석 위에 지어져 있는가? 어떻게 음부의 권세가 교회를 이기지 못하겠는가?

_____

_____

✤ 마무리

이사야 60장 1-3절 말씀을 방금 전처럼 다시 읽어 보라. 이번에는 열정을 갖고 선포하라. 그리하여 당신의 믿음을 고양시키고 당신의 소명을 증언하고 자연계와 영계에 당신이 받은 권세로 증거하라. 네다섯 번 반복해서 선포하며 하나님의 역사가 당신 안에서, 그리고 당신을 통해서 이미 이루어졌다는 하나님의 말씀을 확신하라.

✤ 기도의 벽을 세우라

하나님이 기뻐하시는 집에 '마귀청정지역'을 만들라. 평생토록 하나님께 마음을 바치라. 나는 아무것도 아니지만 나의 전부가 되신 주님을 찬양하라. 당신 인생의 영적 전쟁을 수행하며 하나님의 영광이 당신의 집에 임하실 것임을 대적에게 알리라. 하나님의 영광의 빛이 당신의 마음에 비추도록 하여 지옥 문이 열리지 못하게 하라.

—>>> <<<—

하늘이 열리고 하나님의 빛이 어둠 위에 빛나면 모든 귀신과 어둠의 일은 쫓겨난다. 왜냐하면 영광의 왕의 임재가 드러날 때 음부의 권세는 이기지도 못할 것이요 싸움도 제대로 하지 못할 것이기 때문이다. 하나님께서 천상에서 하신 것과 똑같이 당신의 교회와 도시에서도 그렇게 영적 전쟁을 수행하라. 그래서 '마귀청정지역'(a demon-free zone)을 만들라! 143쪽

—>>> <<<—

🌿 하나님께서 이 집에 계십니다

자 이제 불을 켜자! "주님께 예배하고 기도하기를 천국의 창들이 당신의 교회와 도시 위에 활짝 열릴 때까지 하라. 주님을 예배하기를 주님의 영광의 빛이 당신 위에 임하기까지 하라"(143쪽). 지금 하나님께 예배하는 시간을 갖되 당신의 교회나 도시 안에 돌파구가 느껴지도록 예배하라. 당신이 있는 방 안에 하나님의 분명한 임재를 모셔 들이라. 그리하면 하나님께서 당신과 함께 거주하사 하루 종일 함께 하실 것이다.

🌿 살아 있는 돌이 되라

본문 129쪽을 읽으면서 찰스 피니가 가는 곳마다 미쳤던 영향력

부분을 참고하라. 오늘 당신은 빛을 들고 다닐 수 있겠는가? 당신이 그들에게 가까이 다가갈 때, 그들은 하나님의 임재를 감지하게 될까? 피니의 발자취를 따르고 싶다면 당신도 기도하라. "하나님, 저도 하늘 문을 열어서 사람들이 제 주위에만 모여도 당신과 대면하게 되는 그런 사람이 되고 싶습니다." 오늘 온종일 하나님의 영과 함께 함으로써 모든 사람과의 만남이 다 '거룩한 만남'이 되도록 하겠다는 결심을 하라.

절름발이(?)가 아닌
그 누구도 신뢰하지 마라

"야곱은 홀로 남았더니 어떤 사람이 날이 새도록 야곱과 씨름하다
가 자기가 야곱을 이기지 못함을 보고 야곱의 허벅지 관절을 치매
야곱의 허벅지 관절이 그 사람과 씨름할 때에 어긋났더라 그가 이
르되 날이 새려하니 나로 가게 하라 야곱이 이르되 당신이 내게 축
복하지 아니하면 가게 하지 아니하겠나이다"(창 32:24-26).

>>> <<<

이제 하나님의 사람들에게 소름 끼칠 정도의 '좋은 집회'들은 더
이상 필요하지 않다. 이젠 우리를 '절름발이'로 만드는 하나님과의 진
정한 만남이 필요하다! 하나님의 현현을 부여잡고 자신의 운명이 바
뀌기까지 씨름하고자 하는 이 시대의 야곱들은 어디에 있는가? 하나
님을 붙잡고 "당신이 내게 축복하지 아니하시면 가게 하지 아니하겠
나이다"라고 말하는 사람은 어디에 있는가? 145쪽

❧ 당신의 집을 재건하기 위한 독서

6장을 읽기 전에 먼저 소제목들을 읽어 보라. 저자가 말하려는 핵심 주제는 무엇인가? 이 장에서 하나님이 어떤 교훈을 주시리라고 기대하는가? 이제 책을 읽어 갈 때 마음을 열고 하나님께서 가르쳐 주시는 것을 배우라. 무엇보다 기대하라. 그러면 얻을 것이다.

❧ 집의 기둥을 점검하기 위한 질문

1. 당신에게도 브니엘(하나님을 대면하여 봄)의 장소가 있는가? 있다면 그곳에서 어떤 일이 일어났는가? 없다면 왜 없는가?

2. 하나님께서 당신의 인생을 적나라하게 평가하신다면, 다음번에 축복할 곳이 어디라고 말씀하실 것 같은가? 왜 그런가?

3. 당신의 소명은 무엇이라고 생각하는가? 그것이 하나님의 자녀로서 합당한 소명이라고 생각하는가? 아니면 당신의 기준을 높여야 하는가? 유일한 해결책은 야곱이 했던 것처럼 당신의 '부르심'을 놓고 하나님과 씨름하는 것이다. 자, 이제 하나님과의 씨름 경기 일정을 잡아 보자.

4. 야곱은 씨름에서 진 것이 '자신에게 유익'이 되었다. 당신은 '자신에게 유익'이 되기 위해 무엇을 져야 하는가? 그렇게 한다면 당신의 상급은 무엇이겠는가?

_____

_____

_____

5. 당신은 예배 드릴 때 기대는 많이 하고 헌신은 적게 하는가? 당신은 말씀과 찬양으로부터 축복을 받기 원하는가? 아니면 찬양과 예배와 헌금이라는 제물을 통해 하나님을 높여 드리는가? 당신은 예배 드릴 때 하나님이 주시는 선물이 아닌 하나님만 원하는가? 당신의 예배 태도를 바꿀 필요가 있는가?

_____

_____

_____

❦ 당신의 집을 하나님으로 가득 채우라

당신은 교회에 가서 '감동만 받고 변화되지 않는 것'에 지쳤는가? 지금 이 시간 하나님께 마음을 열고 하나님의 임재를 구하라. 이전에 없던 그 무엇을 당신 안에 일으켜 달라고 기도하라. 하나님께 구하기를, 이 스터디가 그저 겉치레로 하는 영성 훈련이 되지 않게 해 달라고 간구하라. 하나님께서 당신을 변화시키셔서 당신의 머리가 아닌 마음이 열리도록 하실 것이다. 하나님의 행하심을 느껴 보라.

✤ 강한 기초를 세우라

우리는 '아버지의 손에서 받아낸 돈으로 아버지의 얼굴을 등지고 떠나는 여행'을 원하지 않는다. 그것은 '축복'을 '축복하시는 분'보다 중요하게 여기는 것이기 때문이다! 다음에 나오는 핵심 용어들과 관련된 성경 구절을 읽으며 성령께서 우리 마음에 무엇이라고 말씀하시는지 살펴 보자. 각 단어의 의미를 심층적으로 이해하기 위해 국어/영어사전이나 성구사전을 참고하라. 그리고 성령께서 일하시도록 하라!

얼굴(Face) 시 24:6 _____

_____

복(Favor) 잠 8:34 _____

_____

찬송(Praise) 계 5:12 _____

_____

영광(Glorious Presence) 유 1:24 _____

_____

교통(Communion) 고후 13:14 _____

_____

여호와를 경외함(Fear of God) 시 111:10 _____

_____

_____

흥함과 쇠함(Increase & Decrease) 요 3:30

❧ 마무리

"하나님의 얼굴을 구하는 예배이다. 주의 얼굴은 주의 은혜를 의미
한다 … 선물 공세가 아닌 임재 체험이다 … 진짜 교제를 할 수 있는 큰
집에 데리고 가 주세요… 당신은 이 경기에서 지려고 노력해야 한다.
하지만 하나님의 접촉에 놀라기까지는 버텨야 한다"(158-159, 162쪽).
당신이 깊이 묵상했던 문장들을 다시 모아 보라. 그리고 당신의 마음에
새겨야 할 진리들을 성령님이 깨우쳐 주시도록 하라.

❧ 기도의 벽을 세우라

하나님께서 당신의 필요에 대해 응답하실 것임을 신뢰한다고 기
도하라. 사람들은 자신이 원하는 것을 너무나도 잘 안다. 그러나 정말
자신에게 필요한 것을 아는가? 당신의 필요에 대한 하나님의 생각에
먼저 귀를 기울이라. 당신의 생각보다 하나님의 생각이 먼저 떠오르
게 해 달라고 기도하라.

⋙ &lll;

우리는 세례 요한의 좌우명을 절체절명으로 받아들이고 우리의
삶에서 실천해야 한다. "그는 흥하여야 하겠고 나는 쇠하여야 하리라"
(요 3:30). 이제는 자신의 모습에 질려서 인생의 목적을 놓고 하나님

과 씨름하며 하나님의 만지심을 기다리는 또 다른 야곱들을 일으켜야 할 때이다. 그들은 영원히 절름발이가 될지 모르나 그들의 마음은 영원히 새로운 변화를 받을 것이다. 163쪽

-»> <«-

✽ 하나님께서 이 집에 계십니다

이제 씨름할 시간이다! 무릎을 꿇고 엎드리라. 태연한 척 하지 마라. 하나님을 간절하게 붙잡으라. 그래야 변화될 수 있다. 시간이 꽤 걸릴 수 있으므로 다른 계획을 잡지 않는 것이 좋다. 당신이 정말 하나님을 사모하여 영적으로 '절름발이'가 된다면, 당신은 비로소 하나님을 만난 것이다. 하나님께서 날 위해 무엇을 해 주실 수 있는가를 요구하기 전에 하나님을 향한 당신의 열정을 그분께 고백하라.

✽ 살아 있는 돌이 되라.

"마침내 야곱의 형 에서가 절름발이 야곱을 만났을 때 이렇게 생각했을 것이다. '나의 장자권을 빼앗아 갔던 그 예전의 야곱이 아니구나. 예전처럼 제대로 걷지도 못하잖아. 그의 인생에 겸손이 있고 온유함이 생겼구나'"(149쪽). 당신은 앞으로도 계속 이렇게 살겠는가? 아니면 절름발이가 되겠는가? 그날 밤은 야곱이 변해야 할 때였고 지금은 당신이 변해야 할 때이다. 심기일전하여 모든 상황에서 겸손하라.

영적 집착인가 영적 친밀함인가?

"이스라엘 자손에게 말하여 이르기를 이것은 너희 대대로 내게 거
룩한 관유니 사람의 몸에 붓지 말며 이 방법대로 이와 같은 것을 만
들지 말라 이는 거룩하니 너희는 거룩히 여기라"(출 30:31-32).

—≫≫ ≪≪—

하나님의 기름 부음은 우리 영혼의 주림만을 만족시키기 위한 것이
결코 아니다. 기름 부음과 기름 부음을 통해 강해진 은사들은 단지 우
리를 돕고 힘주고 격려해서 기름 부음의 근원이신 하나님께로 인도하
기 위한 도구일 뿐이다. 하나님의 손은 우리의 필요를 공급하시지만 하
나님의 얼굴은 우리의 깊은 갈망을 만족시키신다. 그분의 얼굴을 바라
볼 때 우리는 비로소 인생의 목적을 알게 되고, 그분의 사랑스런 눈빛
에서 나오는 은혜를 누리며 그분의 입술에서 나오는 비교할 수 없는 입
맞춤을 경험하게 된다. 169쪽

❧ 당신의 집을 재건하기 위한 독서

7장을 읽으면서 '기름 부음'과 '영광'이라는 단어에 밑줄을 그어 보라. 저자는 하나님께서 원하시는 예배의 틀 안에서 두 가지 개념을 대조하며 그 의미를 설명하고 있다. 7장을 다 읽은 뒤 다시 훑어보며 이 단어들이 사용된 부분을 찾아 읽어 보라. 그러면 이 중요한 개념들을 좀 더 총체적으로 이해할 수 있을 것이다.

❧ 집의 기둥을 점검하기 위한 질문

1. "당신이 전적인 순종을 통해 하나님을 기쁘시게 해 드린다면, 하나님을 향한 당신의 갈급함이 사람들을 자연스럽게 당신에게로 이끌어 올 것이다. 우리가 그런 모임을 만든다면 과연 어떤 일이 일어날까? 장담하건대 모임에 오는 사람들은 이전과는 전혀 다른 사람들이 될 것이다"(167쪽). 당신은 저자가 이 말을 통해 무엇을 전달하고 싶어 한다고 생각하는가? 이 모임은 어떻게 달라지겠는가?

2. 이 장에서는 하나님의 기름 부음을 경험하는 것과 그분의 영광을 대면하는 것의 커다란 차이점을 강조하고 있다. 그 차이점이 무엇인가? 기름 부음이 어떻게 하나님의 영광과 혼동되거나 대체되고 있는가? 당신도 양자 간에 혼동한 적이 있는가?

3. 저자는 기름 부음의 느낌에 중독되어 있는 사람들을 '기름 부음 중독자'라고 불렀다. 기름 부음은 우리의 육체에 어떤 능력을 부여하는가? 기름 부음은 어떻게 우리를 기분 좋게 만드는가? 당신도 '기름 부음 중독자'가 된 적이 있는가?

---

4. 하나님이 당신에게 주신 재능은 무엇인가? 최소한 세 가지를 적어보라. 당신의 성품 가운데 하나님을 드러내는 성품은 무엇인가? 최소한 세 가지를 적어 보라. 당신의 재능과 성품 중에 하나님께서 가장 집중적으로 사용하시는 것은 무엇인가? 왜 그런가?

---

5. 우리는 어떤 면에서 '회개하는 마음 대신 평정심을 유지하려는' 경향을 갖는가? 왜 우리는 유지해야 할 명성이 있다고 생각하는가? 왜 우리는 자신의 체면을 포기하고 주님의 얼굴을 구해야 하는가? 당신은 명성을 포기하고 하나님의 신성을 얻는 것이 손해라고 생각하는가?

❖ 당신의 집을 하나님으로 가득 채우라

모든 집에는 향기가 있다. 하나님이 기뻐하시는 집의 향기는 무엇인가? 당신은 주님에게 어떤 향기가 나는 사람인가? 지금 이 시간 주님께 기도하고 찬양하고 예배하는 시간을 가짐으로써 주님께 달콤한 향기를 올려 드리라. 하늘에 계신 하나님의 마음을 사로잡아 하늘 문이 열리도록 하는 시간을 가지라.

❖ 강한 기초를 세우라

다음의 성경 구절들을 찾아 보고 각 질문에 답하라.

[시 133편] 여기서 묘사하는 것을 표현하려면 어느 정도의 관유(기름)가 필요할지 생각해 보라. 시온 산보다 1,600킬로미터 더 높은 헐몬 산에 떨어지는 이슬의 양은 또 얼마나 될지 생각해 보라. 이슬의 엄청난 양으로 생각해 본다면 관유의 양에 대해서도 짐작할 수 있지 않겠는가? 이 시편에서 말하는 복은 무엇인가? 기름 부음으로 인한 이런 복을 당신도 경험해 본 적 있는가?

[아 4:10] 이 본문에서 우리가 기름에 대해서 배우는 바는 무엇인가? 아가서에 묘사된 신랑이 그리스도이시고 신부가 교회라면, 신랑과 신부 사이의 교제에 대해서 본문은 무엇을 이야기하고 있는가? 왜 본문은 향기에 대해서 말하고 있는가?

[고전 1:29] 하나님의 영광은 어떻게 사람의 영광과 다른가? 하나님의 영광이 갖는 특징들은 무엇인가? 여기서 말하는 '육체'란 무엇인가? 하나님의 영광이 드러날 때 왜 우리의 육체는 무너져야 하는가? 이런 일이 일어나는 것을 어떻게 알 수 있는가?

[히 1:9] 의는 무엇인가? 불법은 무엇인가? 의와 불법이 하반절의 의미와 어떤 연관이 있는가? 여기서 기름은 어떤 의미로 쓰였는가? '즐거움의 기름'이란 무엇인가? 당신의 인생에서 즐거움의 기름은 무엇인가?

[사 6:5] 당신은 하나님의 영광을 그림으로 본 적이 있는가? 그렇다면 묘사해 보라. 이사야는 자신이 망하게 되었다!고 말한다. 무슨 뜻인가? 당신도 하나님의 임재 가운데 '망해' 본 적 있는가? 그때 무슨 일이 일어났는가? 그렇다면 이런 일이 언제 동일하게 일어날 것이라고 예상하는가?

✨ 마무리

본문 187쪽에 있는 각주 1번을 읽으라. 이것은 기름 부음과 영광에 대한 간단한 주석이다. 본문 187쪽에 있는 첫 두 문단을 다시 읽으며 지금까지 오용되어 온 두 단어에 대해서 하나님께서 새롭게 계시하여 주시도록 당신의 마음을 열라.

그저 좋은 것에 머물지 마라. 모세처럼 하나님께 최고의 것을 간구하라. 모세는 말했다. "원컨대 주의 영광을 내게 보이소서" 당신이 어떻게 하나님의 영광을 보고 싶은지 하나님께 말씀드리라. 당신이 분명한 하나님의 임재 가운데 거하기 원한다고 말씀드리라. 그분의 손에서 주어지는 축복은 당신이 가장 갈망하는 선물이 아니라고 말씀드리라. 그리고 당신의 얼굴을 돌려 영광의 구름 가운데 계신 하나님을 바라보라!

⟫⟫ ⟪⟪

솔직히 우리에게 필요한 것은 우리의 평정심을 깨뜨리는 뜻밖의 예배 가운데로 들어가는 것이다. 그래야만 하나님께서 뭔가를 열어놓으실 수 있다. 다시 말하지만 주님의 신성을 사모하려면 당신의 명성을 내려놓으라. 하나님의 사람들이 교회나 도시에서 하늘이 열리는 것을 보기로 작정했다면 그들은 하나님의 의도를 잉태한 것이다. 하늘의 거룩한 모체가 열려 하나님의 영광을 드러내는 순간, 사람들은 필연적으로 '분만실' 장면을 연출하게 될 것이다. 178쪽

⟫⟫ ⟪⟪

🌿 하나님께서 이 집에 계십니다

지금 하나님께 예배하는 시간을 가지라. 6장에서 했던 것을 기초

로 하여 하나님을 맞이할 준비가 되었음을 확신하라. 하나님이 방 안에 들어오실 때 기름 부음이 당신 위에 임하도록 하라. 당신의 육체는 사라지고 하나님의 얼굴로부터 현현의 영광이 임하는 것을 느껴보라.

🌿 살아 있는 돌이 되라.

"일단 밀착해서 하나님의 영광을 경험하는 대가를 치르면 당신은 하나님께로부터 돌아설 수 없다. 왜냐하면 그 순간부터 당신은 하나님과 '맺어졌기' 때문이다"(172쪽). 당신은 이 책을 다 공부한 뒤 돌아서려고 하지 마라. 하나님의 영광에 대한 경험으로 인해 당신은 하나님께 '맺어졌다'는 것을 기억하라.

Chapter **08**

그날 천상에서는 음악이 멈췄다

"아버지께 참되게 예배하는 자들은 영과 진리로 예배할 때가 오나
니 곧 이 때라 아버지께서는 이렇게 자기에게 예배하는 자들을 찾
으시느니라"(요 4:23).

⟶⟫ ⟪⟵

천상의 예배인도자가 반역으로 추방될 때 음악도 함께 천상에서
추락했을 것이다. 그러나 하나님은 인간 구원의 계획을 통해 천상의
음악을 회복하실 계획을 세우셨다. 지존자에게 찬양할 수 있도록 예
비되고 기름 부음 받은 존재가 사탄만 있는 것은 아니다. 우리의 찬양
과 예배가 천사들이 듣기에는 보잘것없을지라도 성경은 말한다. 거룩
한 도성에 들어갈 때 우리는 천사들이 부를 수 없는 노래를 부르게 될
것이다(계 15:2-3). 모세의 노래와 구원받은 자의 노래를 부르며 들
어갈 때 천군 천사들은 아마도 놀라서 입을 다물지 못할 것이다. "이
런 노래는 처음 들어봤어"라는 표정을 지으면서 말이다. 209쪽

❧ 당신의 집을 재건하기 위한 독서

8장을 읽으면서 새롭게 깨닫게 된 구절들에 밑줄을 치라. 마음의 반응을 잘 표현하기 위해 다양한 색의 필기도구를 사용해 보라. 이후에 밑줄 친 부분을 다시 읽어 보라. 이번 장은 당신에게 특별히 어떤 메시지를 주는가?

❧ 집의 기둥을 점검하기 위한 질문

1. 8장의 초반에 등장하는 B자매는 기름 부음이 있는 사람이었다. 그녀의 기름 부음은 어디에서 오는 것이었는가? 당신은 인생의 어떤 영역에서 하나님의 기름 부음을 느끼는가?

2. 당신은 '교회에 다니는' 기계적인 신앙에 빠져 예배의 목적을 잊어버리고 그저 좋은 시간을 보내는 것으로 만족할 수 있는가?(193쪽) 우리는 어떻게 이런 함정에 빠지는가? 이 함정에서 당신을 건져 낼 수 있는 것은 무엇인가?

3. 당신은 하나님께서 설교를 통해 무엇을 얻으신다고 생각하는가? 뭔가 새로운 것을 배우시는가? 찬양과 경배의 목적은 무엇인가?

4. 당신의 교회 생활이 영광스런 '복 주소서' 클럽으로 전락한 적이 있는가? 당신은 예배에 대해 어떤 기대들을 갖고 있는가? 당신은 어떤 유익을 얻기를 기대하는가? 그러면 하나님은 어떤 유익을 얻으실 것이라고 기대하는가?

하나님의 유익	사람의 유익
•	•
•	•
•	•

5. 8장의 내용에 기초해서 예배자의 직무내용 설명서를 만들어 보라. 다음의 순서를 따라서 하라.

1차적인 의무 _____

_____

2차적인 의무 _____

_____

방침과 절차 _____

_____

누구에게 보고할 것인가? _____

_____

6. 어느 날 당신이 어린양 옆의 보좌에 앉는다면 어떤 느낌이 들겠는가? 보좌에 앉은 당신은 어떻게 사탄을 직위 해제시킬 수 있는가?

_____

_____

_____

7. 하나님은 어떤 배고픔의 고통을 갖고 계신가?(195쪽) 우리에게는 어떤 배고픔의 고통이 있는가? 하나님의 배고픔을 해결하는 것은 무엇인가? 우리의 배고픔을 해결하는 것은 무엇인가?

_____

_____

_____

❧ 당신의 집을 하나님으로 가득 채우라

"주님이 임하시는 이유는 우리가 유치하고 불완전하지만 사랑에 가득 찬 심령으로 찬양을 부르기 때문이다"(211쪽). 바로 지금 어린아이처럼 하나님께 나아오라. 주님께 두 손을 들고 사랑의 노래를 부르라. 그 노래가 당신이 아니라 주님을 향하도록 하라. 당신의 마음을 표현할 수 있는 노래가 없다면 주님께 새 노래로 찬양하라.

❧ 강한 기초를 세우라

다음의 성경 구절들을 찾아보라. 가능한 한 당신의 이름을 넣어서 각 구절들을 다시 쓰며 말씀의 의미를 가슴에 새겨보라.

시 8:2 _____

_____

계 14:3 _____

_____

_____

시 8:4-5 _____

_____

_____

요 4:23-24 _____

_____

_____

계 15:2-3 _____

_____

_____

엡 2:6 _____

_____

_____

딤후 2:12 _____

_____

_____

시 148:2 _____

_____

_____

🌿 마무리

당신은 하나님이 보시기에 찬양과 경배가 얼마나 중요한지 알게 되었는가? 가장 마음에 남는 것은 무엇인가?

❦ 기도의 벽을 세우라

시편 22장 3절 말씀을 묵상하라. 그리고 나서 '이스라엘' 대신 당신의 이름을 넣어서 큰 소리로 읽어 보라. 매일 드리는 경배와 찬양 시간을 통해 하나님께서 자신을 계시해 주시도록 간절히 구하라. 보좌 앞에 경배함이 가장 중요하다.

—»»» «««—

우리가 간과하는 점은 하나님 입장에서 볼 때 예배는 그분의 영역이고 말씀은 우리의 영역이라는 사실이다. 다시 말해 우리가 예배를 놓친다면 우리는 하나님께 드릴 수 있는 최선의 영역을 놓치는 것이다. 하나님께 드릴 영역은 이기적으로 쏙 빼먹고 내 가려운 귀를 즐겁게 해 줄 영역에만 나타나는 것이다. 193-194쪽

—»»» «««—

❦ 하나님께서 이 집에 계십니다!

그러므로 함께 예배하자! "하나님은 가슴으로부터 나오는 노랫소리를 그리워하신다"(201쪽). 지금 이 시간 가슴으로부터 나오는 노래로 찬양하라. 멋진 가사나 최고의 멜로디가 아닌 당신의 영혼에서 일어나 주님께로 향하는 노래가 필요하다. 바로 지금 당신이 드리는 찬양으로 인해 천사들의 노랫소리가 멈추도록 하라. "하나님의 보좌 둘레에 서 있는 천사들은 끊임없이 찬양하며 아름답게 예배를 드리다가, 갑자기 하나님께서 몸을 앞으로 기울이시며 "쉬!"라고 말씀하시면 머리를 긁적

이게 된다. 천사들이 침묵하라는 하나님의 명령에 순종하고 나면 하나
님은 말씀하신다. "뭔가 들리는 것 같은데……'"(205-206쪽). 하나님께
당신의 목소리가 들리도록 하라!

🌿 살아 있는 돌이 되라

하나님은 당신을 "오디션" 보신다(213쪽). 당신의 목소리를 오디
션 보시는 것이 아니라 당신의 마음을 오디션 보신다. 오늘 하루 종
일 몸에 지니고 다닐 수 있는 쪽지나 상징물을 만들라. 그 위에 "오디
션 날짜 – 오늘!"이라고 쓰라. 그리고 그것을 볼 때마다 당신의 마음
의 목소리가 찬양을 통해 하나님께 들리도록 하라. 당신을 통해 음악
을 듣기 원하시는 하나님께!

Chapter **09**
보좌의 영역을 확대하라

"내가 땅에서 들리면 모든 사람을 내게로 이끌겠노라"(요 12:32).

→>> ««←

나는 하나님의 영광이 교회의 아름다운 카펫 바닥을 적시는 것으로 결코 만족할 수 없다. 나는 하나님의 영광이 제어할 수도 막을 수도 없는 거대한 흐름이 되어 도시 한복판에 흘러가며 길 위의 모든 것을 휩쓰는 것을 보고 싶다. 나는 하나님의 영광이 도시 안의 모든 쇼핑센터와 상점가와 헬스클럽과 술집들에 침투해 들어가기를 원한다. 나는 교회 다니지 않는 사람들이 고급 레스토랑에 가기 위해 구입한 비싼 식사권을 포기하고, 하나님의 영광의 물줄기를 따라 어디든 교회로 찾아와 "우리가 뭘 해야 하는지 누군가 얘기 좀 해 달라!"고 요청하는 모습을 보고 싶다. 221-222쪽

❧ 당신의 집을 재건하기 위한 독서

9장을 읽으면서 하나님을 모시고 '보좌의 영역'을 확장하는데 보탬이 되는 일을 제시한 부분에는 여백에 '+' 표시를, 하나님을 모시고 사람들을 모으기 위해 피하거나 포기해야 할 일을 제시한 부분에는 '−' 표시를 하라.

❧ 집의 기둥을 점검하기 위한 질문

1. 어떻게 하면 교회가 이 시대에 하나님의 목적을 잉태할 수 있겠는가? 그런 임무를 수행하려면 무엇이 필요한가? 당신은 앞으로 있을 일들에 관련되어 있는가? 당신은 개인적으로 어떻게 준비되어야 하겠는가?

_____

_____

_____

_____

2. 부흥에 대한 하나님의 본래 계획은 무엇인가? 그 계획대로라면 교회는 어떻게 본래의 능력을 회복할 것인가? 우리가 진정한 부흥을 경험하려면 기도와 예배를 어떻게 연결해야 하는가? 이것을 설명해 보라. "기도는 도움을 청하는 방 안에 들어가는 것이라면 '그분의 얼굴을 구하는 것'은 보좌 앞에 엎드리는 것이다"(226쪽).

_____

_____

_____

_____

3. 왜 그 사람은 하나님의 '갑자기'를 '기다려야' 했는가?(228쪽) 당신의 인생을 뒤바꿀 하나님과의 대면을 경험하려면 어떻게 해야 하겠는가? 당신이 휘장을 열어젖혀서 당신이 사는 도시의 거리마다 하나님의 영광이 분명하게 나타나는 것을 보려면 어떤 일을 해야 하는가?

4. 교회는 어떻게 '하나님의 목적을 잉태'하는가? 하나님의 목적을 잉태한다는 것은 어떤 것일까? 우리가 그토록 소원하던 아기를 출산하도록 만들어 주는 것은 무엇인가? 우리는 어떻게 하면 새로운 일을 이루실 하나님의 임재 가운데 전심으로 나아갈 수 있을까?

5. 왜 변화가 우리들 대부분에게는 불편한가? 왜 변화는 하나님이 행하시는 일의 한 요소가 되는가? 그분의 분명한 임재는 어떻게 최우선이 되는가?

6. 본문 233쪽에서 발견하는 전도의 세 가지 유형은 무엇인가? 각 유형을 정의하라. 각 유형이 나름대로 효과를 갖고 있지만, 어떤 유형이 찬양과 예배의 원리를 보여 주고 있는가?

_____
_____
_____
_____

7. 우리는 어떻게 해야 하나님을 교회로 모셔 들일 수 있는가? 우리는 어떻게 사람들을 끌어들일 수 있는가? 하나님을 모셔 들이는 것과 사람들을 끌어들이는 것이 서로 상충되는가? 어떻게 이것이 하나가 되는가? 모든 사람을 이끄시는 분은 누구신가?

_____
_____
_____
_____

8. 저자는 "오직 죽은 자만이 그분의 얼굴을 볼 수 있다"고 말한다. 당신에게는 이 말이 어떤 의미인가? 우리 모두는 어떤 영역에서 죽은 자처럼 될 필요가 있는가? 특별히 당신은 어떤 영역에서 죽을 필요가 있는가?

_____
_____
_____
_____

9. '임재 전도'가 어떻게 한 도시에 침투해 들어갈 수 있는가? 임재 전도가 어떻게 '보좌의 영역'을 확장시키는가? 어떻게 자비와 은혜가 그 도시의 거리 곳곳마다 흘러넘치겠는가? 이 모든 사건 가운데 당신은 어떤 역할을 담당하겠는가?

_____

_____

_____

_____

🌿 당신의 집을 하나님으로 가득 채우라

이제 예배 가운데 하나님께 나아갈 시간이다. 당신의 때가 되었음을 말해 주었던 저자의 기도문을 읽으라. 그리고 성령님이 당신을 인도하사 어떻게 예배해야 할지 알려 주시도록 하라. 성령님이 매사에 당신을 지도하시도록 하라. "아버지, 당신의 마음이 깨어진 것처럼 우리에게도 깨어진 심령을 주소서. 깨어진 심령으로 예배하는 자들이 하나님의 거처를 세우게 하소서. 이제 우리는 좋은 것을 등지고 최선의 것을 구하겠습니다. 하나님, 우리는 당신의 무게, 당신의 영광을 원합니다. 아버지, 기름 부음과 그로 인해 일어나는 것들에 감사를 드립니다. 그러나 여전히 인간적인 잔재가 남아 있습니다. 간구하옵기는 '사람은 죽고 하나님의 영광만이 임하게 하소서'"(236쪽). 이제 그렇게 살라!

🌿 강한 기초를 세우라

다음의 성경 구절들을 찾아보라. 각 절마다 자신이 실천할 구체적인 행동 강령을 포함시켜서 문장을 다시 써 보라.

요 12:32 _____

엡 3:20 _____

마 5:6 _____

대하 7:14 _____

시 46:10 _____

시 108:1 _____

🌿 마무리

이제 에스겔 47장을 읽어 보라. 이 생명력 넘치는 사건과 놀라운
계시들을 맛보라. 이 환상이 당신의 영혼을 흥분시키지 않는가? 하
나님께서 당신에게도 동일한 기적을 이루기 원하신다는 사실에 감탄
하게 되지 않는가?

🌿 기도의 벽을 세우라

'보좌의 영역'이라는 개념을 생각해 보라. 이제 주님께 나아가 간구하라. 주의 영이 이 영역의 확장에 대해 당신이 해야 할 모든 일을 가르쳐 주시도록 요청하라. 특별히 하나님께 당신이 어떤 것들을 회개해야 하는지 알게 해 달라고 기도하라. 당신이 고쳐야 할 영역이 어디인지 보여 달라고 기도하라. 부흥을 향한 움직임에 당신이 동참하기 원한다면, 하나님의 가슴에서 어떤 음성이 들리는지 귀 기울이는 시간을 가지라.

➤➤➤ ◀◀◀

다가오는 부흥은 설교와 정보에 대한 것이 아니다. 그것은 '예배와 전달'에 대한 것이다. 말씀에 대한 설교는 그치지 않겠지만 오순절날 베드로가 즉석에서 했던 설교와 같은 목적의 설교도 있을 것이다. 설교자들은 사람들에게 예상했던 반응을 얻어내려고 하지 않을 것이다. 현재 우리는 사실에 앞서 믿음으로 설교하고 사실이 일어나기를 희망하고 있다. 그러나 오히려 '하나님이 임하신 후' 일어난 사실들을 설명하면 사람들은 그대로 따를 것이다. 예배는 하나님의 임재가 내려오도록 한다. 228쪽

➤➤➤ ◀◀◀

🌿 하나님께서 이 집에 계십니다

주님의 마음을 아프게 하는 것들이 동일하게 우리의 마음을 아프

게 하기 때문에, 이제 당신은 하나님 앞에서 당신의 마음을 깨뜨려야 한다. 이 장에서 나왔던 다음의 기도를 드리라(230쪽).

주님, 내 심령을 깨뜨리소서.
내가 완전히 변화되기 원하오니
주 예수여, 내 마음을 만지시사
당신의 임재 가운데 머물게 하소서.

휘장을 걷고 친밀한 예배 가운데 나아가라. 하나님이 그 가운데 거주하실 것이다. 당신의 마음이 '보좌의 영역'이 되도록 하라. 천상에서와 똑같은 영적 분위기를 만들라.

✤ 살아 있는 돌이 되라

존 웨슬리의 정신에 동참하라. 사람들이 그에게 어떻게 그 많은 무리들을 끌어모아 주님께 인도하느냐고 묻자, 그는 이렇게 대답했다. "나는 그저 하나님을 위해 나 자신을 불태울 뿐입니다. 그리고 사람들은 불에 타는 나를 보러 오는 것이죠"(234쪽). 지금 당신의 불을 지피라. 오늘 당신이 만나는 모든 사람에게 하나님의 연료가 되라. 오늘 당신이 달라진 것을 사람들이 알아보게 만들라. 많은 사람들 가운데 서서 사람들이 당신을 쳐다보도록 하라. 어떤 종류의 영적인 대면이 일어나는지 보라.

Chapter **10**

문지기의 감춰진 힘을 발견하라

"악인의 장막에 사는 것보다 내 하나님의 성전 문지기로 있는 것이 좋사오니"(시 84:10).

>>> <<<

하나님이 방문하시는 곳에 있다 보면 마치 우리 앞에 시간의 틈새가 벌어져 있는 것처럼 보인다. 영원한 그분이 우리의 작은 시공간의 놀이터에 들어오실 때 지상에서 중요한 모든 것은 사라지게 된다. 왜? 하나님이 집 안에 계시기 때문이다. 영원이 우리의 작은 시간 세계 속에 방문하면 하나님의 영광은 우리의 비좁은 공간을 가득 채우게 된다. 그래서 3시간이 마치 3분처럼 느껴지고 우리는 그분을 예배하며 그분의 임재 가운데 빠지는 것이다. 그 순간 우리는 문에 더 가까이 다가선다. 그리고 시간의 딱딱한 결박을 뚫고 시간을 초월한 영원의 세계 속으로 들어가게 된다. 240쪽

🌿 당신의 집을 재건하기 위한 독서

10장을 읽으면서 '문'이라는 단어가 나오는 곳마다 형광펜으로 표시를 하라. 이렇게 하면 저자가 말하는 원리에 더 잘 주목할 수 있다. 새로운 것을 발견했다면 그 발견을 통해 당신의 마음을 새롭게 하라.

🌿 집의 기둥을 점검하기 위한 질문

1. 당신은 필사적으로 '하나님을 좇는 사람'인가? 그런 사람을 어떻게 알아볼 수 있는가? 당신이 '하나님께 사로잡혀 있음'을 어떻게 알 수 있는가? 어떤 징표가 있는가?

_____

_____

_____

_____

_____

_____

2. 이스라엘 자손들은 요단 강을 건너 약속의 땅에 이른 지점을 표시하기 위해 돌무더기를 세웠다. 그들은 다음 세대를 위해서 어떤 표식을 남겼던 것인가? 당신은 다음 세대를 위해서 어떤 표식을 남길 것인가?

_____

_____

_____

_____

_____

_____

3. 당신은 하나님의 집에서 '문지기'가 되기를 원하는가? 당신이 하나님의 집에서 문을 지킨다면 어떤 자세로 지키겠는가?

---

4. 주님의 궁정에서 문지기 업무를 하기 위한 자격 요건들은 무엇인가? 당신은 어떻게 그 일에 지원할 수 있는가? 그 일의 직무내용 설명서에는 어떤 내용이 적혀 있는가?

---

5. 교회의 목적이 무엇인가? 그저 사람들을 섬기기 위한 것인가? 당신은 지금까지 교회의 목적이 무엇이라고 생각해 왔는가? 돌이켜 볼 때 자기중심적인 마음의 잣대로 교회를 재고 있었던 부분이 있지는 않았는가?

---

6. 하나님이 당신을 당신이 사는 도시에 문지기로 세운다면, 당신은 어떻게 하겠는가? 당신에게는 어떤 태도가 필요한가?

_____

_____

_____

_____

_____

7. 당신은 하나님의 능력을 과소평가해 본 적 있는가? 언제인가? 그때 어떤 일이 일어났는가? 이제 어떻게 하면 하나님의 능력을 과소 평가하지 않을 수 있겠는가? 문지기의 위치가 어떤 면에서 영향력 있는가? 하나님의 영광이 당신을 통해서 비춰진다고 생각할 때 감격스럽지 않은가?

_____

_____

_____

_____

_____

❧ 당신의 집을 하나님으로 가득 채우라

오벧에돔처럼 하나님의 임재의 궤를 집에 모시라. 하나님의 '방문'을 하나님의 '거주'로 바꾸는 걸음을 내딛으려면, 당신은 어떤 일을 해야 하는가? 둘 사이의 차이점은 무엇인가? 오벧에돔이 궤를 소유함으로써 부수적인 유익들을 얻었던 것처럼, 우리도 그럴 수 있다. 당신이 궤를 모신다면 어떤 유익들을 얻겠는가?

🌿 강한 기초를 세우라

다음 성경 구절들을 찾아보라. 다음 구절들이 증거하는 것에 동참하려면 무엇을 해야 하겠는가? 구체적인 행동 계획을 세우라.

시 84:10 _____

_____

_____

마 16:19 _____

_____

_____

고전 13:12 _____

_____

행 2장 _____

_____

_____

시 24:7 _____

_____

_____

🌿 마무리

당신이 영광의 왕이신 주님을 위해 문을 지키고 있다면 어떻게 성장하겠는가? 그런 일을 할 때 당신이 전심으로 문지기의 사명을 감당하지 못하도록 방해하는 것은 무엇이겠는가?

🌿 기도의 벽을 세우라

"기름 부음 받은 사람이나 기름 부음을 구하지 말고 '기름 부으시는 분'을 구하라. 당신 머리에 내 손을 얹는 것과 당신의 마음속에 하나님의 손가락이 말씀을 새기는 것은 어마어마한 차이가 있다"(245-246쪽). 회개하고 용서를 받은 후 '기름 부으시는 분'을 구하라. 하나님을 바라보며 당신의 얼굴이 그분의 얼굴 가까이 나아가는 시간을 가지라.

—≫≫ ≪≪—

홍수로 불어난 물이 댐 뒤에 갇혀 있는 것처럼 하나님의 영광이 하늘에 가득하다. 하나님은 그분의 영광을 아는 지식으로 온 세상이 범람하도록 하실 것임을 공개적으로 선포하셨다. 대부분의 경우 우리는 문이 어디에 있는지, 어떻게 그 문을 통과하는지 잘 모른다. 한 번 그 문 앞에 엎드렸던 경험이 있을지라도 말이다. 244-245쪽

—≫≫ ≪≪—

🌿 하나님께서 이 집에 계십니다

당신은 무엇을 기다리는가? '그 틈새'로 손을 넣어 찬양으로 문을 열어젖히라. 천국의 창을 열라. 이 책에서 얻은 경험과 지식을 사용하여 하나님이 들어가시기에 합당한 집을 세우라. 하나님의 영광이 오늘 임하시도록 하라. 그리고 기뻐하라!

✽ 살아 있는 돌이 되라

"그런 곳에 서게 되면 당신은 그분의 임재에 사로잡히는 것을 느끼게 될 것이다. 당신이 그 안에 걸어 들어가기 시작하면 당신의 인생은 하나님의 임재의 걸어 다니는 창이 될 것이다. 영혼이 갈급한 사람들에 의해 언제나 열려지게 되는 창이 될 것이다. 다시 말하자면 당신이 슈퍼마켓이나 편의점에 들어갈 때마다 하나님의 영광이 분출할 수 있다는 뜻이다"(263쪽). 오늘 당신은 점심시간이나 퇴근시간에 누군가에게 구원의 복음을 전할 수 있을 것이다. 이와 같이 하나님의 임재가 당신의 삶에 침투해 당신이 만나는 모든 사람에게 영향을 끼치도록 하라.

하나님이 기뻐하시는 집, 다윗의 장막

1판 1쇄	2004년 9월 15일
1판 47쇄	2013년 4월 15일
2판 11쇄	2023년 8월 25일

지은이	토미테니
옮긴이	이상준
발행인	조애신
편집	이소연
디자인	임은미
마케팅	전필영, 권희정
경영지원	전두표

발행처	도서출판 토기장이
주소	서울시 마포구 동교로 71-1 신광빌딩 2F
출판등록	1998년 5월 29일 제1998-000070호
전화	02-3143-0400
팩스	0505-300-0646
이메일	tletter77@naver.com
인스타그램	togijangi_books_

ISBN	978-89-7782-315-0

도서출판 **토기장이**는 생명 있는 책만 만듭니다.
"우리는 진흙이요 주는 토기장이시니 우리는 다 주의 손으로 지으신 것이니이다" (이사야 64:8)